汽车轻量化技术与应用系列丛书

汽车零件失效分析

中国汽车工程学会
汽车轻量化技术创新战略联盟　组　编

主　编　刘柯军　邵　亮
副主编　冯继军　白培谦
参　编　莫东强　郑晓敏　程丽杰　刘桂江
　　　　郭文芳　杨　娥　白云岭　张　薇
　　　　李文平　曹广祥　张　炜　陈成奎
　　　　邓　飞　潘艳春　李庆伟

U0336924

机械工业出版社

本书主要由各大主机厂、零部件厂及钢厂极具经验的专家撰写,将理论性和实用性结合为一体,主要内容包括汽车零部件失效分析技术概述、汽车零部件疲劳失效分析、汽车零部件延迟开裂分析、钢铁铸造汽车零部件失效分析、汽车钢板弹簧失效分析、汽车紧固件失效分析、汽车用滚动轴承失效机理、汽车钢板类零件失效分析、汽车发动机气门失效分析、汽车用齿轮类零件失效分析、汽车发动机活塞失效分析、典型钢铁材料缺陷分析、典型轴承材料缺陷分析、汽车零部件热疲劳失效分析、技术报告中的图片处理问题、金相组织及微观形貌分析。同时对汽车零件失效分析实例也做了介绍。对于汽车企业、汽车零部件企业工程师、高校教师、研究生、汽车行业其他从业人员来说,本书是一本非常实用的参考书。

图书在版编目(CIP)数据

汽车零件失效分析/刘柯军,邵亮主编;中国汽车工程学会,汽车轻量化技术创新战略联盟组编. —北京:机械工业出版社,2022.7
(汽车轻量化技术与应用系列丛书)
ISBN 978-7-111-71507-8

Ⅰ.①汽… Ⅱ.①刘…②邵…③中…④汽… Ⅲ.①汽车轻量化－零部件－失效分析 Ⅳ.①U463

中国版本图书馆 CIP 数据核字(2022)第 158228 号

机械工业出版社(北京市百万庄大街22号 邮政编码100037)
策划编辑:孙 鹏 责任编辑:孙 鹏 刘 煊
责任校对:张 征 贾立萍 责任印制:单爱军
北京虎彩文化传播有限公司印刷
2023 年 1 月第 1 版第 1 次印刷
184mm×260mm·21.25 印张·521 千字
标准书号:ISBN 978-7-111-71507-8
定价:159.00 元

电话服务	网络服务
客服电话:010-88361066	机 工 官 网:www.cmpbook.com
010-88379833	机 工 官 博:weibo.com/cmp1952
010-68326294	金 书 网:www.golden-book.com
封底无防伪标均为盗版	机工教育服务网:www.cmpedu.com

汽车轻量化技术与应用系列丛书

编　委　会

《汽车零件失效分析》编写人员

丛书序

经过 20 余年的快速发展，我国汽车产业正由产销量持续增长向结构调整和转型升级转变，自主品牌汽车的品牌价值和品质不断提升，新能源汽车的市场份额和总量不断扩大。从技术的发展趋势来看，受能源革命、信息革命和材料革命的影响，汽车产业正迎来百年未遇的大变革，汽车产品"电动化、智能化、共享化"的发展趋势明显。轻量化作为支撑汽车产业变革的重要技术手段，是推进汽车产品节能减排的一项关键共性技术。汽车轻量化是指在保证汽车综合性能指标的前提下，采用科学的方法降低汽车产品重量，以达到节能、减排的目标。目前，轻量化已成为国内外汽车企业应对能源、环境挑战的共同选择，也是汽车产业可持续发展的必经之路。它不仅是节能减排的需要，也是汽车产业结构调整的需要。

近 10 年来，我国汽车轻量化取得了快速的进步和发展，突破了汽车高强度钢、先进纤维增强复合材料、轻量化结构设计等一系列关键技术，积累了丰富的经验，轻量化产品开发体系基本形成，汽车产品轻量化水平也不断提高，与国际先进水平的差距逐渐缩小，同时，也培养出了一批年轻的、掌握核心技术的工程师。然而，随着轻量化工作不断深入，轻量化技术开发与产业化应用已进入了"深水区"，加快工程师的专业培养和基础技术、数据积累已迫在眉睫。

为此，中国汽车工程学会（以下简称"中汽学会"）和汽车轻量化技术创新战略联盟（以下简称"轻量化联盟"）共同策划了"汽车轻量化技术与应用系列丛书"，计划用 3~5 年时间，组织汽车企业、材料企业、汽车零部件企业等 100 多名一线技术专家，在分析大量轻量化案例的基础上，编写包括轻量化材料、结构设计和成形（型）工艺等不同技术领域的系列专著，如《汽车用钢板性能评价与轻量化》《乘用车内外饰材料与轻量化》《乘用车用橡胶与轻量化》等，以指导年轻工程师更好地从事汽车轻量化技术开发与应用工作。

书籍是知识传播的介质，也是人才培养及经验积累和传承的基础。本套丛书秉承中汽学会和轻量化联盟推动汽车产业快速进步和发展的理念，主要面向国内从事汽车轻量化工作的年轻工程师而编写，同时，也为从事汽车轻量化的研究的人员提供参考。

2019 年 7 月 23 日于北京

前 言

20世纪80年代开始，我国汽车工业开始步入全面、快速发展的阶段，目前已经成为汽车制造的第一大国，这其中也包含与之相伴的汽车产品及技术开发的大规模扩张。同时，随着汽车工业的发展，汽车行业也从以一汽、东风和重汽为代表的企业大而全传统的生产模式，走向整车、总成及零部件研发、生产的专业化、规模化和市场化的技术模式。

汽车材料及零件的理化检验技术，是检验、控制其内在质量和相关工艺的一项重要工程技术。伴随着汽车工业的技术拓展和规模化、专业化，在产品的研发、生产及使用的过程中，汽车零部件的各种失效也逐渐显现，可以说汽车行业有着机械制造行业内最大或最复杂的失效样本。这些情况对于理化检验技术专业提出了新的要求，进入全面展开失效分析技术应用研究阶段。失效分析经过30多年的发展，取得了长足的进步。根据这种实际的技术工作需求，在汽车工程学会材料分会的组织和支持下，理化检测及失效分析专业委员会20世纪80年代末期成立。该委员会积极组织汽车行业内的理化检测及失效分析技术交流和技术培训活动，使得行业内产业链上越来越多的企业重视这项技术，且失效分析工程师的队伍不断扩大，技术水平和能力也有了质的提高。

汽车零部件的失效分析技术是一项涉及众多学科和工程技术的综合性工程技术。不论是对于ISO16949标准的贯彻和认证，还是QTMS质量管理体系的运行，失效分析技术都是其中的一个重要环节，发挥着不可替代的作用。在汽车工程领域，失效分析工作涉及汽车技术的各个环节，包括产品开发、新材料及新工艺的应用、生产制造、产品应用和售后服务，并在产品的可靠性提高、质量改进及技术责任划分等诸方面发挥着重要的作用。

对于金属材料零部件而言，失效的主要类型包括断裂（开裂）、变形、磨损和腐蚀。而失效分析技术则涉及物理及化学学科、金属材料及金属工艺学、材料和工程力学，以及各种汽车工程技术等各门类学科何技术，同时也包括实践认知和逻辑推理等思维形式。

我们应该充分地认识到汽车行业内这方面技术发展还不均衡，水平参差不齐，不能完全地满足各方面的技术需求。另外，根据实际上不同的需求，很多社会上的分析机构介入汽车零件的失效分析工作中来，这弥补了汽车行业内部的技术不足，但也存在着很多技术经验缺失的缺憾。

为此，在中国汽车工程学会的组织下，编写了本书。编者均是来自汽车行业内长期从事该项工作的工程师，结合相关的各种失效分析理论和大量的工作实践，从不同的方面论述了汽车零件失效分析的技术，供汽车工程技术人员参考，其中也会有一些技术方面的偏差或不足，希望读者提出宝贵的意见和建议。

本书共 16 章，每个章节都有相对独立的主题，内容涉及汽车零部件失效分析技术概述；汽车零部件疲劳失效分析；汽车零部件延迟开裂分析；钢铁铸造汽车零部件失效分析；汽车钢板弹簧失效分析；汽车紧固件失效分析；汽车用滚动轴承的失效机理；汽车钢板类零件失效分析；汽车发动机气门失效分析；汽车用齿轮类零件失效分析；汽车发动机活塞失效分析；典型钢铁材料缺陷分析；典型轴承材料缺陷分析；汽车零部件热疲劳失效分析；技术报告中的图片处理问题；金相组织及微观形貌分析。

本书由刘柯军、邵亮主编，其中第 1 章至第 3 章由刘柯军编写；第 4 章由白培谦编写；第 5 章由张炜编写；第 6 章由白云岭编写；第 7 章、第 13 章由郑晓敏编写；第 8 章由曹广祥编写；第 9 章由莫东强和张薇共同编写；第 10 章由邵亮编写；第 11 章由李文平和邓飞共同编写；第 12 章由程丽杰、刘桂江和杨娥共同编写；第 14 章由陈成奎编写；第 15 章由邓飞编写；第 16 章由刘柯军、冯继军、郭文芳、潘艳春、李庆伟编写。

希望本书能对汽车设计、生产工艺、质量检验、使用维修等单位和从业人员有所裨益，对推动汽车失效分析工作的开展和提高汽车失效分析水平有所贡献。

由于编者水平有限，缺点、错误在所难免，望各位专家和读者批评指正。

编　　者

目录 Contents

丛书序

前言

第1章　汽车零部件失效分析技术概述

1.1　汽车零部件失效分析技术的发展过程 ………………………… 2
1.2　汽车零部件失效分析工作的技术属性 ………………………… 3
  1.2.1　失效学理念及应用 ………………………………………… 3
  1.2.2　几个重要的基本概念 ……………………………………… 3
  1.2.3　逻辑思维在失效分析中的应用 …………………………… 5
  1.2.4　汽车零部件失效模式的系统性 …………………………… 8
1.3　目前存在的一些问题 …………………………………………… 16
  1.3.1　汽车零部件失效分析的技术偏离问题 …………………… 16
  1.3.2　汽车零部件失效分析技术的偏差问题 …………………… 17
  1.3.3　关于"材料失效分析"问题 ……………………………… 19
  1.3.4　关于失效模式分析的法理观念问题 ……………………… 22
  1.3.5　关于鱼骨图等的应用问题 ………………………………… 22
  1.3.6　小结 ………………………………………………………… 22

第2章　汽车零部件疲劳失效分析

2.1　金属疲劳开裂机理 ……………………………………………… 25
  2.1.1　疲劳裂纹萌生 ……………………………………………… 25
  2.1.2　疲劳裂纹的扩展 …………………………………………… 29
2.2　汽车零件疲劳失效分析的基本理念 …………………………… 32
  2.2.1　"强度-应力干涉模型"与三段论演绎逻辑推理
     问题 …………………………………………………………… 32
  2.2.2　疲劳失效的有限寿命属性 ………………………………… 33
  2.2.3　失效模式第一理念要点 …………………………………… 34
2.3　汽车零件疲劳失效模式体系构架 ……………………………… 35
  2.3.1　失效模型系统性的主导要素 ……………………………… 35
  2.3.2　失效模式系统性的技术属性 ……………………………… 38
  2.3.3　汽车零件疲劳失效模式的系统性架构 …………………… 39
  2.3.4　零件结构要素或特异性问题 ……………………………… 39
  2.3.5　系统和构件结构功能主导的失效模式 …………………… 41

2.3.6　汽车零件疲劳失效模式分析技术的技术属性 ………… 42

第3章　汽车零部件延迟开裂分析

3.1　汽车零部件延迟开裂特性 ……………………………… 44
3.2　汽车零部件延迟开裂的类型 …………………………… 48
　3.2.1　高强度螺栓延迟断裂 ……………………………… 48
　3.2.2　渗碳淬火零件延迟开裂 …………………………… 49
　3.2.3　弹簧类零件延迟开裂 ……………………………… 51
　3.2.4　结构件内应力导致的延迟开裂 …………………… 54
3.3　高强度零部件延迟开裂的技术属性 …………………… 56
　3.3.1　问题的提出 ………………………………………… 56
　3.3.2　延迟开裂的强度问题 ……………………………… 56
　3.3.3　延迟开裂的组织敏感性机理讨论 ………………… 57

第4章　钢铁铸造汽车零部件失效分析

4.1　钢铁铸造件在汽车上的应用 ………………………… 59
4.2　汽车钢铁铸造件的选材及其功能介绍 ……………… 60
　4.2.1　灰铸铁的应用 ……………………………………… 60
　4.2.2　蠕墨铸铁的应用 …………………………………… 61
　4.2.3　球墨铸铁的应用 …………………………………… 62
　4.2.4　铸钢件的应用 ……………………………………… 63
4.3　汽车钢铁铸件失效分析要点 ………………………… 64
4.4　汽车钢铁铸件失效分析案例 ………………………… 65
　4.4.1　设计不良导致的失效 ……………………………… 65
　4.4.2　缺陷的影响与失效 ………………………………… 71
　4.4.3　制造过程及装配失效 ……………………………… 83
　4.4.4　应力集中的影响 …………………………………… 87
　4.4.5　使用工况引起的失效 ……………………………… 88
4.5　失效分析与改进 ……………………………………… 90

第5章　汽车钢板弹簧失效分析

5.1　钢板弹簧在汽车上的应用 …………………………… 91
5.2　汽车钢板弹簧的选材及其制造工艺 ………………… 92
　5.2.1　钢板弹簧的材料 …………………………………… 92
　5.2.2　钢板弹簧的制造工艺 ……………………………… 93
5.3　汽车钢板弹簧失效模式及分析思维方式 …………… 95
5.4　汽车钢板弹簧典型失效案例分析 …………………… 97
　5.4.1　结构设计因素 ……………………………………… 97
　5.4.2　冲击载荷作用 ……………………………………… 97

5.4.3　材料非金属夹杂物 ·············· 98
5.4.4　热处理工艺异常 ·············· 99
5.4.5　表面强化不足 ·············· 100
5.4.6　表面质量缺陷 ·············· 101

第6章　汽车紧固件失效分析

6.1　紧固件在汽车上的应用 ·············· 102
6.2　紧固件的失效模式及分析思路 ·············· 103
6.3　汽车紧固件失效分析 ·············· 104
　6.3.1　疲劳失效 ·············· 104
　6.3.2　脆性断裂失效 ·············· 107
　6.3.3　螺栓松动 ·············· 109
　6.3.4　扭矩衰减的改善措施 ·············· 109
6.4　紧固件失效典型案例 ·············· 110
　6.4.1　原材料导致的失效 ·············· 110
　6.4.2　生产制造过程导致的失效 ·············· 112
　6.4.3　装配过程导致的失效 ·············· 113

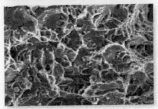

第7章　汽车用滚动轴承的失效机理

7.1　疲劳剥落 ·············· 121
　7.1.1　次表面起源型 ·············· 122
　7.1.2　表面起源型 ·············· 122
　7.1.3　工程模型 ·············· 122
7.2　表面塑性变形 ·············· 122
　7.2.1　一般表面塑性变形 ·············· 122
　7.2.2　局部表面塑性变形 ·············· 122
7.3　磨损 ·············· 124
　7.3.1　磨损过程 ·············· 125
　7.3.2　黏着磨损 ·············· 125
　7.3.3　磨粒磨损 ·············· 125
　7.3.4　疲劳磨损 ·············· 126
　7.3.5　腐蚀磨损 ·············· 126
7.4　腐蚀 ·············· 126
7.5　蠕动 ·············· 127
7.6　烧伤 ·············· 128
7.7　电蚀 ·············· 129
7.8　裂纹和缺损 ·············· 129
7.9　保持架损坏 ·············· 130

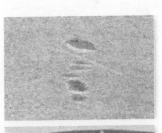
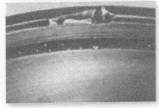

7.10 尺寸变化 ·· 130

7.11 使用不当引起的损坏 ································ 131

7.12 其他损伤 ·· 131

    7.12.1 变色 ·· 131

    7.12.2 麻点 ·· 131

第8章 汽车钢板类零件失效分析

8.1 钢板冲压件在汽车上的应用 ················ 133

8.2 汽车钢板冲压件选材 ···························· 134

8.3 汽车钢板类零件失效特点及失效类型 ···· 135

    8.3.1 汽车钢板类零件的失效特点 ········ 135

    8.3.2 汽车钢板类零件的失效类型 ········ 135

第9章 汽车发动机气门失效分析

9.1 气门的作用 ·· 144

9.2 气门的工作情况 ···································· 144

9.3 气门材料与工艺 ···································· 146

9.4 失效案例分析 ······································· 146

    9.4.1 气门受到运动干涉碰撞 ·············· 147

    9.4.2 气门受到过热影响断裂 ·············· 150

    9.4.3 锥面失效 ······························· 154

    9.4.4 颈部失效 ······························· 160

    9.4.5 气门杆端面磨损 ····················· 163

9.5 总结 ··· 166

第10章 汽车用齿轮类零件失效分析

10.1 汽车齿轮材料及工艺 ························· 167

10.2 齿轮疲劳失效的基本技术特性 ············ 168

    10.2.1 齿轮疲劳失效模式 ·················· 168

    10.2.2 弧齿锥齿轮失效分析 ··············· 169

    10.2.3 圆柱斜齿轮疲劳断裂 ··············· 173

    10.2.4 齿轮齿毂疲劳开裂问题 ············ 181

第11章 汽车发动机活塞失效分析

11.1 概述 ··· 189

11.2 活塞失效的主要模式 ··························· 189

    11.2.1 疲劳开裂 ······························· 189

11.2.2　活塞拉缸 ······················· 193
11.2.3　由活塞环等配件故障导致的失效 ······ 194
11.2.4　活塞销孔及裙部开裂 ············· 196
11.3　小结 ···························· 197

第12章　典型钢铁材料缺陷分析

12.1　金属材料缺陷与失效的关系 ········· 198
12.2　钢铁材料的缺陷检验方法 ··········· 201
12.2.1　钢中非金属夹杂物 ·············· 205
12.2.2　偏析 ························· 210
12.2.3　晶粒度 ······················ 212
12.2.4　脱碳 ························· 214
12.2.5　中心孔洞 ···················· 215
12.2.6　裂纹 ························· 220
12.2.7　异金属夹杂物 ················· 230

第13章　典型轴承材料缺陷分析

13.1　轴承钢材料的冶金缺陷 ············· 232
13.1.1　钢材的表面缺陷 ··············· 232
13.1.2　轴承钢的低倍缺陷 ············· 235
13.1.3　非金属夹杂物 ················· 240
13.1.4　碳化物不均匀性 ··············· 240
13.2　锻造缺陷 ······················· 242
13.2.1　锻造温度及冷却速度对锻造组织的影响 ··· 242
13.2.2　过烧断口 ···················· 242
13.2.3　锻造折叠裂纹 ················· 243
13.2.4　锻造湿裂 ···················· 243
13.2.5　锻造内裂 ···················· 244
13.3　热处理缺陷 ····················· 244
13.3.1　退火缺陷 ···················· 244
13.3.2　淬火裂纹 ···················· 246
13.3.3　淬火软点 ···················· 249
13.3.4　热处理脱碳 ·················· 249
13.3.5　淬回火不合格组织 ············· 250
13.4　轴承零件的磨削缺陷（磨削烧伤和磨削裂纹） ··· 251
13.4.1　磨削烧伤 ···················· 251
13.4.2　磨削裂纹 ···················· 252
13.5　轴承零件渗碳热处理后的质量缺陷 ···· 254
13.5.1　渗碳层深度不合格 ············· 254

13.5.2　脱碳 …………………………………………… 255
13.5.3　粗大块状或网状碳化物 …………………… 255
13.5.4　针状碳化物 ………………………………… 255
13.5.5　残留奥氏体过多 …………………………… 256
13.5.6　硬度不足 …………………………………… 256
13.5.7　裂纹 ………………………………………… 256
13.6　钢球、滚子冲压过程中的加工缺陷 ………… 257
13.6.1　钢球冲压折叠缺陷 ………………………… 257
13.6.2　滚子的冲压缺陷 …………………………… 257
13.7　轴承零件的表面黑点 …………………………… 257
13.7.1　钢球黑点（麻坑）缺陷 …………………… 257
13.7.2　非金属夹杂物引起的表面黑点 …………… 258
13.7.3　套圈砂轮挤伤 ……………………………… 259
13.7.4　腐蚀斑点 …………………………………… 259
13.8　其他缺陷 ………………………………………… 260
13.8.1　电击伤 ……………………………………… 260
13.8.2　大型套圈碰撞开裂 ………………………… 260

第14章　汽车零部件热疲劳失效分析

14.1　汽车零件热疲劳概况 ………………………… 261
14.1.1　热疲劳基本概念 …………………………… 261
14.1.2　热疲劳开裂的应力 ………………………… 261
14.1.3　经常发生热疲劳的汽车零部件 …………… 261
14.2　热疲劳失效的影响因素 ………………………… 262
14.2.1　温度因素 …………………………………… 262
14.2.2　材料因素 …………………………………… 262
14.2.3　结构因素 …………………………………… 263
14.3　热疲劳零件失效特征 …………………………… 264
14.4　热疲劳分析要点 ………………………………… 264
14.5　汽车热疲劳案例 ………………………………… 265
14.5.1　应变集中引起的热疲劳失效 ……………… 265
14.5.2　摩擦生热导致的热疲劳失效 ……………… 265
14.5.3　薄边、尖角导致的热疲劳失效 …………… 268
14.5.4　结构约束导致的热疲劳失效 ……………… 270
14.5.5　与高温氧化有关的热疲劳失效 …………… 272

第15章　技术报告中的图片处理问题

15.1　实物照片技术处理 …………………………… 274
15.1.1　闪光灯应用 ………………………………… 274
15.1.2　图片的色彩 ………………………………… 275

15.1.3　图片的裁剪和报告中尺寸的调整 ……… 275
15.1.4　图片表达的原则 ………………………… 276
15.1.5　亮度和对比度 …………………………… 277
15.1.6　实物的比例和位置 ……………………… 278
15.1.7　图片的版本状态 ………………………… 278
15.1.8　实物照相的背底问题 …………………… 278
15.1.9　标尺问题 ………………………………… 280
15.1.10　聚焦问题 ……………………………… 280
15.1.11　图片文件的压缩 ……………………… 280
15.1.12　图的标注 ……………………………… 280
15.1.13　光线的应用 …………………………… 281
15.2　照片的表达问题 …………………………… 282

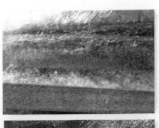

第16章　金相组织及微观形貌分析

16.1　结构钢材料及零件金相组织 ……………… 285
16.2　表面层及区域性金相组织 ………………… 288
16.3　紧固件的材料及工艺金相组织 …………… 292
16.4　铸造材料金相组织 ………………………… 294
16.5　焊接组织 …………………………………… 297
16.6　结构钢的带状组织 ………………………… 298
16.7　结构钢的晶粒问题（组织粗大） ………… 301
16.8　结构件的材料、工艺裂纹缺陷 …………… 306
16.9　微观电子形貌应用技术 …………………… 319

第1章
汽车零部件失效分析技术概述

　　20世纪80年代起，国内汽车工业突飞猛进，我国已经成为名副其实的汽车大国，但还不是汽车技术强国。伴随着汽车规模化的产品开发和生产过程，各种结构零件的失效大量地同步发生。可以说，国内汽车工业提供了机械装备制造工业领域中最大的失效样本（图1-1）。

　　汽车作为结构和功能都相对复杂的行走工具（图1-2），其研发和制造技术，以及试验和使用工况都相对复杂，这些都带来了汽车总成和结构零件失效的多样性和复杂性。在解决各种实际问题的过程中，根据需求，失效分析作为一项专业性很强的工程技术也得到了长足发展，在一定程度上满足了自身的需求。在整个产业链中，从材料到毛坯、零部件、总成和整车企业，大多都有相关的部门和工程技术人员从事废品分析和失效分析的工作。规模以上的整车厂，相关部门每年所从事的失效分析工作均在数百批次以上，积累了大量的失效分析档案和技术经验，并逐步地形成了专门的失效模式分析的技术体系。但也应该充分地认识到，该领域技术发展还不均衡，水平参差不齐，不能完全地满足各方面的技术需求。另外，根据实际上不同的需求，很多社会上的分析资源也较多地介入了汽车零件的失效分析工作，弥补了汽车行业内部的技术不足，但也存在着很多技术上的缺憾。

图1-1　服务站内的失效件

图1-2　商用车的结构剖视图

1.1 汽车零部件失效分析技术的发展过程

　　伴随着中国汽车工业的发展，汽车金属零部件的失效分析技术也经历了相同的发展过程。总体讲，在20世纪50年代到80年代，国有计划经济体制下，国产汽车以中型商用车为主体，产量有限，产品及相关技术开发不多，而且汽车产品性能较低，使用工况稳定，其材料工艺技术进步比较缓慢，因此在行业内产品或结构件失效不多，这方面的工作主要集中在"废品分析"的范畴，应对的主要是材料工艺的一些问题，这些问题主要来自材料和工艺技术的相对落后和不稳定等原因。

　　20世纪80年代中后期，随着改革开放的深入，汽车工业开始迅猛发展，但直到2000年左右，主要还是集中在以轻、中、重型的载货商用车为主体的产品发展过程中，乘用车的起步主要是在引进技术的国产化和技术消化阶段。其中，在公路运输车辆、工程机械及矿山用车等领域的应用，汽车产品的动力性及载货能力逐步提高，依据整车的各方面需求，各种总成的性能和水平也在不断地应对新的需求。这其中因恶劣的工况和超载等问题，带来了汽车零部件的大批量和多种多样的失效问题。在应对这种大量的失效问题的过程中，汽车金属零部件失效分析技术应运而生，并取得了持续的发展。最初，失效分析工作主要是针对产品质量和售后服务展开的，伴随着失效分析技术及认知的逐步深入，也逐步地体会到失效分析工作绝不仅仅是材料工艺的问题，它涵盖了整个汽车技术、汽车产品与市场需求的适应性问题。

　　为满足汽车产品的技术需求，20世纪80年代末，"汽车理化检测及失效分析专业学组"在**中国汽车工程学会材料分会**的领导下成立了，多年来一直在行业内坚持组织相关的技术交流和培训活动，取得了一定的效果。同时也积极参与、组织本行业内的相关人员参加**中国机械工程学会失效分会**的活动和技术交流，促进了汽车行业失效分析工作的进步。

　　到2000年以后，以乘用车进入寻常百姓家庭为标志，国内汽车工业迅猛发展。这个阶段对于汽车行业来讲的另一个重要标志，就是大规模的产品技术开发，这其中包括各种技术的引进消化和自主开发，相关总成和整车性能的提高，如为满足减重和节能减排而采用的新技术、新结构、新材料和新能源等。这不仅仅包括产品的性能设计开发及材料工艺应用，还包括产品的试制及性能和可靠性试验等。为此各大汽车公司或主机厂，以及零部件及材料供应企业，将失效分析相关工作的重点从质量改进和售后服务逐步地向产品开发方面发生偏移，进一步加深了各环节企业对于失效工作的认识和需求。同时，也使得失效分析工程师得以更多地了解和掌握相关的汽车产品技术，为进一步实现业务技术提高提供了条件。

　　而在企业中，从事失效分析的工程技术人员主要构成是材料工程师或金相检验技术人员，他们从材料工艺内在质量检验开始，逐步地延伸到废品分析，更进一步地发展到失效模式的分析方面，逐步积累经验，提高认知水平，形成了一门跨专业工程技术。在20世纪90年代以前，国内的汽车产业还是以一汽、东风、重汽及工程机械等一些大的国有企业为主体，这些企业基本上是大而全的企业模式，连一个螺钉都自己生产。因此刚开始起步的失效分析工作也主要集中在这些企业内。在 20 世纪 90 年代以后一批新的汽车企业加入进来，汽车零部件和总成的生产越来越走向专业化和社会化，且伴随着大规模的产品开发工作，这些专业化生产企业连同钢铁企业等，也越来越关注汽车零部件失效分析工作和相关技术。可以说汽车行业有着机械装备产品中最大的且门类相对齐全的失效模式样本。这些都促进了行业内失效分析专业技术队伍的壮大、技术的深入发展，并对失效分析工作提出了更高的要求。

但在汽车业内经常性的技术交流中，大家也普遍感觉到目前的汽车零件失效分析技术仍存在着一些问题，如技术环境不佳，失效分析技术的一些基本理念、原则、思维方式等方面存在不合理的问题，使得分析工作技术偏离较为严重，很大程度上影响了这项技术的发展，有时也带来了一些负面影响。

1.2 汽车零部件失效分析工作的技术属性

在传统的国家标准中将"失效（故障）"定义为"产品丧失规定的功能。"这种失效概念是广义上的产品失效，而专业人员所面对的是指相关零部件具有实质失效模型的失效形式，主要有零部件的断裂（开裂）、磨损、腐蚀和变形等，对于汽车技术来讲，则以前两种失效模式为最多见。

1.2.1 失效学理念及应用

近年来钟群鹏院士提出了"失效学技术体系"和"失效学的哲学理念"。"失效学技术体系"由"基础理论""应用基础""工程技术"三大部分组成。其中"基础理论"包括失效物理及化学机理、力学原理以及失效哲学（实践和认知）等理论；"应用基础"部分包括信息学、断口学、裂纹学和痕迹学等；"工程技术"部分包括失效诊断和预测、预防及管理等部分。

各种理论和应用的基础是需要熟知和掌握的支持性知识和技能，而失效学技术体系中"工程技术"则为失效分析的主导与核心。需要明确的是，在各类机械装备类型中，失效分析是既有类同，又有差异和特性的技术。而且必须强调"汽车零部件失效分析"应该是一门专业性很强、涉及范围很广的汽车工程技术。汽车技术相关的工程内容，如产品功能设计、材料及制造工艺、试验及使用条件和维护保养等各方面，包括特定的整车、总成、零部件及相互的关系，涉及大量的技术条件、标准、规范和工程经验、环境条件等各个方面。汽车失效分析技术也是在长期和大量的工程实践和持续的技术积累基础上，通过反复迭代逐步地形成并不断完善的。它需要各种失效基本原理支撑，但又是具有汽车技术特性的失效模式体系。

1.2.2 几个重要的基本概念

作为企业的失效分析工程师，首先要关注的问题是日常分析工作中的宗旨是什么？关注什么问题或需要得到什么结果？因而必须明确几个基本概念及其相互的关系，具体如下。

1. 机理

一是指为实现某一特定功能，一定的系统结构中各要素的内在工作方式，以及诸要素在一定环境下相互联系、相互作用的运行规则和原理；二是指事物变化的理由和道理，从机理的概念分析，机理包括形成要素和形成要素之间的关系两个方面。

2. 原因

造成某种结果或者引起其他事物发生改变的条件。而条件是事物存在、发展的影响因素，是事物所具备或处于的状况，"机理"与"条件"的关系为"**根据（机理）**"是决定事物存在、发展的内部原因，是事物内部固有的根本矛盾和事物运动的根源，在事物发展中起主要或根本的决定作用；"**条件**"是制约和影响事物存在、发展的外部因素，"**条件**"只有通过"根据"才能起作用。

3. 失效机理

失效机理是指失效的物理、化学变化本质和微观过程，可以追溯到原子、分子尺度和结构的变化，失效机理是对失效的内在本质、必然性和规律性的理论研究。

4. 失效原因

失效原因通常是指酿成失效甚至事故的直接关键性因素，也称为失效条件。

"根据"与"条件"互相联系，互相制约；其区分是相对的，在一定条件下，两者可互相转化。因此"失效机理"与"失效条件"也是相互关联或相互制约的，同时具有相对性和互相转化的特征；这也带来了另外一个问题，就是它们在失效分析过程中容易引起混淆，导致分析技术的偏离。

在汽车行业内作为一项工程技术，失效分析工程师面对具体的分析时，如何看待及考虑问题是一个核心问题，可以用一句话表达：失效机理是基础，需要熟悉；失效条件是主导，需要落实。工程技术是以产品技术和工艺规程及技术标准和规范为主导的，失效的条件属于此技术范围，而各种失效机理则通常不在此范围内。而在汽车零件失效分析过程中，经常性地会发生对"失效机理"的过度关注，湮没、回避或替代了失效条件分析确认的问题，这些问题大多源于相关信息的缺失和对相关失效模式的认知不足。

具体举几个典型的例子：

1）在零件的过载及脆性断裂分析中，关注材料脆性而忽视应力状态和结构脆性。

2）在结构件的疲劳失效分析中，将材料疲劳机理和性能研究及其结果过度应用，而忽视产品可靠性技术及失效模式分析技术。

3）在高强度零部件的延迟开裂分析中，过度地关注、讨论氢脆机理，而忽视了与产品技术相关的失效条件及工程表达和技术措施的可行性。

4）在各种构件断裂分析中电子微观断口分析的过度应用，偏重于用微观的失效模型和机理来解释问题，而偏离了汽车工程技术的需求。

这其中需要明确上述几个基本的概念，工程技术中的失效分析关注的是失效条件分析，任何的失效机理均会在宏观的失效模式上有所表达，而失效条件的分析就是失效模式的分析。正如钟群鹏院士归纳指出的："在失效模式的体系或框架下，分析要**先系统后部分、先**

组织后个体、先宏观后微观、先综合后分析"，宏观模式分析要解决 **80%** 的问题。

1.2.3 逻辑思维在失效分析中的应用

逻辑学是关于思维规律的学说，是思维内容与思维形式的统一。合理的逻辑思维和推理，在失效模式的归纳认知以及具体失效分析案例中都是不可或缺的。

1. 演绎逻辑之必要条件推理

演绎逻辑之"必要条件"强调 A 是条件或要素，B 是结果，具体关系表达为"无 A 必无 B，但有 A 未必有 B，则 A 是 B 的必要条件。"而"必要条件"推理应用于失效分析技术中，是指建立于失效模式形态或技术质证条件下的逻辑推理判断，也是具体失效分析中最基本的认知和思维方法。

具体案例如图 1-3 所示，可见图中的桥壳疲劳开裂均起源于材料基体中的铸造疏松缺陷，该缺陷与疲劳开裂客观上符合"无 A 必无 B"的必要条件关系。但此种演绎推理有两个重要技术属性需要强调：

其一，具有"现时现地"或"就事论事"技术属性，仅应用在具体案例分析之中。

其二，失效模式分析中，因果关系明确的"技术质证"是不可或缺性的原则。

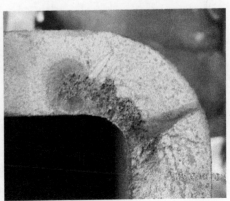

图 1-3　桥壳铸造缺陷诱发疲劳开裂的裂纹源

另外，强调失效分析追寻的必要条件（技术质证）性质上有两类，分别是显性条件和隐性条件。所谓显性必要条件（技术质证）是指在构件具体的失效模式中，显而易见且明确的技术质证，如图 1-3 所示。但实际上失效的条件大多是隐性的，需要对相关信息、机械系统技术状态、使用条件等多方面要素进行综合的分析或推论。如图 1-4 中齿轮轮齿偏向一侧的疲劳断齿模式，其失效的条件或原因在于轴齿机械系统内的结构稳定性问题。而且，这种观察分析失效条件的理念来自于大量和长期的工程实践的归纳总结，这也是我们需要建立汽车零部件失效模式体系的缘由。

2. 归纳逻辑及应用

归纳推理是从认识研究个别事物到总结、概括一般性规律的推断过程。按其实质可以作如下定义：所谓归纳逻辑是指人们以一系列经验判断或知识储备为依据，寻找出其遵循的基本或共同规律，并假设同类事物中的其他事物也遵循这些规律，从而将这些规律作为预测同

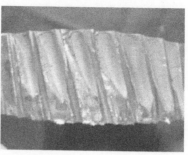

图 1-4 齿轮疲劳打齿

类事物中其他事物的基本原理的一种认知方法。在进行归纳和概括的时候，解释者不单纯运用了归纳推理，同时也运用了演绎法。在人们的解释思维中，归纳和演绎是互相联系、互相补充、不可分割的。

基于大量的汽车零部件疲劳失效分析实践，合理应用归纳方法，在两个认知和思维层面建立疲劳失效分析的技术和知识体系：其一是建立系统性的汽车零部件失效模式体系，认知其规律性，这是汽车零部件失效分析的核心技术。其二是建立汽车零部件疲劳失效分析的各种基本技术理念、准则和思维方式，即一个合理及符合实际的认知逻辑思维体系。

关于汽车齿轮钢疲劳性能试验，通常采用的方法有两种，即旋转弯曲法和标准齿轮单向弯曲法。下面以这两种试验方法之失效模式问题的归纳分析为例，并结合日常的渗碳钢零件失效分析的观察和感知，涉及相关的疲劳失效模式、疲劳开裂机理、认知思维方式及技术理念等诸方面内容，来解读两者之间的失效模式的差异。所采用的样本组及实验结果，在材料和样品加工、渗碳淬火工艺和质量、试验方法及断口模型等方面均是通用、一般和有代表性的。

图 1-5 所示为渗碳钢的旋转弯曲疲劳试验的样品、疲劳断口及夹杂物诱发疲劳源的特征形态，需要明确的是该样品组以及该类试验方式的结果显示，疲劳源 100% 起源于次表面的某一非金属夹杂处，这具有普遍的规律性。

图 1-6 所示为一组以标准渗碳淬火齿轮单齿弯曲为样品，进行渗碳钢疲劳试验的结果，图中包括标准齿轮、疲劳断齿及疲劳断口等，就断口的疲劳模式讲，疲劳断裂与材料非金属夹杂物相关性为零。

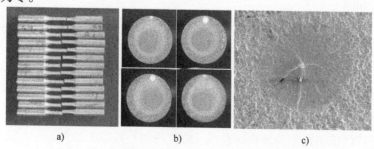

a)   b)   c)

图 1-5 渗碳钢的旋转弯曲疲劳试验的样品、疲劳断口及夹杂物诱发疲劳源
a) 旋弯样品 b) 疲劳断口 c) 疲劳源

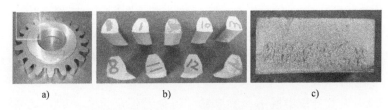

图1-6 标准齿轮、疲劳断齿及疲劳断口

a）标准齿轮 b）疲劳断齿 c）疲劳断口

针对上述问题进行相关的归纳性分析，实际上包括两类。首先是各样本组内失效模式高度的一致性，这表现出的是事物发生要素的一致性和结果的必然性；其次可以见到两组（类）样本之间失效模式的差异属性，表现出了对某种要素起作用的强相关性。下面对此进行必要的相关性分析。

1）首先需要强调两类疲劳试验样本的材料和热处理工艺为通用的，依据各自的试验方法制备样品并进行试验。其差异是试验样品的结构和加载方式有差异，这应该是需要关注的强相关要素。而且，试验结果具有普遍性和规律性，两者差异在于旋弯试样被认为是弹性结构，标准齿轮轮齿结构是刚性的。

2）需要强调另一种典型的案例，在高强度变截面弹簧的可靠性试验（单向弯曲）中，偶有由夹杂物在次表层诱发疲劳源的问题，如图1-7所示。试验条件是上限应力为1100MPa，弹簧钢的硬度≥50HRC。综合渗碳钢旋弯疲劳试验和高强度变截面弹簧的上述表现，就其中的相关机理和条件等问题讨论如下，并强调一些基本的技术理念。

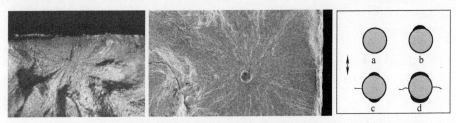

图1-7 高强度变截面钢板弹簧可靠性试验的夹杂物诱发疲劳源

首先强调非金属夹杂物诱发疲劳裂纹源需要在弹性结构条件下，结构符合胡克定律，即应力应变为线性关系。而齿轮轮齿为刚性结构，应力应变的关系不符合胡克定律，故不发生此类现象。

由此可见，夹杂物诱发疲劳源的力学模型条件为对弹性应变的敏感性，对疲劳应力≥1000MPa的上限疲劳应力，致裂的弹性应变大约在5‰。另外，强调硬度在50HRC以下的材料状态不会发生这种现象，是因为强度不足而应变加不上。而且，该种状态高应变下夹杂物诱发疲劳源，并非属于降低疲劳强度，而是结构钢的内在本质和属性。

关于非金属夹杂物诱发疲劳的机理应该来自于"介观力学"，对应变敏感性主要是夹杂物弹性模量与基体弹性模量的差异所致。而且，强调因弹性模量差异导致的夹杂物与基体剥离后形成了孔洞效应，才进入到应力集中的裂纹源萌生阶段。

3）作为夹杂物诱发疲劳的失效模式分析，必须强调"质证不可或缺"的理念，那就是以夹杂物为核心的疲劳失效模式的技术质证的存在。它与材料检验中夹杂物的等级，以及断口上显露的其他夹杂物没有任何关系。而且，其表达的是结构件应变量的指标，是内在属性，并非对疲劳强度的降低。

经常见到的疲劳失效分析中所谓"夹杂物降低疲劳强度诱发疲劳"的说法，一是将材料疲劳性能研究结果与汽车构件可靠性技术条件的两个概念混淆了，更多的是没有必要，以及严重技术偏离的失效模式技术质证的推论，这不符合逻辑推理。

小结：上述讨论是针对夹杂物在疲劳过程中的表现和必要条件进行的，应用了"完全归纳推理"和"类比推理"两种归纳逻辑方法，综合及归纳包含从失效机理、失效模式和思维理念等各方面。作为汽车失效分析工程师，首先关注的是失效模式，关注其特征及规律性，以及其普遍性及特殊性；然后是分析其结构及力学条件和材料组织及强度的匹配关系；在此基础上也需要对相关的机理进行探讨。但无论是哪方面的技术分析或研究，都需要站在汽车工程技术的平台上看待问题，每一项推论和技术改进建议都需要符合工程技术实际。

相关的综合归纳是我们形成或建立汽车零部件失效模式系统，以及思维认知体系的必要手段。归纳出的规律性、概念、理念及机理等，具有在失效分析中应用推广的价值。

1.2.4 汽车零部件失效模式的系统性

失效模式是指失效的外在宏观表现形式和过程规律，一般可理解为失效的性质和类型。失效分析技术则是分析失效模式，查找和判定失效原因或条件，提出改进措施的活动。

对于汽车技术来讲，由于其结构功能及使用工况的复杂性，导致其机械系统及构件的失效模式的条件相关性、多样性和复杂性。而且由于其规模化的开发、生产和应用，多年来在行业及相关产业内积累了数以万计的失效分析（废品分析）案例，它们从不同的技术方面和角度表现汽车技术的特性。其中，各个相关企业都用相同或不同的方式积累和管理着这些案例，而积累、管理的目的是为了借鉴和应用。但我们应该关注到企业里的失效分析工程师如何应用这些积累下来的文件，如何用其不断地提高自己的分析技术，答案应该是进行必要的系统性归纳整理，建立汽车失效模式分析技术体系，实际上就是能够系统性地认识失效模式。这个体系应该是由各种失效模式及其发生原理、发展过程条件、演变规律而组成的，并应建立各种基本的技术理念和合理的认知思维方式。

1. 失效模式的多样性

金属构件的失效模式类型主要有断裂（开裂）、摩擦磨损、变形和腐蚀，通常我们接触最多的和比较复杂的主要是前两大类。而对于汽车零部件失效的最大特点则是失效模式的多样性，这其中表达的是失效要素和条件的多样性、随机性和复杂性。

图1-8给出了一组某曲轴连杆颈疲劳断裂的发生和发展过程，期间从轴颈的腐蚀逐渐过渡到表面的摩擦磨损，又因表面层摩擦热组织转变而发生淬火层延迟开裂，最终转换为轴颈和曲柄的疲劳断裂。这是一个包含多种失效模式相互转换的典型案例，它表达了机械系统或零部件工作环境、条件或状态的波动和变化的特性。这种变换可以分为两类，一类是条件或

要素的发展性变换，性质是逐步地由量变到质变；另一类是相关要素的突变，比如常见的工况和载荷性质的变换。在失效分析过程中需要予以充分地考虑和认知。

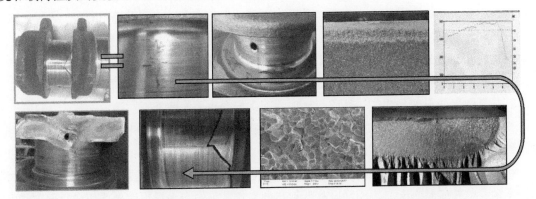

图 1-8　某曲轴连杆颈的锈蚀、磨损、延迟开裂至疲劳断裂的发展过程

图 1-9 给出了一组商用车驱动桥半轴的典型疲劳失效模式，而实际上半轴的失效模式远不止图中所列。半轴的主要功能是传递转矩载荷，杆部为典型的扭转杆，但两端的花键和法兰盘为不同的联轴器结构。而决定半轴失效模式的要素和条件包括强度匹配、表面状态、半轴的结构、工况及应力应变条件等，故在不同部位会表现出多种形式的疲劳断裂模式，也包括脆性断裂和疲劳断裂等，具体表述见表 1-1 所述。

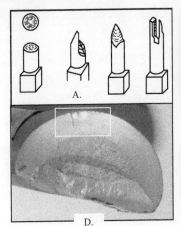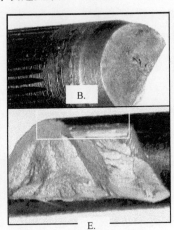

图 1-9　半轴的疲劳失效模式

表 1-1　半轴失效模式及影响要素

图号	失效模型	影响要素
图 1-9A	扭转杆的基本断裂模型	分为扭转杆的正应力和剪切应变断裂
图 1-9B	横截面剪切开裂	低强度、低应变的扭转剪切开裂
图 1-9C	法兰盘旋转弯曲疲劳	附加弯矩引起的旋转弯曲疲劳开裂
图 1-9D	杆部正应力疲劳	多是与表面状态及应力集中相关的疲劳断裂
图 1-9E	杆部纵向剪应力疲劳	高应力应变条件下的剪切疲劳开裂
图 1-9F	花键疲劳转为杆部疲劳	多为花键损伤积累诱发的疲劳

上述的结构件疲劳开裂模型的多样性可以表达为如下技术特性：

1）失效模式的多样性的根本影响或决定性要素是失效条件，它包括机械系统内在的关系和状态、零件的结构及其力学模型、强度匹配和外界环境条件或工况等。

2）也可以说失效模式表达了失效的条件和过程，但这种表达有显性的，也有隐性的，需要大量的实践积累、建立模型和逻辑推理。例如，半轴的法兰盘旋转弯曲疲劳断裂问题。

3）失效模式具有转换特性，实际上也是影响要素的变化所致，可以有两种类型。

其一是要素的量变到质变的性质，比如表面磨损损伤诱发疲劳裂纹源；

其二是环境条件突变，比如台架试验规范中载荷或工作状态的变化，失效可能会表现出对某种规定或确定状态的敏感性。

4）多样性表现出的是矛盾的特殊性，也是我们区分和认知特殊失效模式要素的条件。比如半轴载荷扭转状态下，表面强度从低到高的变化过程中会表现出横向剪切向纵向剪切开裂的演变过程，但如果在表面淬火层绝对失去塑性能力条件下，将只能发生正应力疲劳。其中表达出横向剪切和纵向剪切并不是同一个剪切应力体系，而失去塑性变形能力的组织将不发生剪切疲劳开裂。

2. 失效模式的必然性表达

必然性是指事物发展、变化中不可避免和确定无疑的趋势，偶然性是指事物联系和发展中不确定的趋向。必然性是由事物的本质决定的，认识事物的必然性就是认识事物的本质。而从不同的视角看待具体的"失效模式或现象"，也可以表现或表达出"必然性"的属性。在偶然性和必然性之间其实是从不同的层面、层次上看待和理解问题。

图 1-10 为一组经典的旋转弯曲疲劳断口模型的示意图，分别为单源性疲劳断口和多源性疲劳断口，图 1-11 为某齿轮轴的旋转弯扭结合的多源性疲劳断口。与多源的疲劳断口比较，单源断口表现出了某种"偶然性"或不确定性，即该裂纹源如果不是偶然出现，则该疲劳开裂不会发生；但是对于多源性疲劳模型来讲，在大量的疲劳源中已经无所谓某几个源的产生与否，即使某个不发

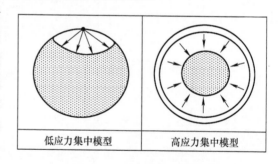

图 1-10　旋转弯曲疲劳断口模型示意图

（图中）低应力集中模型　　高应力集中模型

生也会有新出现的补充，该性质断裂的发生具有确定的"必然性"属性。比照疲劳性能的数据分布曲线图（图 1-12），多源疲劳相当于高应力阶段的正态分布样品组，单源疲劳模式则相当于低应力阶段的威布尔数据分布样品组，具有更多的偶然性。因此可以认为所谓的疲劳开裂的必然性所表达的敏感性要素，应该是"高应力水平"，而且应该认为这是具有普遍性规律的。

另外，图 1-13 中齿轮的多个相邻轮齿同时发生了形态相同的疲劳断齿现象，图 1-14 的拨叉在同组试验中相继发生形态相同的疲劳断裂，这两组样品均可等效地被认为属于多源性疲劳开裂的样品，导致这种开裂模式的影响要素，同样被认为是对高应力的敏感性。同样

图 1-15 为一组某气泵泵轴的小批量低应力旋转弯曲疲劳断裂现象，但从"必然性"分析认知理念上讲，也可以归结为"多源性疲劳"敏感属性。图 1-16 给出了典型的不同种类缺陷构成应力集中而诱发疲劳开裂的案例组，每一个案例就个案讲都是具有偶然性的，但综合归纳起来从另外一个理念层次上讲，或是就应力集中结构特性讲，均具有"必然性"，而且同样是表达了对高应力的敏感性。

图 1-11　多源性旋转弯曲疲劳断口

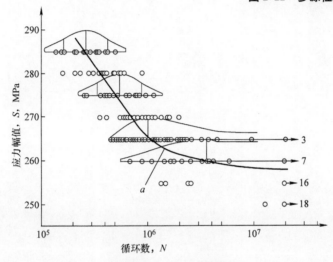

图 1-12　材料疲劳曲线

图 1-13　齿轮多齿疲劳

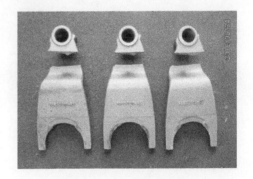

图 1-14　多个件同类疲劳

　　汽车金属零部件的失效，特别是断裂失效的数量非常大，模式多样且影响因素复杂。因此，在失效模式与影响要素之间归纳、建立起来具有必然性的关系至关重要，这才能为合理地观察分析问题提供必要的技术支持。

　　1）多源性疲劳断口作为一种失效模型，其中每一个单个裂纹源都是独立萌生的。众多裂纹源构成了一组寿命随机、标准差很小的疲劳样本组，其疲劳应力应该处于高水平状态，

图 1-15　某气泵泵轴小批量旋转弯曲疲劳断裂

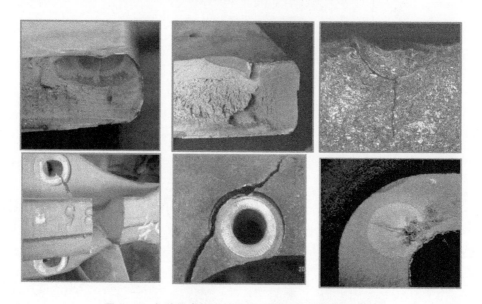

图 1-16　各种要素构成的应力集中引发疲劳开裂案例

从而表达出开裂的必然性。

2）而各种偶发或小批量断裂失效事件，实际上也是机械系统技术状态波动的一种表达，属于非稳定性要素，对其失效模式进行系统性归类比较、综合归纳，同样可以看作多源性的疲劳样本。

3）建立多源性或是"集合型"的失效模式与"必然性"之间的关联关系，实际上其核心理念是表达"失效模式第一"的理念，这种失效模式是以宏观的、结构性的、运行及环境条件为主体的。而对于各种断裂、变形失效则强调"力学模型第一"，力学模型决定了相关的失效模式，是最活跃的要素。而且相关的力学条件是非常宽泛的，包括系统及结构件的结构和运行条件及状态等诸多方面。但是，很多异常力学模型是隐性的，需要通过失效模式来分析推论，这需要长时间和大量的案例来积累、整理和归纳。

3. 失效模式系统的层次性

失效模式系统是一个矩阵式的非线性的交互体系，层次性是该系统的一种基本特征。而这种技术上的层次包括各种宏观和微观的形态，以及逐步建立的一些应用理论、技术理念和认知思维方式等。而且，技术理念性的层级往往具有概括性、主导性的高层级技术属性，用以统领失效分析的主体思路。但也需要强调，这种技术体系并不是一成不变的，是在实践和认知中不断迭代更新的。

图 1-17 为一组输出齿轮的组合疲劳失效模式。图中失效性质分别为接触疲劳剥落（图 1-17a）、齿顶疲劳压溃（图 1-17b）和轮齿弯曲疲劳（图 1-17c），分属于三种不同类型的疲劳失效模式，有着各自不同的失效机理和形态，这是属于失效机理和轮齿结构力学两个技术层面的。但在实际分析和解决问题的过程中，应该关注到另外一个具有共性的失效模式形态，那就是偏载问题，所有的失效均偏向轮齿的一端，而且是固定的一端。在齿轮疲劳失效的体系中，这种表现在交错轴斜齿轮副的主齿轮中共性的失效模式，相比直观的、机理性的失效模型具有更高的层级。它来自于轴齿系统的运行稳定性，及其相关的结构和试验方法问题。对于该类问题首先需要解决的并不是具体的疲劳问题，而是轮齿的偏载问题。如果是整个轮齿均匀的载荷对应失效，则需要另外分析对待。

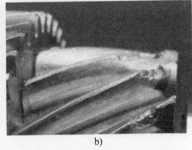

a)　　　　　　　　　　　b)　　　　　　　　　　　c)

图 1-17　输出齿轮的组合疲劳失效模式

从上述案例中可以看出，失效模式体系中多元化交互的构架模式，具有不同层面的表现形式，而其中共性的，或是带有普遍性的模型表达具有高层级，需要归纳和重点关注。

圣维南原理指出，点载荷（单点或多点）作用在物体上，分布于弹性体上一小块面积（或体积）内的载荷所引起的物体中的应力，在离载荷作用区稍远的地方，基本上只同载荷的合力和合力矩有关；点载荷的具体分布只影响载荷作用区附近的应力分布（图 1-18）。该原理提出了弹性

图 1-18　圣维南原理模型

力学中的一个力学局部效应结构问题，即关注载荷点附近的应力不均匀性分布及其作用，就是说可以发生与这种结构相关的开裂失效，这是我们关注该原理的核心之处。在汽车的结构

件关系中，与其相关的结构是大量存在的，诸如常见的铆接、螺接、点焊接等，实际上包括销轴及花键连接等，也均可以等效为这种结构。

作为一种典型的结构形态，圣维南结构效应引出并涵盖了一大类的系统性失效模型。下面以图 1-19 和图 1-20 为例，引用一些钢板支架或支撑类且为螺栓锁紧连接结构的失效模式，来说明这种失效模式的系统性构成。

图 1-19 中板类零件的疲劳开裂裂纹源均发生在螺栓或是垫片压紧接触的根部，该部位的疲劳应该属于典型的圣维南原理结构失效模式，发生在疲劳应力分布的最大部位。而且，这种失效模式也说明螺栓锁紧功能处于稳定状态。这类失效大多是支架结构件或是支撑结构。而在载荷性质层面，大多属于机械振动或是惯性载荷性质，疲劳开裂的影响要素主要是结构与载荷之间的适应性问题，更多是相关要素的状态异常。

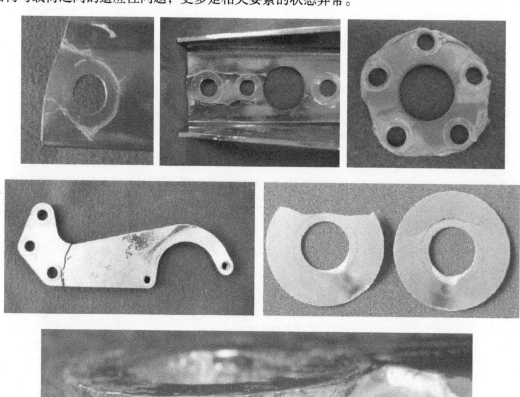

图 1-19　螺栓锁紧稳定结构的疲劳开裂

在疲劳断口层面，可以看到这类疲劳断口中经常性地表现出双向弯曲疲劳属性，其中双向弯曲应力固然存在，但对于塑性非常良好的薄板类结构件，会出现"刚性不对称"结构的现象，即单侧的裂纹首先开裂，裂纹扩展后的板材减薄会使该侧面的刚度明显降低，应力下降，加上低碳钢对应力集中不太敏感，则裂纹扩展速率降低；但反面的刚性不变，会接续地萌生裂纹而发生双向弯曲疲劳。

　　图1-20中结构件的疲劳开裂形式不同于图1-19的开裂情况，裂纹源均发生在螺栓孔的内孔边缘棱角处，属于"开放"形式。这种失效模型，究其总体结构模型讲，同样属于圣维南原理结构失效模式，但其附加了另一种结构模型，或可被称为"压边不稳"问题。而压边不稳可以包括两种情况，其一是螺母松动带来的锁紧结构失稳，其二是中厚板的情况（板厚相当于压边的尺寸）。总之是这些部位的应力分布变异，最大应力出现在螺孔的边缘处。但作为载荷来源，除去螺栓松动外，同样需要关注载荷性质的异常问题，而且后者的影响往往更大。

图1-20　螺栓锁紧结构失稳的疲劳开裂

　　综上所述，对于各种失效模式的分析应该不仅仅是失效的性质，还要对失效模式进行详细解读，这种解读来自于多方面的技术要素，而且是在不同的层面上展开的。比如回答失效为什么是这个部位？为什么是这种表现形式？

　　例如，圣维南结构原理范围非常宽泛，涉及失效模式远不止这些，应该作为结构件断裂失效的一个大的类型、模式分析系统的一个层次或一种理念存在。其结构原理是应力分布的不均匀性，因而构成了断裂为主体的失效模式的重点区域或部位，是以一种特定的结构力学模型决定了失效模式。在这个模型系统中相互的关联又有区别，但作为指导性的分析理念和关注点是类同的。而作为螺栓连接或支撑的零件，究竟开裂是发生在螺孔内或外，则分别与构件的厚度或螺栓结构的稳定性有关，这个层次的要素决定了开裂的具体模型。再有就是载荷的形式等作为一个层面需要考虑，其性质可能来自于机械振动、惯性冲击或其他某种异常的载荷，而且各种力学模型或力学条件的异常是构成这类失效的主要原因。

　　构成失效模式体系矩阵式模型中各种要素的主线、层次均是相对的，比如在归纳、考虑结构稳定性要素时，作为一个层面（或是一条主线），其所涉及模型也是相当宽泛的。例如，图1-17中的几种失效模式同样来自于机械结构系统的"结构稳定性"问题，这同样也属于抽象及概括性的、具有较高级别的技术理念范畴。实际上对于结构件的各种断裂（开裂）分析，包括失效分析和废品分析，"力学要素第一"是一个基本的理念，涉及面很广，包括各种相关的应力应变场，构件的力学条件、机械系统的内外状态等，表现出多维技术属性，为最高的理念层级，而这个层面分析的基础就是错综复杂的综合性失效模式。

在汽车零部件失效分析这个庞大及综合性的失效分析系统中，一些基本的或是高层级的技术理念来自于大量的实践认知及归纳，同时也主导着各种具体分析工作，成为我们看待问题的基本思路或认知方式，并在实践中不断地完善和提高。这也是遵循了钟群鹏院士提倡的失效分析技术的"先系统，后部分；先宏观，后微观；先综合，后分析"的理念。

1.3 目前存在的一些问题

目前，在汽车结构件的失效分析领域确实存在着一些问题。首先，需要明确地阐明汽车结构件失效分析是一项专门的工程技术，它包括失效分析所应该遵守的基本理念、规则和方法等，否则会带来各种各样、程度不同的技术偏离，需要汽车行业内外失效分析工程师给予重视，并开展多方面的技术交流和讨论。

1.3.1 汽车零部件失效分析的技术偏离问题

某乘用车交通事故中右侧转向节发生断裂（图1-21），该问题先后经过了A和B两个单位分别进行断裂原因分析，分析鉴定报告的结论见表1-2。值得关注的是两个单位分别给出了结论截然相反，且互相否定的技术分析报告，但结论的理念一致，均为"材料原始缺陷导致裂纹萌生和不断扩展并最终断裂。"作为最基本的判断，两份报告至少有一份出现了分析技术偏离的问题，而实际上是两份均有问题。目前，这种技术偏离在汽车零部件失效分析报告和论文中是较为常见的，主要的问题是对于失效模式判定的偏差和认知不足，其中也含有主观臆断先行和形而上学的思维方式，值得汽车行业内失效分析工程师引以为戒。再有是不能分辨各种"失效基本机理或理论、模型"与"汽车失效分析工程技术"之间的差别，理不清"产品质量控制及废品分析"和"失效分析"之间的关系，缺乏必备的专业技术历练和技术积累，经常性地发生断章取义、张冠李戴和本本主义错误，技术认知狭义及逻辑思维混乱，干扰了汽车零部件失效分析的技术进步和发展。

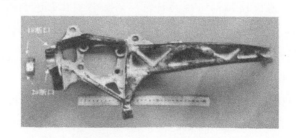

图1-21 转向节断裂实物

表1-2　两个单位的分析报告结论

单位	分析报告结论
A单位	1. ……，右前转向节与悬架下摆臂球头销连接处存在陈旧性裂纹，……。 2. ……。 3. ……右前转向节与悬架下摆臂球头销连接处存在陈旧性裂纹扩展，直至发生瞬间失效；……。
B单位	1. 鉴定对象右前转向节与悬架下摆臂球头销连接处未见陈旧性裂纹。 2. 鉴定对象断口近外表面处存在氧化物非金属夹杂的质量缺陷，与车辆本身质量有关。 3. 鉴定对象右前转向节与悬架下摆臂球头销连接处断裂，与事故发生存在一定的因果关系。

1.3.2 汽车零部件失效分析技术的偏差问题

　　汽车零部件失效分析是综合性的，需要对各种技术状况及技术条件，以及相关零件失效模式情况进行全面掌握，需要得到并处理、利用各种技术信息。但这其中特别需要关注技术信息的复杂性、不对称性或不确定性问题。

　　汽车技术相对复杂，产品开发和生产规模非常大，应用环境多样，导致了失效分析的技术范围也很大。而目前汽车零部件失效分析的技术偏离问题是非常值得关注的，这是业内失效分析人员的普遍共识。这与汽车失效客观上的多样性，从业人员主观上的认知差异有着密切的关系。

　　其中主观上认知的差异，主要表现在问题提出的技术环节很多，不同环节上的人员出于对各种问题的认知和理解的不同，所提出的问题或提供信息会有不同；另外，失效分析工程师对于问题的观察分析，对于信息的掌握调查的侧重点或关注点也会有差异。这都会影响到分析的结果。

　　对于汽车零部件失效分析工作来讲，它是建立在各种技术信息基础之上的。相关信息来自方方面面，而实际上所能够得到的各种技术信息往往会具有客观的缺失性或不确定性，很容易被分析人员误读或错误应用。而且，也必须面对由于各方面利益和认知能力的影响，会有一些失真信息混淆其中，而且目前关于汽车零部件大量的失效分析报告和文章的技术导引，存在着严重的技术偏离，导致各种技术原理和信息的混乱和滥用。

　　实际上，在日常失效分析中所接触到的技术信息包括"有形或无形信息"，也可以称为显性或隐性的技术信息。其中有形或显性的信息主要是指返回的损伤构件及损伤的形态。比如图1-22所示的某变速器换档叉轴疲劳开裂的问题中，图1-22a中给出了换档拨叉及叉轴的结构，图1-22b中给出了叉轴断裂在销孔部位，且为起源于尖角部位双向弯曲疲劳断裂，上述为叉轴断裂的有形或显性信息；而图1-22c给出了拨叉叉脚的异常接触和摩擦磨损，其表达了异常疲劳载荷的来源，这对于叉轴的疲劳断裂属于隐性的信息。而实际上还有更重要的隐性信息需要去关注。例如，该变速器换档机构动作或拨叉工作机械关系，如何保障拨叉叉脚与同步器齿套之间不发生异常接触等问题。

　　而在汽车零部件的失效分析中大多属于这种系统性的问题，这种分析工作需要两个方面的技术保障。其一是包括各类产品和分析工程师组成的团队共同地分析确认，失效分析工程师要关注和确认各种显性或隐性的信息,即失效模式;其二需要大量的工程技术积累,即系统性地建立机械失效模型。

这其中还隐含着另一个极为重要,而且是非常具体的问题,"失效分析工程师"分析到哪一步的问题。具体就上述"叉轴疲劳断裂"的问题,分析结果一般是截止到"异常接触",后续的为什么"异常接触"由机械结构产品人员去回答,这种情况在汽车零部件的失效分析中是占主导部分的。当然,也可以与产品人员相互配合共同分析到底,但实际上往往是不具备这种客观条件的。

然而,汽车的工程技术链很长,涉及的环节很多且复杂。因此各个层面上的局限性,相关工程技术人员对于失效现象的关注点及理解差异很大,在信息提供或反馈的过程中,不免会出现有意或无意的人为偏差。

关于零件的失效认知和样品的反馈中,出现最多的问题是就事论事的反馈信息和失效样品的情况。比如图1-23所示的是商用车驱动桥半轴一种较为常见的疲劳断裂失效模型,称为半轴法兰旋转弯曲疲劳断裂。这种失效模式发生在半轴上,表达的是疲劳载荷的异常,问题则出在了相关轮毂轴承的装配间隙调整上,而这种问题如果得不到及时调整,更换了半轴还会出现同样的问题。但通常的问题反馈中,仅是返回一件损坏了的半轴,导致不了解问题所在的失效分析工程师,对于反馈的半轴样品进行各种"深入细致"的检验分析研究,可能会得出各种不符合实际的分析结论。这种由于服务等部门反馈信息的缺失,加上分析工程师对问题认知和技术积累不足,最终导致的失效分析技术结论的偏离问题,在汽车零部件的失效分析中普遍存在。

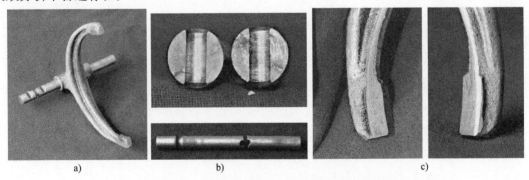

a)   b)   c)

图1-22 某变速器换档叉轴疲劳开裂的问题

a)换挡拨叉及叉轴结构 b)叉轴断裂部位 c)拨叉叉脚的异常接触和摩擦磨损

图1-23 半轴法兰旋转弯曲疲劳断裂

1.3.3 关于"材料失效分析"问题

我们应该关注到一个普遍或流行的提法或理念，叫作"材料失效分析"。对于一个金属零部件的失效，特别是断裂失效，它涉及的各个层面的技术人员普遍有一个共识，就是考虑是否与材料内在某种要素相关，并交由金相检验工程师分析鉴定，这也是失效分析工程师大多是金相检验技术人员出身的缘故。对材料质量进行检验评价，确认与零部件失效是否相关，属于材料失效分析不可或缺的一个步骤。

但是，"材料失效分析"作为一个概念是缺乏合理性的，它误导了许多失效分析的从业者。"产品失效"概念是针对"产品功能"提出的，涵盖了整个工程技术链，涉及汽车的产品开发、制造直到使用的技术环节中，材料技术属性仅为众多要素之一。但在这种不尽合理的理念下，许多失效分析工程师在工作中过度执着于"材料要素"的分析中，忽略了必要的失效模式和客观技术质证的分析，其结果则是导致了大量及严重的技术偏离问题，而且可以说是经常性地出现众多不伦不类、难于接受的分析结果。

在众多汽车零部件失效分析中一个比较典型的问题，是关于金属材料中非金属夹杂物与结构件疲劳断裂的关系问题。首先，下面通过两份失效分析技术报告举例说明对非金属夹杂物和结构件疲劳开裂的描述。一份是关于某钢板弹簧疲劳开裂分析报告，其中有这样的描述："……由能谱分析可知裂纹源处存在硅酸盐和氧化铝复合夹杂物（图1-24），其中氧化铝类夹杂物具有硬度高和熔点高的特点，是脆性夹杂物。表面夹杂物易导致应力集中，促进微裂纹萌生。并且在路试过程中，基体金属发生塑性变形时，氧化铝类夹杂物不能随之一起变形，所以在夹杂物和基体间形成微裂纹，在循环交变载荷的作用下，微裂纹进一步扩展直到板簧断裂……"。另一份是关于某扭杆弹簧疲劳断裂分析报告，其中非金属夹杂物和结构件疲劳开裂的描述（图1-25）。两份报告均就结构件疲劳开裂与夹杂物之间的关系及机理进行了论述。而且目前在汽车结构件疲劳失效分析中，这种技术分析的方式大量存在。

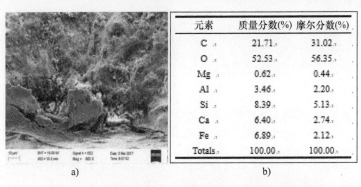

元素	质量分数(%)	摩尔分数(%)
C	21.71	31.02
O	52.53	56.35
Mg	0.62	0.44
Al	3.46	2.20
Si	8.39	5.13
Ca	6.40	2.74
Fe	6.89	2.12
Totals	100.00	100.00

a)   b)

图1-24 疲劳裂纹源、非金属夹杂物及能谱分析数据

a) 疲劳裂纹源及非金属夹杂物 b) 能谱分析数据

非金属夹杂物问题是以 GB/T 699—2015 和 GB/T 3077—2019 为代表的机械用结构钢标准中提出的，并在其中的优质钢规范中进行了具体的限定，但其仅限于结构钢中应用。关于非金属夹杂物与结构钢疲劳性能的关系，有大量的实验数据证明夹杂物会降低疲劳强度，特别是对于轴承钢接触疲劳性能的影响，但这些数据均是统计性的。另外，也建立了相应的各种夹杂物诱发疲劳微裂纹的机理模型和说法。这些都成为许多分析报告和技术论文，推导非金属夹杂物诱发结构件疲劳开裂的"理论和技术依据"。为此有必要研讨这方面的相关问题。

就可能产生应力集中形成裂纹，最终发生断裂。扭杆表面存在点状非金属夹杂物构成疲劳源，在交变应力作用下，从点状非金属夹杂物处产生微裂纹，最终导致提前疲劳断裂。当表面存在磕碰、机加痕由于非金属夹杂物自身的强度较低，故障件材料中非金属夹杂物多，破坏了扭杆弹簧材料晶粒的均匀性和连续性，因此在非金属夹杂物处应力集中，成为疲劳断源。而脱碳层由于其硬度、强度低在其中又加剧了疲劳断裂。

4 结论

此扭杆弹簧断裂属于材料的疲劳断裂失效。主要原因是：扭杆弹簧表面质量差，存在不同程度的磕碰、划伤导致应力集中；同时材料的非金属夹杂物超标和热处理不当导致表面脱碳严重，加剧了裂纹的扩展，降低了扭杆弹簧的疲劳强度，最终造成扭杆弹簧早期疲劳断裂。

图 1-25 某技术报告中关于夹杂物与疲劳裂纹源的关系论述

1）失效分析最基本的技术属性是失效模式分析，需要遵循"技术质证不可或缺"原则。结构件断裂失效的客观质证是指与断裂直接相关的要素证据，可以说是失效模式的某种具体表达。结构件断裂失效模式的质证是宽泛和多种多样的，包括机械结构损伤、断裂过程痕迹、内在质量等各方面。该原则强调相关技术质证应该具有真实性、合规性、关联性。即指汽车结构件断裂失效分析或技术报告中，关于与断裂直接相关的致裂要素必须客观真实、确切、逻辑合理，技术质证的这些性质具有不可或缺性。而且，在汽车零部件的疲劳失效分析中这个原则尤为重要，图 1-22 即为疲劳失效模式及技术质证的例证。

关于确认非金属夹杂物诱发疲劳源的客观技术质证，合理及有效的技术质证和模式推理详见图 1-26。这种质证的客观存在包括夹杂物及其成分，同时要求疲劳源与夹杂物的绝对指向关系。那些没有客观技术质证证据的事物，在逻辑上是不成立的。而且，无论钢中的非金属夹杂物是否合格，想确认由夹杂物诱发疲劳的结果必须有上述的技术质证。

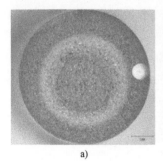 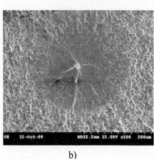 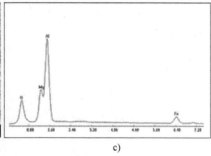

a) b) c)

图 1-26 齿轮钢旋转弯曲疲劳夹杂物诱发疲劳微裂纹及能谱分析

a）疲劳断口 b）非金属夹杂物 c）能谱分析

在图 1-27 中的视场中，夹杂物明显带有众多颗粒物堆积和附着的形态，而且其能谱数据并不支持夹杂物的定性性质，很明显属于外来污染性质。这种（包括相类似问题）技术认知偏离问题非常常见。需要关注的是在电子微观断口和金相组织观察时，对于"假相"的识别和认知鉴别能力至关重要。这类问题多是受到了一些以讹传讹的相关信息误导，采用了以主观意志为主的认知思维方式来认知客观的事物，也可以说是"材料失效分析"理念的一种表现形式。这种表现形式源于一种错误的技术或管理观念，即相关的单位或人员自认为接到的失效分析委托一定会有分析结果。然而，因为客观上的事实依据和技术经验积累不足，结果导致产生了以非金属夹杂物，或某些"材料缺陷"为代表的技术要素成为"万能选项"，用失效机理替代了失效条件。

2）关于非金属夹杂物的级别评定技术问题，经常有在微观断口上进行各种夹杂物的观察和评价，这不符合工程技术的规则。结构钢中非金属夹杂物的评价必须依据 GB/T 10561—2005《钢中非金属夹杂物显微评定方法》进行，属于金相检验法，以电子断口评价夹杂物没有依据，在工程技术中不予采信。

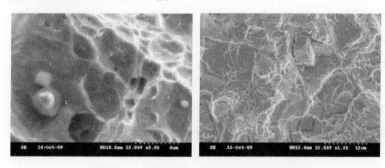

图 1-27 微观断口上的各种非金属夹杂物

而从另一个角度看待问题，优质结构钢中仅是适当限定，并没有拒绝夹杂物的存在，如图 1-28 中的断口上夹杂物则属于正常存在，没必要过分关注和渲染。而图 1-26 中的所谓严重夹杂物分布形态，需要在 GB/T 10561—2005 的规定方法下予以验证并确认，否则也不能采信。另外也需强调，依据材料技术标准和规则，非金属夹杂物的概念仅适用于优质结构钢领域，其他钢铁材料领域中没有此概念，不能使用。

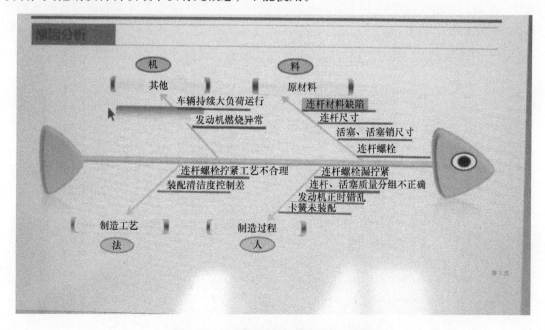

图 1-28 某连杆疲劳断裂分析的鱼骨图

3）关于非金属夹杂物降低疲劳强度和诱发疲劳开裂的认知误区，主要还是来自于对于非金属夹杂物诱发疲劳开裂的条件和机理、模型的认知和理解出现了偏差。

其一，需要明确夹杂物诱发疲劳源的现象均发生在高强度钢中，通常指弹簧钢级以上的材料及组织状态，比如硬度通常处在 HV400 以上的材料状态。其背后表达的是这种开裂模式的条件是高的应力应变。如果疲劳强度降低导致材料在低应力应变条件下发生开裂，则疲劳源的开裂机理和开裂模型会发生变化，进而从表面疲劳开裂。

其二，夹杂物诱发疲劳源的现象及机理的讨论，大多表现在材料疲劳试验中。这种疲劳试验方法多为旋转弯曲疲劳实验，样品尺寸很小，试验的应力幅条件为 $R = -1$。对应的应力条件需要在 $700 \sim 800MPa$ 以上。这种工况条件的核心问题是有足够的弹性应变。而高强度板簧台架试验中（$R = 0.1$），应力条件需要大于 $1000MPa$，小于对应的弹性应变条件或幅值，疲劳裂纹的发生模式将发生变化。金属材料疲劳性能及开裂机理的研究是有条件和局限性的，汽车零部件的开发和使用工况是可靠性技术问题，两者之间有显著的差异性，任何的借鉴和引用都要切合实际。也就是说不要把材料疲劳强度和构件疲劳条件两个领域的概念混为一谈。

其三，非金属夹杂物诱发疲劳源的机理应该关注于细观力学，关注金属相和非金属夹杂物的弹性模量，高应变条件下两者的形变不协调导致疲劳裂纹的萌生。

1.3.4 关于失效模式分析的法理观念问题

前面论述涉及一些具体的技术认知问题，归结到认知逻辑上讲，应该强调另外一个基本的法理观念，即是"疑罪从有"还是"疑罪从无"。由于对汽车工程技术的理解和熟悉程度不到位，失效分析会出现多种多样的"疑罪从有"问题，其中集中表现为靠着"失效机理"进行汽车零部件的失效分析，而远离了汽车工程技术。表面上引经据典，实则张冠李戴，本本主义和形而上学严重，导致大量的技术偏离，应该引起行业内相关人员的重视。

1.3.5 关于鱼骨图等的应用问题

有些企业在遇到具体的失效问题时，会以 8D 报告和鱼骨图等方式来进行分析，见图 1-28 所示，也即所说的人机料法环模式，或者说是近似 MFEA 模式。实际上这应该是企业的质量管理模式，它并不适用于汽车零部件的失效分析。我们讲失效分析是失效模式分析，即使是鱼骨图中的某一项技术参数有问题，也不一定就是失效的原因，最终都要以失效模式，即过程逻辑来确认。

1.3.6 小结

汽车零部件失效分析作为一种工程技术，其核心的宗旨是查找问题，即分析失效的原因和条件，目的是起到改进、提高产品质量及可靠性的作用。但由于产业、产品中很长的技术链接关系，使其附带了分清技术责任的功能，其中又包含着经济损失之利益的分配功能。这其中会因汽车产业链中的企业间权益关系不对等，有时出现将失效分析技术作为一种趋利的工具的问题。再有，目前失效分析技术作为一项社会技术服务的工具已经商业化，其中也隐含着一些因利益驱使所带来的负面作用，也不乏相关的失效分析技术报告的过度检验和包装问题等。另外，失效分析技术作为一种较为优良的资源，也被用于满足不同层次人员的技术论文的需求，这其中关于汽车零部件失效分析中的技术偏离和干扰问题尤为突出。在这些问题中，主要问题是不能分辨各种"失效基本机理或理论、失效模型"与"汽车失效分析工程技术"之间的差别，理不清"废品分析"和"失效分析"之间的关系，缺乏必备的专业技术历练和积累，经常性地发生断章取义、张冠李戴和形而上学的错误，技术认知狭义，逻辑思维混乱，随心所欲发挥，干扰了汽车零部件失效分析的技术发展。

第2章

汽车零部件疲劳失效分析

Chapter 2

金属材料及其零件疲劳失效有一个显著的物理特征，就是导致疲劳失效的循环应力往往远小于材料的断裂强度，这其中引出了材料的疲劳强度和疲劳寿命的概念，被广泛地应用到机械结构的可靠性设计当中。

疲劳失效是汽车金属零部件中最常见的损坏形式之一，各种疲劳的样品或失效案例分别来自于零部件和总成台架强化试验、道路试验，以及用户使用中质量反馈等各个方面。汽车零部件疲劳失效特点是数量大、种类繁多，几乎涵盖了所有类型的汽车金属零部件。汽车零部件的疲劳失效往往带有批量性、重复性、阶段性等特性，由于结构、载荷形式、产品质量等要素的综合影响，零部件的失效模式还具有多样性。这种特性与汽车目前的规模较大的产品开发、汽车的规模化生产、各环节的技术不稳定性、使用工况不良等方面要素有关。

机械系统中结构件在工作中会承受不同的载荷和环境工况，这导致结构件内部形成了各种复杂的结构力学或热负荷性质的载荷，而且载荷会随时间变化而形成交变性质的，或是随机变化的动态负载，即所谓的疲劳载荷。对于具体的承载零部件，与载荷及结构、功能相关，会产生具体的、可能是极为复杂的应力场。而应力同于载荷的性质，总体上分为两类，即随机、脉动性质的应力和有规则、随时间变化的交变应力，其中典型的脉动性载荷如图2-1所示。

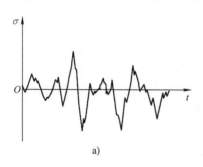
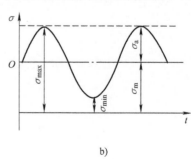

图2-1　脉动性载荷

a）疲劳的随机应力曲线　b）疲劳的循环应力曲线

汽车各总成功能的性质，总体决定了其系统中各种零部件的疲劳应力性质，如动力和传动系统，即发动机及变速器、传动轴、驱动桥、各种油气泵等总成的零部件，以承受各种形式的交变式载荷为主。而行走、转向及制动系统等，诸如前轴、后轴、悬架、转向、制动、车身和各种支架等总成及零件，则以承受那些随机性的动量或重力冲击性载荷为主。而实际上，冲击性的载荷同样也会反作用到动力和传动系统中。另外，诸如油、气管路一类的零件，工作中可能承受机械振动性质的载荷作用，而发动机的进排气系统、制动器和离合器、散热器等部位的零件会承受热冲击载荷的作用。

零件不同的结构、功能、载荷及材料性质等，是系统或零部件疲劳失效模式的影响因素。处于系统中的各种结构件的特定结构、约束及其载荷的施加形式，决定了其应力场的分布及周期性变化的属性。另外，应力的大小及时间变化属性、材料内在属性等，诸多的因素对于结构件疲劳开裂的寿命、模式等性质有着显著影响。

2.1 金属疲劳开裂机理

对金属材料的疲劳问题进行的研究已经表明：疲劳过程中，在循环应力作用下，材料的内部裂纹萌生、稳定长大，直到裂纹尺寸达到瞬间断裂的临界尺寸后失稳快速扩展，从而导致最终断裂。为此，面对疲劳问题应从两个方面考虑，其一是避免疲劳裂纹的萌生而避免疲劳破坏，也称无限寿命方式；其二是研究疲劳裂纹的萌生和稳定扩展过程，确定其有限寿命。对于汽车零部件的疲劳问题通常是以前一种方式，即在使用年限范围内以无限寿命的方式考虑问题。

2.1.1 疲劳裂纹萌生

金属是晶体（图 2-2a），具有各向异性，包括其弹性模量、弹性和塑性变形的各向异性。金属材料通常是多晶体，细观上是由大小、形状、位相各不相同的单晶体聚合而成的。细观晶粒的弹性模量方向性，造成了应力应变的非均匀性，由此带来了多晶体弹、塑性变形物理过程中的弹性变形、位错滑移、孪晶和晶界的滑动各向异性（图 2-2b）。

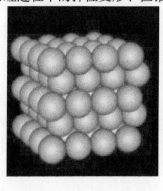
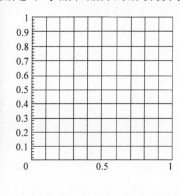
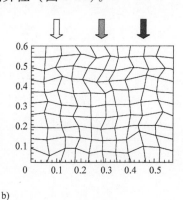

a) b)

图 2-2 金属的晶体模型

a）晶体原子排列 b）多晶体的细观应力应变模型

在多晶金属材料中，晶界上变形的连续性使得晶粒之间塑性变形相互牵制，所起的作用一方面抑制取向有利的晶粒率先发生塑性变形，另一方面又反过来促进取向不利的晶粒发生塑性变形，使它们的塑性变形趋于一致。因此，在构件内部各晶粒的塑性变形协调一致性比较好。

疲劳微裂纹一般形成于金属的自由表面，这与处于自由表面层的晶粒单侧空置导致相互制约缺失有关，即最表层的几层晶粒受到相互牵制作用较小。有应力作用时晶粒之间的制约性降低，尤其是在这些晶粒的自由表面一侧，塑性变形过程受到的束缚很弱，位错易于从表面逸出，导致金属表面的塑性变形抗力较低，试样的表面层晶粒易于率先发生塑性变形，成为疲劳形核的基本条件。这使得钢的表面微观屈服应力低于其整体的屈服强度，并近似等于疲劳极限。就是说在整体屈服发生以前，处于表面层的（某些）晶粒已发生塑性变形；即使循环应力低于材料的屈服强度，仍可以引起疲劳损伤而导致微裂纹的形成。这也是疲劳微裂纹通常首先发生在样品表面的原因。

各种资料介绍的疲劳微裂纹的形成，可以有三种典型的机理或是模型，分别是表面滑移带开裂、相界面开裂（夹杂物）和晶界开裂。

疲劳裂纹萌生模型的"侵入－挤出机制"认为，在交变应力作用下，金属的局部区域分别发生多系滑移和单系滑移，并在表面形成原子尺寸的微观"裂纹"，这种微观尺寸的"裂纹"逐步地发展积累，产生了疲劳裂纹源。这是最基本的疲劳裂纹萌生模型，但该模型是建立在软金属基础上的，而汽车用钢铁材料中疲劳微裂纹的萌生通常不符合这种模型，包括图 2-2 中后两种的疲劳微裂纹模型，主要也是建立在位错的滑移和积累基础上的，在物理模型和逻辑思维认知方面也比较抽象，难于理解。

因此，业界更倾向于用微观力学的模型理论解释上述几种疲劳微裂纹的萌生机理。这种模型的基本出发点是物质相弹性模量属性，主要包括两个方面：其一是不同物质相的弹性模量不同，而且差异会很大；其二是同质相的晶体具有滑移系和弹性模量的各向异性，也会有明显的差异。据此，对于以钢铁为主体的汽车材料，可以做如下的疲劳微裂纹模型推理。

图 2-3a 为表面层晶粒滑移模型，由于滑移系和弹性模量的各向异性（图 2-4），晶粒滑移的选向和晶粒间力学传递的不均匀性，可以认为是某些晶向适合晶粒在交变载荷下在特定的方向上发生滑移、积累和形变，并可以影响内层相关晶粒参与进一步滑移，一直到疲劳微裂纹的形成，也可以称为穿晶疲劳微裂纹。这种模式应该主要发生在较软的金属材料上。实际上，在常用金属材料中这种表面层的疲劳机制很难观测、辨别或认知。而大量发生在工件表面层的各种疲劳裂纹，实际基本上属于过载性的疲劳开裂，多与过载、应力集中、表面损伤（图 2-5）等各种原因相关，该种情况下疲劳裂纹的萌生与疲劳裂纹扩展基本上很难区分。

图 2-3b 为沿晶疲劳开裂模型，传统的沿晶疲劳模型主要建立在晶界位错滑移基础上，但实际上可以利用图 2-3b 中的高温蠕变的开裂模型，这个模型可以简化对问题的理解。究其机理，同样来自于晶粒的各向异性（图 2-4）。在特定的应变条件下，晶粒相互之间的作用不均衡性会导致晶界的剪切滑移，并在三晶粒的交汇处产生微裂纹。而实际上沿晶疲劳还

是较为多见的，但它主要发生在高强度零件中，比如高强度弹簧或渗碳淬火零件中，但在三向应力状态下的冲压件中也有见到，见图 2-6 所示。

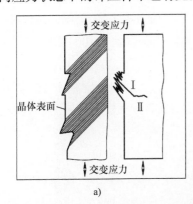
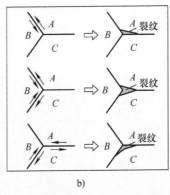
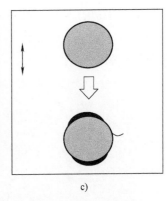

a)   b)   c)

图 2-3   疲劳微裂纹产生的三种模型

a）表面层晶粒滑移模型   b）沿晶疲劳开裂模型   c）质子之间的应变协调

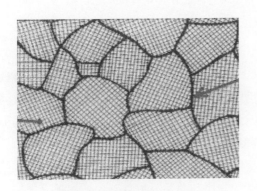

图 2-4   晶粒的各向异性

图 2-5   表面的疲劳微裂纹

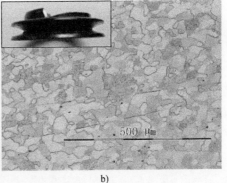

a)   b)

图 2-6   沿晶开裂疲劳裂纹

a）疲劳源沿晶形态   b）旋压带轮及铁素体组织

图 2-3c 中的模型涉及非金属夹杂物诱发疲劳微裂纹问题，由于非金属夹杂物，包括一些其他金属相的弹性模量显著高于基体，可以简单地认为在交变的弹性变形中，两者之间构

成了显著的弹性形变差异，使得基体与高弹性模量质点之间的应变协调条件发生了异常，诱发了疲劳微裂纹的萌生。这种情况分为两种，一是夹杂物的剥离（图 2-7a），这种情况居多；二是夹杂物的碎裂（图 2-7b），可以认为这种碎裂是基体的轴向应力挤压形变造成的。这种微裂纹的萌生位置在基体的硬质点处，但其萌生的条件是疲劳应力大于 1000MPa，且结构为细长杆的条件下。

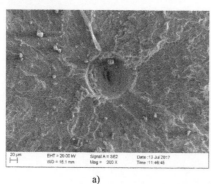 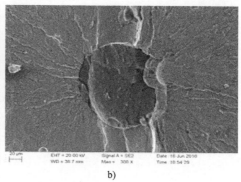

a)　　　　　　　　　　　　b)

图 2-7　非金属夹杂物诱发疲劳微裂纹

a）夹杂物剥离　b）夹杂物碎裂

　　失效分析工程师在结构件疲劳开裂失效分析中，如何看待疲劳源萌生的原理或物理模型，如何考虑多晶体与微观力学属性及与材料疲劳强度之间的关系，如何认识疲劳微裂纹萌生的条件，即辩证地认识各种原理模型规律、技术价值，以及它们与可靠性工程技术之间的关系等，需要经历大量的技术实践，并综合且合理地看待问题。

　　首先，强调上述几种金属材料疲劳微裂纹萌生的物理模型，均是相关金属材料的基本物理和技术属性，也涉及各种金属物相属性及其相互的作用和关系。另外，它还包括表面层晶粒相互制约关系削弱带来的影响。

　　而在材料工程技术应用方面，不难理解材料晶粒细化带来晶粒之间的相互制约和协调性的提高，可以提高材料疲劳性能。再有工件表面良好的喷丸工艺，尽管传统上的解释为表面压应力可以综合消除疲劳拉应力，但实际上应该认为表面层晶粒的预置弹、塑性形变可以很好地抵抗晶粒之间因位相差异（各向异性）带来的不协调变形，从而有效地提高材料及零件的疲劳强度。

　　同时，针对汽车零部件的疲劳失效分析中，时有出现的沿晶疲劳或夹杂物诱发疲劳问题。也应该关注疲劳裂纹萌生机理的应用问题。在特定的构件疲劳强度和应力应变条件下，它们均为正常的金属物理本质所致，并不表达材料属性或疲劳强度受到了某些方面的影响，而需要以工程技术的视角看待和理解问题，即需要用各种相关的材料及工艺的技术标准、规范来评价材料；且微观断口的形态观察分析，不能用以评价或推论材料的性能或技术属性的变化或优劣，这一点在实际的构件疲劳失效分析中还存在较大的问题。也就是说微观断口分析的过度滥用，是将金属材料疲劳机理与结构疲劳条件的概念混淆了。实际上，无论疲劳强度如何，疲劳裂纹萌生都将是按照特定的规律、模式或条件发生的。

2.1.2 疲劳裂纹的扩展

金属材料中生成疲劳裂纹后，在循环应力作用下会发生扩展。这个阶段裂纹扩展过程可以理解为微裂纹的尺寸大于临界值时，疲劳裂纹在特定的循环应力的作用下，将进入稳定的扩展时段。具体的表达是每次循环载荷（应力），裂纹产生一个"步进"深度并留下痕迹，这被称为"疲劳辉纹"，通常是在扫描电镜下观察分析。通常可以观察到和分辨的"步进辉纹"的尺寸一般最小在 $1.0\mu m$ 左右，而粗大的"辉纹"则可以裸眼观察到。

针对"疲劳辉纹"的形成机理有多种模型来解释，如图 2-8 所示的塑性钝化模型。但在汽车零件疲劳失效的微观断口观察中，这种"疲劳辉纹"主要出现在低碳钢零件中，如图 2-9 所示。

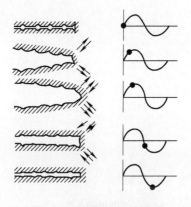

图 2-8　疲劳裂纹扩展模型

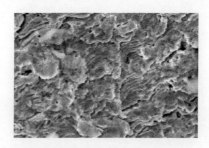

图 2-9　低碳钢中的"疲劳辉纹"

"疲劳辉纹"的形态实际上与其组织结构和应力应变的属性，即幅值等密切相关，表 2-1 及相关图片中给出了几种典型的"疲劳辉纹"形态。但在微观疲劳断口的观察和分析过程中，必须注意到这种分析的工程技术属性。

首先，应强调疲劳扩展区域的微观断口观察分析有其重要性，但它属于宏观疲劳断口分析的辅助性观察，即属于宏观疲劳断口已经得到技术确认后的补充技术分析，大多数情况下处于可有可无的状态。而且表 2-1 中所给出的多种"疲劳辉纹"形态较为典型，但在实际的疲劳断口中，特别是在高强度钢、铸铁或粉末冶金材料等组织状态下，通常是观察不到典型的"疲劳辉纹"形态的。

表 2-1　典型的组织状态和疲劳辉纹形态

序	材料及组织状态	典型辉纹形态	参考图号
1	中碳钢调质组织（一）	与组织形态及撕裂条带相关的"疲劳辉纹"	图 2-10
2	低碳钢组织（一）	带有二次裂纹形态的"疲劳辉纹"	图 2-11
3	弹簧钢调质组织（一）	带有韧窝形态的"疲劳辉纹"	图 2-12
4	渗碳淬火组织	未见辉纹的沿晶疲劳	图 2-13
5	铸造铝合金组织	解理台阶上的"疲劳辉纹"	图 2-14

（续）

序	材料及组织状态	典型辉纹形态	参考图号
6	低碳钢组织（二）	解理撕裂的"疲劳辉纹"	图2-15
7	中碳钢调质组织（二）	裸眼可见的"疲劳辉纹"	图2-16
8	螺栓调质组织	裸眼可见的"疲劳辉纹"	图2-17
9	弹簧钢调质组织（二）	台阶性的剪切"疲劳辉纹"	图2-18
10	弹簧钢调质组织（三）	裸眼可见的"疲劳辉纹"	图2-19

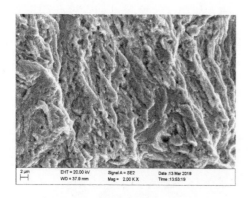

图2-10　中碳钢调质组织（一）

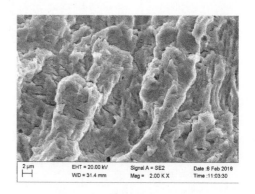

图2-11　低碳钢组织（一）

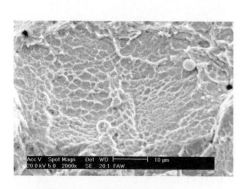

图2-12　弹簧钢调质组织（一）

图2-13　渗碳淬火组织

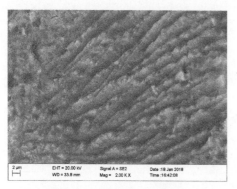

图2-14　铸造铝合金组织

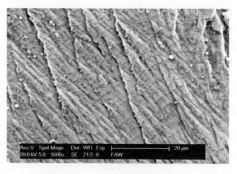

图2-15　低碳钢组织（二）

图 2-16　中碳钢调质组织（二）

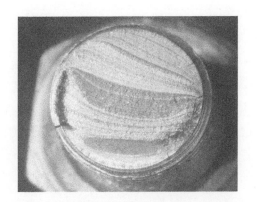

图 2-17　螺栓调质组织

图 2-18　弹簧钢调质组织（二）

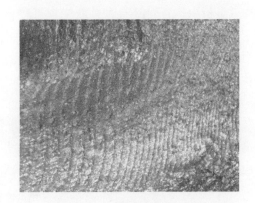

图 2-19　弹簧钢调质组织（三）

其次，需要强调汽车金属零部件的可靠性设计理念，在其可靠性里程或寿命周期内，构件的疲劳寿命是无限的，也不存在寿命预测问题，而疲劳的扩展区域属于有限寿命范畴。为此，在汽车零件的疲劳分析中，重要的是关注疲劳裂纹的萌生条件，而电子断口中和裸眼可见的"疲劳辉纹"或是其他的扩展形态，均表达了在载荷或裂纹应力集中状态下，对高应力应变的敏感性，也就是说结构件的疲劳裂纹已经萌生，疲劳扩展乃至最终断裂是必然的，不必要予以过度关注和技术或理论的解答。

另外，微观断口的形态与组织状态存在相关性，但其并不能替代相关的材料工程技术标准，简单地说这种断口分析仅是辅助技术，不能用于评价材料技术属性或是否合格。例如，经常有在扩展区域内断口上观察夹杂物的现象，或伴有大量的微区能谱分析，这不具备任何的工程或技术意义。金属材料内部存在各种夹杂物或其他异相暴露在断口上是很正常的，具有随机性，并不能表明它与疲劳源萌生有技术关联性，材料状态是否合格必须遵循相关的技术标准和方法。

2.2 汽车零件疲劳失效分析的基本理念

汽车零部件疲劳断裂失效分析技术作为可靠性技术的重要组成部分，客观地揭示了汽车技术的综合水平，涉及从产品设计、试制、可靠性试验、零部件制造和装配技术水平，以及使用工况等各种技术要素，也包括企业各层面上的技术管理问题。因此，需要在大量的分析实践中不断地认识和理解客观事物，进行辨别、比较、归纳和技术积累，并能够系统性地看待各种问题。因此，汽车结构件的疲劳断裂失效模式分析，需要遵循一套较为完整地认知事物的技术理念、思维方式、方法。

2.2.1 "强度－应力干涉模型"与三段论演绎逻辑推理问题

"强度－应力干涉模型"是机械产品可靠性设计最基本的原理之一。而在汽车零部件疲劳失效分析中，各种影响因素最终均可概括为"应力"和"强度"的关系，称之为"强度－应力干涉"。在该"干涉模型"的理念中，疲劳断裂最基本的条件是"疲劳强度＜疲劳应力"或者"疲劳应力＞疲劳强度"，这也可以称之为"不等式原理"。该原理非常简单，但在其具体技术应用实践中，却经常受到严格的逻辑思维问题的困扰。

演绎逻辑之"三段论"推理强调"由真实前提，必然推出真实的结论"。三段论推理是从一般性质或原则出发（大前提），结合具体事物的情况（小前提），推出新的认知和结论。但如果违反了相关的基本原则，就会得到错误结论或发生严重的技术偏离。其中主要的原因是关于演绎逻辑中"小前提"概念的混淆问题，举例见表2-2。应用性错误的技术要点如下：

表2-2　三段论逻辑推理的应用性错误

推理要素	推理过程	要素性质
大前提	金属材料疲劳断裂的基本条件：疲劳强度＜疲劳应力（反向亦真）	一般性原则
小前提	失效件经材料检验的结果判定为：材料疲劳强度降低	具体事物属性
结论	该零件因疲劳强度降低而发生疲劳断裂	推理结果

1）关于演绎逻辑之三段论推理的应用中，有一个常用到的形式为大前提省略模式。这是因为大前提所用到的原理是最基本和普适性的。疲劳失效分析中经常性地会运用这种逻辑推理的大前提省略模式。

2）疲劳分析中不等式原理"疲劳强度＜疲劳应力"在逻辑推理中作为大前提予以省略，不等于可以忽略或是取消，它仍然是疲劳失效发生的基本条件。

3）在一些疲劳分析的具体案例中，经常有由于"疲劳强度降低"而推论疲劳失效发生的判断，因而导致错误的结论或技术偏离。这其中核心问题是将逻辑推理"小前提"中的"疲劳强度降低"与"不等式原理"两个基本概念混淆或者偷换了，违背逻辑思维的同一律。

4）作为失效分析工程师，应该很清晰地认识到失效件的疲劳强度和疲劳应力两个要素均具有很具体的不确定性，因此无法确定"疲劳强度＜疲劳应力"的基本失效条件。因此，仅用"疲劳强度降低"的概念推导出疲劳失效的原因，基本上是不确定、不真实和不成立的。

由此可以认定，汽车零件的疲劳失效分析是定性的，而非是定量的。这种定性分析的技术核心就是失效模式分析，是一项综合性或专门的汽车工程技术。

2.2.2 疲劳失效的有限寿命属性

实际上，对于汽车零件疲劳失效的寿命水平评价和认知问题是至关重要的，它关系到分析工程师如何看待问题的认知和思维方式。

汽车产品的开发设计属于可靠性设计，作为失效分析工程师并不直接地参与到设计研发的过程中，但他们还是应考虑对相关的可靠性寿命的认知问题。关于汽车可靠性寿命大体分为两大类，一是作为商品的产品可靠性，二是产品研发和验证过程中各种台架和道路试验的可靠性。

作为商品在合理的使用工况或状态下，汽车在可靠性保证的里程内，其金属零部件的使用寿命均是"无限的"，通常在数十万到百万千米。而且，除去正常的摩擦磨损性质以外，金属零部件仍处于正常的工作状态，可理解为已经进入到一个更宽泛的无限寿命周期内。关于后一个寿命周期可以称之为"疲劳寿命预期"，通过对于金属材料疲劳性能属性的理解，被认为是不会再发生疲劳现象，进入了一种稳定的技术状态。

另外，对于各种产品可靠性技术试验，均具有强化性实验的特征，又可以分为两类。一是零部件类的强化试验，诸如曲轴、连杆、前轴、后桥壳、钢板弹簧等。这其中需要明确相关的试验是可靠性试验，是包括了材料强度属性在内的各种材料、工艺、表面状态、工件结构及装卡方式等诸多方面的技术属性，甚至于包括了实验规范的合理性问题等。同时，也需要明确这种实验均是在高应力应变条件下，或是在应力条件相对恶劣的条件下进行的。

而对于各种总成和整车的可靠性试验，准确地讲是一个整体性机械系统及运行状态的可靠性试验。如果发生了某个金属零部件的疲劳失效，究其原因应该是包括了零件自身的技术状态以外，还包括了整体或整个的运行状态和条件，需要考虑综合性的技术状态问题。关于各种可靠性强化试验，应该明确地认识到试验中的机械系统运行状态或工件工况，均可能处于某些临界的状态。随着系统的技术状态变化及其损伤，构件的力学状态等均不能得到合理的控制，会带来大量的"早期性质"疲劳损伤过程。

综上所述，根据金属材料的疲劳性能技术属性，可以确定其零部件的疲劳寿命均是在有限寿命范围内发生的，通常仅在数千至百万次范围内。因此，可以确认均属于有限寿命疲劳失效的技术范畴之内。那么"有限"到了什么程度？即相对于汽车金属构件之可靠性寿命预期，有限寿命的疲劳失效的寿命低到了什么程度？寿命损失的条件是什么？这些方面，对于汽车零部件的疲劳失效分析，必须给予足够的重视。

首先，要关注常规金属材料疲劳曲线的变化曲率。在与疲劳强度或疲劳应力的关系中，疲劳寿命数轴取值的是对数形式，两数轴之间为数学级数与几何级数的关系。其次，需要明确几个关于疲劳寿命的基本概念（图2-20）：

其一，"实际寿命"为与失效过程相关的零件具体疲劳寿命，这其中需要明确该实际寿命并不等同于构件经历的全寿命周期。譬如图2-21所示的几种因轴颈损伤后诱发的各种疲

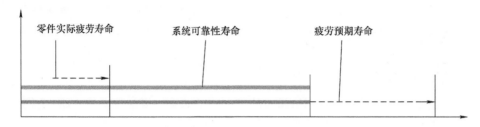

图 2-20　结构件几种疲劳寿命概念示意图

劳断裂，相关的曲轴损伤与发动机的工作条件或技术状态有关，而与总体的发动机工作时间或车辆的里程无关。

图 2-21　曲轴轴颈损伤诱发的各种疲劳断裂

其二，"产品设计的可靠性寿命"理解为全寿命周期内，各种机械系统及构件均处于正常工作状态，不会发生疲劳损伤，具有无限寿命属性。而且，即使超过了车辆的可靠性周期，在正常状态下构件还会持续地工作下去。这种疲劳寿命的无限属性称为结构件"疲劳寿命预期"，它是一个恒久且又未知的一个数据。

因此，将"寿命预期"与"实际寿命"之比值定义为"寿命折损率"。可以明确各种有限寿命失效构件的"寿命折损率"是要跨越几个数量级的，对于这一基本状态必须有足够的认知和理解。其中在众多的条件影响下，通常是构件的力学条件或是模型的变化或波动更为活跃，其影响往往远大于对应的材料疲劳强度波动带来的结果。

2.2.3　失效模式第一理念要点

前述内容涉及两个基本的技术理念，包括"强度应力干涉模型"和结构件疲劳失效真实寿命的理解和认知，都涉及疲劳断裂分析中的一个重要的影响要素，即载荷及应力条件的认知。力学要素范围宽泛且变换无穷，带来了结构件疲劳失效条件和失效模式的多样性，这就涉及一个最重要及核心的技术理念，汽车金属零部件疲劳失效分析是失效模式分析，即失效模式第一的技术理念。

失效模式被定义为"失效的外在宏观表现形式、过程规律，一般可理解为失效的性质和类型。实际上它也是对断裂失效内在本质，及其规律性和必然性的理解和认知。"而对于汽车结构件的疲劳失效模式分析应该包括两种概念，即狭义的疲劳失效模式和广义的疲劳失效模式。常规的或是教科书式的疲劳断口属性的认识，也包括大量的微观断口形态分析，属于狭义的失

汽车零部件疲劳失效分析　　第 2 章

效模式分析，通常仅属于失效机理性的认知，一般给不出真实的结构疲劳失效条件。

而广义的汽车零部件疲劳失效模式，是建立在综合的力学模型基础之上的。可以说疲劳断裂失效是疲劳强度和疲劳应力相互作用的结果，其中疲劳应力是主导要素，或称主要矛盾方面。这是因为应力要素是一个机械系统或构件结构的力学系统问题，它产生了两个方面的结果，其一是主导和制约了失效模式形式，其二是决定了早期疲劳的寿命。这又称之为疲劳失效分析中"力学要素第一"。图 2-22 所示为不同的应力应变或应力状态下，弯曲条件下疲劳断口模式的变换形态。

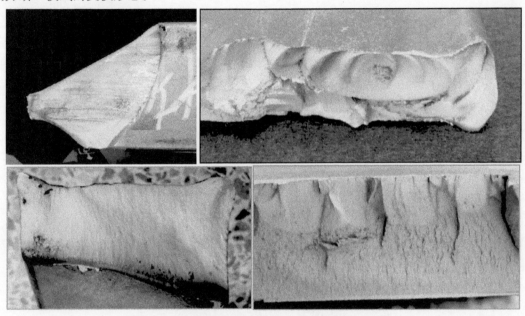

图 2-22　不同应力应变条件下钢板弹簧疲劳断裂模式

汽车零部件疲劳失效模式范围非常宽泛，是以结构的材料力学理论为基础，包括零件的材料性能匹配及结构功能，载荷的性质和来源，机械系统中零件之间的关联性，及运行的条件或状态等诸多方面，构成了一个矩阵式、多层次、互相融通的疲劳失效模型系统。

以此为基础的疲劳失效模式分析，需要坚持系统性、综合性以及宏观模式认知为技术主导理念，坚持技术质证不可或缺的原则；以大量的技术实践和技术积累为基础，以失效的必要条件及逆行逻辑推理为原则，摒弃本本主义和形而上学的认知思维方式。

2.3　汽车零件疲劳失效模式体系构架

2.3.1　失效模型系统性的主导要素

汽车零部件疲劳失效模式的系统性认知是一项专门的汽车工程技术，它建立在大量失效分析及合理的演绎与归纳逻辑基础之上，能够指导和具体规范失效分析工作的思路，使得繁杂的技术问题简单化和专业化。

汽车零部件疲劳失效模式具有多样性技术特征，其中具体而多视角和多层次的失效原理、失效原因及条件的分析，奠定了建立相互关联的矩阵式综合性失效模型体系的基础。而且，个性化和多样性的失效模式具有变幻无常和层出不穷的技术属性。因此多样性、特殊性失效模式的技术认知和积淀，是共性或系统性分析技术的主导和基础。

汽车的各种机械运行系统或构件的结构、功能及工况的多样性，是构成疲劳失效形式多样性的基础条件。而机械系统、构件结构及工作原理的同质或同类属性，又提供了失效模式的系统性属性。因此，系统性地认知和归纳汽车零部件的疲劳失效模式，将有助于这项技术的逐步深化，可以提高工作的效率和有效性。

汽车零件疲劳失效模式系统是一个矩阵式的技术认知系统，它以材料疲劳属性、宏观及微观断口模式为基本模型。但汽车综合、繁复的结构力学模型作为主导的技术要素，从总体上决定了复杂和多样的失效模式技术体系。因此，汽车疲劳失效模式系统来自于对力学模型和失效模式多样性的共性归纳，来自于对失效模式偶然性和必然性的认知，系统性模式的层级属性等构成了认知技术的整体性框架。

发动机排气歧管结构相对复杂，以一组螺栓固定连接在缸盖上，工作中承受着不定周期的高温气体作用。因此，它构成了与自身系统、结构、热膨胀应力应变过程等相关的各种失效模式，具体见表2-3和图2-23所示。其中，失效模式技术属性包括：

1）材料的热胀冷缩物理属性构成了相关损伤和失效的最基本的原理。

2）发动机排气歧管承受着反复、随机或规律性的热冲击过程，其中的热膨胀变形量与热冲击的温度成正比关系。

3）排气歧管固定在缸盖上，热变形受到了制约。随着工作温度及膨胀量的增加，可以进入到弹塑性变形状态，具有特定的应力分布场。

4）这种制约和反制约，伴随着形变和相对机械位移，相关系统会从不协调到协调，进入特定的结构应力应变场的平衡状态。

5）当发动机怠速或停机温度下降阶段，歧管系统会进入一个反向收缩、塑性变形及位移过程，从不平衡、不协调逐步进入到一个新的应力应变场平衡状态。这种过程的周而复始和逐步积累，带来了系统多样性的损伤。

6）系统性且多样性的失效模式来自于一个不同层次的力学主导要素：

① 首先，热胀冷缩为力学基本原理，热冲击负荷幅值与工作温度变化幅度正相关。

② 其次，排气歧管结构及与缸盖之间系统性制约、稳定、协调关系，构成了损伤或失效的多样性。譬如歧管变形漏气、密封垫片损伤、螺栓损伤及干涉、歧管热疲劳等。尽管失效模式差异很大，但源头均为热应力应变。

③ 再有，膨胀系统的局部弯曲结构也会诱发"应变集中"问题，导致局部疲劳开裂，见图2-23c和图2-23f。

排气歧管的过度高温氧化也会转化为热疲劳开裂，见图2-23e。汽车构件的热疲劳损伤从机理、模式或条件等方面，与机械载荷的疲劳失效是有差异的，但同样可以感知到，无论是构件的变形、开裂或其他损伤，核心的问题主要还是应力应变场问题，它决定了失效模

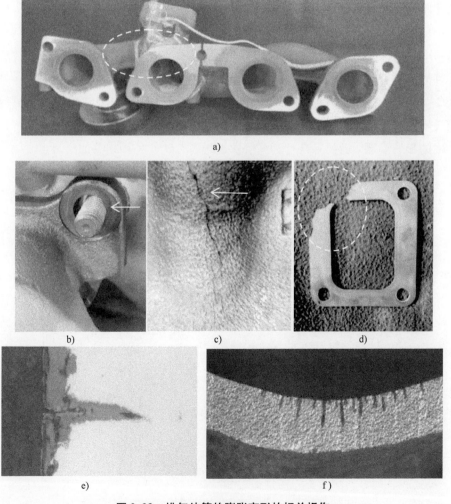

式。包括环境工况、系统关系、构件结构和功能等，构成了一个纵横交错的力学模型系统，并以失效模式的方式表达出来。

表2-3　排气歧管热膨胀变形失效模式及影响要素

序号	失效模式解读	图号
1	排气歧管底座平面有规律翘曲变形，漏气。表达了排气歧管的热应力应变特性，与热疲劳开裂失效模式不同，但原因同属	图2-23a
2	排气歧管"弓腰型"热变形与锁紧螺栓干涉，拆装困难，干涉模式表达了变形的形式	图2-23b
3	歧管局部热疲劳开裂。裂纹位于结构的内凹陷表面，表现出"应变集中"的结构特性。另外凹陷表面的方向性褶皱表达了热应力应变场的分布情况	图2-23c
4	歧管密封垫片碎裂。在锁紧挤压条件下，歧管的热伸缩机械运动将其"搓碎"	图2-23d
5	与高温氧化相关的热疲劳开裂，同样表达了对反复拉压变形的敏感性	图2-23e
6	发生在歧管局部内凹面表面大量的热疲劳裂纹，充分地表达了弯曲结构应力分布特性及"应变集中"结构特性	图2-23f

a)

b)　　c)　　d)

e)　　f)

图2-23　排气歧管热膨胀变形的相关损伤

2.3.2 失效模式系统性的技术属性

汽车零部件疲劳失效模式的多样性属性中隐含了"失效模式多重性"技术属性。它是构成疲劳失效模式系统性的技术基础，其中主要要素有金属材料疲劳损伤原理及疲劳强度、疲劳载荷模式、系统功能和运行状态，以及零件的结构力学模式等，同时包括各要素系统之间的相互匹配作用。

疲劳损伤模式多重性的另外表达，则为失效模式矩阵系统模型的子系统交织和分层次的技术属性，这是失效模式分析的核心技术。关于疲劳失效模型可以从总体上分为两大类，其中：

"原理或机理性"模型为常规或通用性、表观性及浅层级失效性质辨别和认知模型，即一般性的疲劳属性的判定。

"机械结构及运行状态性"模型为结构条件性模型，为深层级的技术状态性模型，属于汽车工程技术中问题分析之核心要素或技术。它具有典型的机械系统运行条件、构件结构及失效模式宏观表达的综合性技术特性，通常是对疲劳寿命的影响起到决定性作用的要素。除去确认疲劳属性以外，分析者还要考虑或回答机械系统中为什么是该部件失效？为什么是在零件这个部位发生？为什么是该种疲劳形式？断口的力学性质和裂纹源的分布如何？

这是一个系统性的力学模型认知方式，同时需要强调这种认知是建立在当前汽车技术，包括零部件的材料工艺技术已经处在了相对成熟或稳定的状态之上的。

图 2-24 给出了汽车驱动桥半轴多样性疲劳失效模式，其失效要素包括有半轴的结构特性、与相关零件的关联关系，以及机械系统稳定性、半轴的强度与载荷属性的匹配及表面损伤等各方面的影响要素，需要系统性和深层次地理解和认知各种相关的要素。

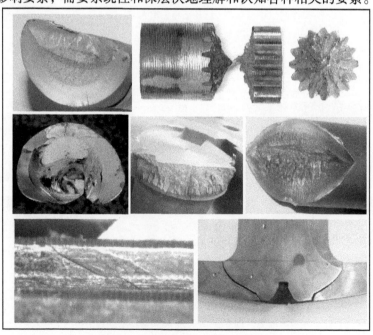

图 2-24 半轴疲劳失效模式的多样性

2.3.3 汽车零件疲劳失效模式的系统性架构

汽车的汽车结构功能和应用条件工况相对复杂，其零部件的疲劳失效则处在一个非常复杂的力学体系之中。如何把复杂的问题简单化？这就需要建立起具有汽车技术特性的疲劳失效认知体系。

汽车结构件疲劳失效模式影响要素分类，是一个相对复杂、纵横交错的矩阵式力学模型系统或体系，在对疲劳寿命评价或有限寿命的基本理念主导下，应该是以力学条件要素为基础，以载荷或应力异常为主导技术理念的体系。综合地归纳汽车疲劳失效模式的总体体系，应该由两大类机械系统和一个结构要素组成：

其一，零部件的结构要素；其二，动力传递系统异常；其三，动作、操控系统异常。

但三个分支并不是独立存在的，而是在不同的层面交织、叠加或关联在一起的。具体体系构成模型如图 2-25 所示。作为一项汽车工程技术，其零部件的疲劳失效模式分析是在这个基本的模型体系理念下展开的。

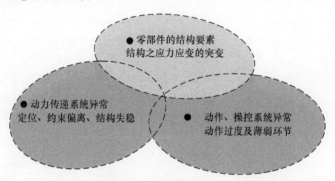

图 2-25　汽车零件疲劳失效力学模型体系示意图

2.3.4 零件结构要素或特异性问题

首先，我们讨论可称之为"特异性结构"的零部件结构要素类型。它主要指从零件结构的角度看待应力、应变的突变问题，主要包括了应力集中（图 2-26）、应变集中（图 2-27）、尖角效应（图 2-28）和圣维南疲劳失效（图 2-29）四个方面。这主要是从结构件应力场及应力状态方面，考虑应力异常对疲劳失效的影响问题。这类结构特异要素构成

图 2-26　结构的应力集中诱发疲劳失效

了诱发疲劳失效的显性必要条件，但实际上多数情况下还是需要与机械系统性其他要素关联起来应用。

这其中，应力集中是最常见的影响要素，有几个相关概念需要强调。通常的材料工艺缺陷如果可以诱发应力集中现象，应该作为结构要素看待。另外，应力集中的力学模型，实际上是轴向正应力与尖角处剪切结构衍生正应力之矢量和，如果尖角结构非对称（即台阶性结构），则合成正应力方向偏移而导致疲劳裂纹方向与轴线不垂直。

其次，我们再讨论"应变集中结构"。这种力学模型有别于应力集中，它更强调结构宏观的应力应变场分布不合理。除去结构要素外，这种失效多与过载或过变形有关，也可以称之为结构与载荷或工况的不适应性问题。常见几种情况如下：

其一，弯曲结构承受轴向拉伸载荷时，应力应变分布极度不均导致内弯角部位疲劳失效。它是以伸缩节结构为代表的，分别见图2-27a、图2-27b、图2-27c。

其二，由于压杆失稳弯曲变形后构成与前述相同的情况，见图2-27d。

其三，结构件的结构设计中界面刚性突变，应变分布不合理问题，分别见图2-27e、图2-27f。

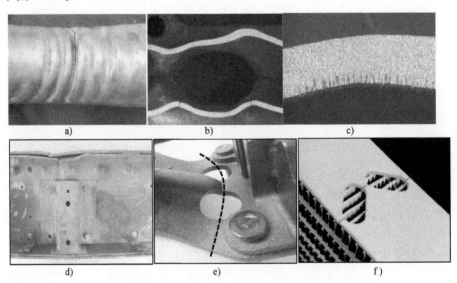

图 2-27　结构的应变集中诱发疲劳失效

图 2-28　结构的尖角效应诱发疲劳失效

图 2-29 圣维南疲劳失效

结构尖角诱发疲劳开裂现象也是较为常见的,就应力场模型讲目前还不是很明确,可以考虑是由于尖角部位的应变场异常。

关于圣维南效应通常是指结构件之间连接点部位发生的应力场极度不均匀的现象。由此带来的疲劳失效情况最多见的是在以支架为主体的各种钢板类连接零件上,究其原因通常应考虑结构件的载荷或变形异常问题,也包括多点连接的受力不均问题。但这类问题仍属于狭义的圣维南原理类型,后续还要引出系统性结构的广义圣维南疲劳失效概念。

2.3.5 系统和构件结构功能主导的失效模式

汽车上的机械结构功能技术属性,从总体上决定了失效的要素或模型,而具体零部件的功能特性也具有多样性属性。例如,驱动桥半轴作为转矩传递的重要轴类件,其花键和法兰盘同时兼有联轴器的结构属性,不同的结构属性会有不同的失效模式(图 2-30),这导致半轴在失效模式分析和认知过程中,可以出现不同的结构功能属性,这是因为不同的功能属性其载荷及应力模型会有性质上的差异,它决定了疲劳失效的具体失效模型。为此,考虑问题的思路和技术关注点会有不同,需要引起关注。传统的疲劳失效分析关注点多是在材料的疲劳性能与疲劳应力之间做文章,而多样性的疲劳失效模式,则要求我们回答为什么是这种失效模式,当然也需要我们首先认知各种失效模式的技术属性。

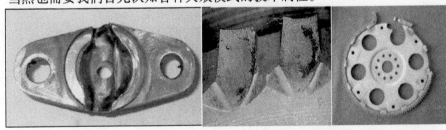

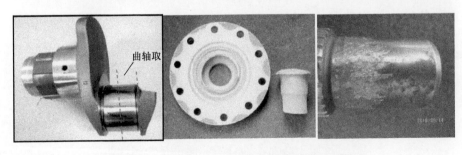

曲轴取

图 2-30 汽车联轴器结构相关的零件疲劳失效模式

前面提到了汽车结构件的疲劳失效系统性模型分为两个大的类型，这种分类应该从结构件的结构功能和结构匹配性质划分，即定义为"动力传递体系疲劳失效"和"车辆操作和动作性体系疲劳失效"两大类型。

2.3.5.1　动力传递系统结构件疲劳失效

动力传递系统主要是由轴、齿轮（V带）和联轴器、轴承等系统性结构组成的。这类零件加工和定位、装调精度高、刚性大，主要承受有规律的交变载荷。疲劳失效将主要与构件精度不足、偏离或损伤，以及系统状态不稳定等有关，或称为机械系统异常。而结构件疲劳失效多属于"附加弯矩"的范畴，寿命表达相对偏高，但一定是在"有限寿命范围内"，多数是需要失效要素在过程中的积累和演变。

以联轴器结构为例，在汽车的驱动和行走过程中转矩传递是核心机械系统之一，即各总成和结构之间，联轴器结构和功能是必不可少的，它的种类繁多，承担着转矩传递、误差容忍和方向变位等功能。例如，从发动机、离合器、变速器、传动轴、驱动桥至车轮系统，种类包括有键连接、法兰盘、十字连接结构和柔性盘、同步器等，如果相互之间的匹配关系超出了合适的或允许的要求，或是在使用过程中发生了各种疲劳损伤，将使系统间相关的零件之间失去协调性和适应性，以不同的方式或模式发生疲劳失效。图2-30中列举了一些典型的联轴器结构件的失效模式。

2.3.5.2　动作、操控系统疲劳失效

另一大类的零件和结构种类几乎涵盖了余下的所有部件及总成，它们是以系统或结构的操纵和动作幅度为考量的，主要以各种结构的连接（固定或铰链式的）、支撑、约束、缓冲、传递、位向控制等功能为主体的结构件，这类结构件的性能包括了刚性、弹性和柔性等各种。诱发疲劳失效的原因在于各相关结构连接、位置控制及锁定中，由于系统和构件的变形、变位过大、相关零件响应不到位等，或者是其实际的或预期的动作幅度不合理，导致了相关结构件应力最大或相对薄弱部位失效，这种失效较多的时候是在汽车行走工况下承受了不规则的脉动或冲击载荷时发生的，极端情况下甚至会发生一次性冲击脆性断裂，但无论如何都会以结构力学的模式表现出来。

图2-31所示的各种零部件看似结构和功能多样，互不相干，而实质上多与所关联的系统之间的载荷及结构变位及动作失控、结构件变形量异常相关，但失效通常发生在特定的相对薄弱部位。这其中经常会有与前面所述的"构件特异性结构"或"动力传递系统失效"混合在一起的情况。

2.3.6　汽车零件疲劳失效模式分析技术的技术属性

关于汽车件疲劳分析技术最后做一个简要的小结。它应该是一项专门的工程技术，需要长期的技术积累和迭代。这项技术的核心式失效模式分析，需要在实践中建立起矩阵式的失效模式体系，并在实践中逐步地修正和完善。

在工程实践中失效模式分析属于必要条件分析，而不是通用性的疲劳机理应用分析，而且需要有合理的逻辑思维和认知方式，把复杂的问题简单化。它所涉及的失效必要条件包括

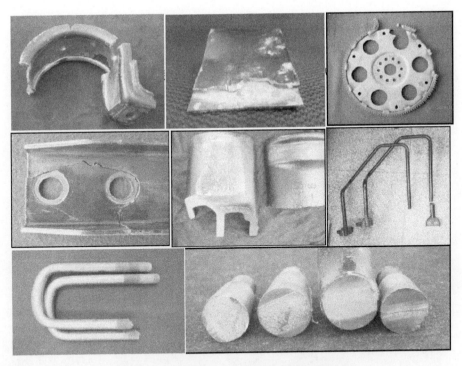

图 2-31 动作和操控系统结构件疲劳失效模式

显性必要条件和隐性必要条件，后者难度更大且值得关注。对于疲劳失效分析来讲，所谓必要条件主要是指相关的力学模型。举例来讲，图 2-32 为变截面板簧的疲劳试验失效样品，作为技术质证表达了由局部表面损伤诱发的疲劳开裂，而包括微动磨损在内的各种表面损伤诱发疲劳源，属于比较成熟的失效机理。但从工程技术分析角度讲，这种局部异常的接触损伤作为技术质证，也表达了结构件相关（板簧夹紧）部位承受了异常载荷及变形，因此需要关注结构件相关区域的结构刚性与载荷幅值之间的适应性问题，作为一种力学条件，这种结构适应性问题实际上属于失效模式分析的隐性必要条件范畴。

图 2-32 变截面板簧表面损伤与疲劳开裂

第3章

Chapter

3

汽车零部件延迟开裂分析

延迟开裂是指金属零件在一定金相组织状态、静载荷正应力及其他条件下，裂纹萌生并逐步扩展的过程或失效形式，亦称静疲劳。汽车高强度零件的延迟开裂具有广泛性和多发性，长期以来如何认知、有效地控制延迟开裂的发生，一直是相关领域非常关注的问题。

工程上延迟开裂通常分为两类，包括氢脆和应力腐蚀。由于氢的作用，使金属零件在低于屈服极限的静应力作用下导致开裂的失效，称为氢致开裂或氢脆。应力腐蚀是指金属零件在一定的应力和一定的腐蚀介质同时作用下所导致的破断失效。在汽车工程技术中遇到的延迟开裂多数属于氢致开裂类型，但实际上通过大量的分析及工程技术实践，对于这类开裂更倾向于从组织和应力敏感性的角度来认知问题，包括从机理方面进行探讨。

3.1 汽车零部件延迟开裂特性

在工程技术范围内，通常首先接触到的高强度零部件延迟开裂问题多是发生在高强度螺栓上（图3-1），而且多是以氢脆机理来认识和处理的。而实际上，汽车零件类型的延迟开裂远远超出了高强度螺栓的范畴。这类问题的零件从其功能讲涵盖了那些连接、固定、锁紧、夹持等类型的高强度零件（图3-2），条件是装配后承受持久性的应力，诸如过盈配合的齿轮、轴承、起夹持作用的弹性元件、锁紧或被锁紧的高强度零件等。所涉及的材料包括低、中、高各种碳钢及合金钢，热处理工艺包括了调质、渗碳淬火、感应淬火或淬火加低温回火等，金相组织则是马氏体或是马氏体的某种回火组织。

另外，还有一些常见的零部件工艺缺陷，如淬火裂纹、磨削裂纹及焊接冷裂纹等，也具有典型的延迟开裂特性。关于这些裂纹产生的技术属性，需要关注其马氏体组织状态、内在静应力和裂纹萌生的迟滞性，其中特别要强调内应力与外加静载应力的物理等效性作用。作为延迟开裂的时间特征或属性，零件通常在装配后的数小时以内发生开裂，少数有很长时间以后才发现的，但在高敏感性条件下，这种开裂的延迟是以"分钟"来计的。

对于高强度零件延迟开裂问题，目前应用最广泛的是"氢脆"机理。但在实际生产中，解决日常大量的高强度零部件延迟开裂问题时，除去在零部件技术条件中关注和规避"镀锌"、"酸洗"等工艺的渗氢因素外，大量采用的方式是控制"马氏体组织"和"持久应力"两大关键性因素。

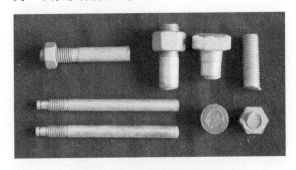

图3-1 高强度螺栓延迟开裂

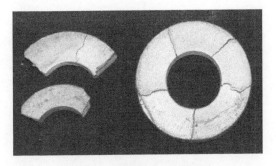

图3-2 弹性垫片延迟开裂

应该强调在高强度零部件的延迟开裂中，马氏体及其不充分的回火组织是延迟开裂的"必要条件"。也就是说，没有马氏体组织则不会发生延迟开裂。而"应力"的幅值和"氢"的存在两种因素并列为"充分条件"。而且，应力的因素是导致延迟开裂最活跃的因素。充分地了解和认知延迟开裂几个影响因素的关系和作用，对于研究开裂机理和解决问题是至关重要的。

延迟开裂现象一定是发生在那些承受持久不变载荷或应力的结构件上，对动载荷没有敏感性。也就是说，延迟开裂是一种持续弹性应变能的转换或释放，它所表现出来的是脆性的特征，断口通常为脆性断裂断口，如图3-3所示。通常的延迟开裂裂纹源均产生在各种圆角等有应力集中的部位，其开裂过程也包括延迟裂纹萌生、稳定扩展和失稳扩展三个阶段，但在断口上通常很难区分出稳定扩展区域和失稳瞬断区域，裂纹源比较好鉴别。图3-4为弯曲试验样品延迟开裂的断口，图中表面以里圈定区内一无明显撕裂棱线的圆形区域，应为延迟开裂区域，四周环绕的放射性撕裂区域应为失稳扩展区。稳定扩展区域比例大小可以表达应力的大小，但一般情况下很难区分开。

图3-3 螺栓延迟开裂断口

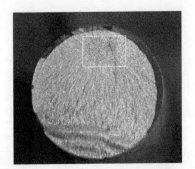

图3-4 弯曲试验样品延迟开裂断口

延迟开裂均发生在淬火加某种程度回火热处理的高强度零部件上，通常是以"静疲劳"断裂的形式表现出来，极少数是以开裂裂纹、或转换成疲劳断裂的形式体现的。图3-5为某输出轴尾部螺纹圆角处的延迟开裂裂纹，它之所以没有完全断裂，可能与表面渗碳淬火层的延迟开裂敏感性过高，装配应力并不太高即开裂有关，而心部组织延迟开裂倾向明显降低，裂纹扩展迟缓或停止发展；也包括拆装检查及时没有完全裂开的可能性。

图 3-6 所示断口为连杆螺栓的疲劳开裂断口，但沿周圈大部分的断口呈棘轮状，此区域是与螺栓表面"增碳"有关的延迟开裂区域，随延迟裂纹发展有效截面逐渐减小，交变工作应力逐步提高后转为疲劳开裂。其中，表面的棘轮状断口为装配的轴向正应力与扭转正应力矢量叠加，主应力倾斜而形成的多源性延迟裂纹。

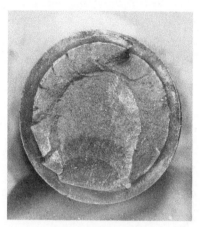

图 3-5 输出轴圆角处延迟裂纹　　　　图 3-6 螺栓延迟开裂转为疲劳开裂断口

日常分析过程中如何鉴别或判定延迟开裂的性质是判别开裂原因的核心问题。除去根据经验了解开裂的延迟客观属性、常规的组织和强度检验分析以外，用扫描电镜微观断口观察分析也是判定延迟性质的重要手段之一。而微观断口的沿晶形态或倾向是延迟开裂最重要的表征或属性。由于高强度结构件碳含量、强度、组织、晶粒度，以及氢和应力的大小等因素的差异，裂纹表现出的沿晶形态也会有较大的差异，总之存在延迟倾向的差异，但目前并不能说清楚这些差异的所在。

图 3-7、图 3-8 为延迟开裂分析过程中常见的典型沿晶开裂断口，其中图 3-7a 称为冰糖状沿晶断口，图 3-7b 称为石状沿晶断口。但在具体的延迟开裂断口分析过程中，更多地接触到的是一些有沿晶倾向的混合断口，其中含有不同形态和程度的穿晶断口。图 3-8 分别示

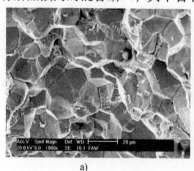

a)　　　　　　　　　　　　　　b)

图 3-7 典型沿晶开裂断口

a) 冰糖状沿晶断口　　b) 石状沿晶断口

出了那些形式多样的带有沿晶倾向的混合断口。混合断口中的穿晶开裂一般裂解为体现出不同的马氏体针亚晶界形态，或是带有解理性质的断口，有时会表现出有板条状和针状马氏体的形态，很多情况下与马氏体组织的脆性开裂没有明显的差别。

　　沿晶的二次裂纹也是延迟开裂的重要特征之一，如图3-9所示。二次裂纹从形态上讲可以感觉到晶粒有一种错位或滚动的趋势。另外一种比较公认的"氢脆"断口特征是晶界面上的"鸡爪纹"形态，如图3-10所示，通常可以理解为晶界的滑移或解理形态。

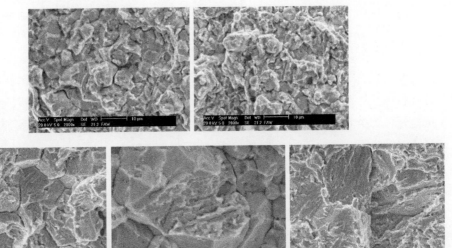

图3-8　沿晶的混合断口

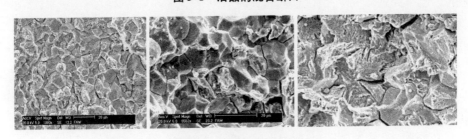

图3-9　沿晶的二次裂纹

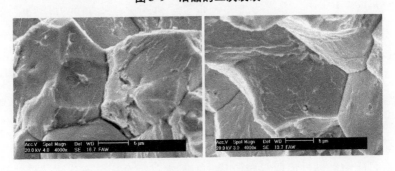

图3-10　晶界面上的"鸡爪纹"

3.2 汽车零部件延迟开裂的类型

3.2.1 高强度螺栓延迟断裂

高强度零部件的延迟开裂问题首先是高强度螺栓遇到的，这主要与延迟断裂发生的频次有关，也与螺栓的结构、装配应力、品种、数量有关。高强度螺栓是指 8.8 级及以上强度级别的螺栓，它们需要经过淬火加适当的回火热处理，以获得优良的强韧性和疲劳强度，其金相组织应以回火索氏体组织为主体。

为避免高强度螺栓发生延迟开裂问题，国际标准 ISO898—2009《紧固件机械性能　螺栓、螺钉和螺柱》中（国标 GB/T 3098.1—2010 等同采用）加入了许多限制性技术条款。在大量地处理这类延迟开裂问题的实践中，逐步对相关技术条款的内在含义有了本质上的认识，具体解读如下。

1）在标准第 4 条表 2 中对高强度螺栓规定了"最低含碳量"，而且在 ISO898.1—2009《紧固件机械性能　螺栓、螺钉和螺柱》版本中，取消了 10.9 级低碳合金钢（最低回火温度 340℃）螺栓，这主要是因为材料淬硬性不足而降低回火温度的现象，用于规避因材料原因带来的回火不充分倾向。

2）在标准第 4 条表 2 中对高强度螺栓规定了"最低回火温度"，防止回火不充分的情况发生，主要是针对那些在实际工艺中淬火不充分，用降低回火温度来保证力学性能的问题而提出来的，也是针对回火不充分问题。

3）在标准第 4 条表 2 中对 10.9 级和 12.9 级为保淬透性提出合金含量的要求，并要求淬火组织中马氏体含量不低于 90%，也是防止因淬火不充分而降低回火温度。

4）在标准第 6 条表 3 中对高强度螺栓规定了"表面硬度"的控制要求，实际上是用于控制热处理表面"增碳"的问题。而且在 ISO898.1—2009 版本中明确地提出了表面"增碳"概念和控制问题。随着表面含碳量的增加，其相应的马氏体组织强度在提高，延迟开裂的敏感性也在增加，意味着所对应的回火温度也要增加。

5）在标准第 6 条表 3 中对高强度螺栓规定了"再回火试验"的方法和要求，这是用来鉴别和判定回火是否充分的方法，在延迟开裂分析案例中已大量应用，非常有效。

上述多种技术条款均是针对延迟开裂问题提出的。但无论是在材料上还是在工艺上，核心的要素只有一个，即关注马氏体的回火程度问题，也称为延迟开裂的组织敏感性问题。该要素是汽车高强度零部件延迟开裂的第一要素，也就是说 GB/T3098.1—2010 中关于抑制延迟开裂的技术条款及核心理念，应该成为我们分析、认知和解决汽车各种高强度零部件延迟开裂的主导思路及核心理念。

这其中什么是组织敏感性需要界定清楚，但其很难用金相的方法来区分。笼统地讲它是 400℃ 左右或以上充分回火的组织，被认为是回火屈氏体或回火索氏体，可以有效地抑制延迟开裂，反之为回火马氏体或部分回火马氏体组织，具有延迟开裂的敏感性。而且绝对、单一地依靠硬度检验也不十分可靠，会掩盖回火不充分的问题，为此需要多方面的技术条款予以限制，以解决高强度螺栓延迟开裂敏感性问题。

3.2.2　渗碳淬火零件延迟开裂

渗碳淬火零件具有足够的弯曲、扭转强度、接触疲劳强度，以及抗摩擦、磨损性能，主要用于各种重要的轴齿类零件。渗碳淬火层的高碳马氏体组织硬度在 60HRC 左右，极限强度在 2000MPa 以上，其相关组织肯定具有极高的延迟开裂敏感性。因此，这类零件装配后静载荷应力的分析评价和控制，成为解决延迟开裂问题的首要因素。针对其中关于渗碳工艺可以"增氢"的问题，因其属于不可规避的工程要素，故不应给予关注和讨论，或者说该要素在渗碳零件延迟开裂中属于可忽略要素。

渗碳淬火零件延迟开裂的模式也是多种多样的。通常首先涉及的是轴类渗碳件的尾部螺纹问题，主要包括转向臂轴、球头销、变速器输出轴、贯通轴、主减速器主动锥齿轮等。它们的结构特点为轴杆尾部带有锁紧螺纹。高强度螺栓由于延迟开裂问题，其强度级别被控制在了12.9级以下，为此渗碳淬火零件尾部螺纹通常采用了该技术理念，对该螺纹部位的硬度上限进行了相应的要求和控制（如≤40HRC），主要的工艺技术措施包括了局部防渗和局部回火等。但由于材料、工艺等影响因素，如果硬度偏高会带来这些部位的延迟开裂问题，图 3-11 所示为相关零件的尾部螺纹延迟开裂情况。同时，也需要关注螺纹部位圆角处的尺寸、机械加工质量和装配力矩的问题，即应力要素。

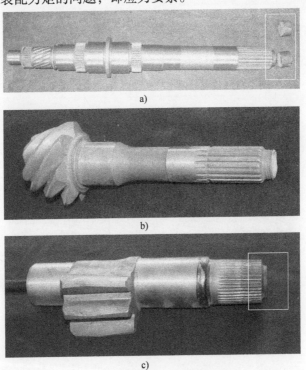

a)

b)

c)

图 3-11　尾部螺纹延迟开裂情况

a）输出轴及尾部螺纹延迟开裂　b）主动锥齿轮尾部螺纹延迟开裂　c）转向臂轴尾部螺纹延迟开裂

d)

e)

图 3-11　尾部螺纹延迟开裂情况（续）

d）球头销轴螺纹延迟开裂　　e）泵轴螺纹延迟开裂

其他渗碳淬火（包括碳氮共渗）零件延迟开裂情况，通常主要是装配或配合应力过高的问题，但诱发开裂的因素可以是多种多样的。表 3-1 和图 3-12 ~ 图 3-18 这组图片给出了各种开裂的原因和情况。

表 3-1　装配应力要素诱发延迟开裂

序	零件	延迟开裂主要影响要素	参考图号
1	主动锥齿轮花键轴	尺寸误差导致配合件之间花键挤压力过大，首先在花键根部纵向开裂，后导致轴断裂	图 3-12a 图 3-12b
2	蜗杆齿轮	齿端轴承装配挤压应力过高引起延迟开裂	图 3-13
3	减速器齿轮	齿轮轴过盈量过大引起齿轮延迟开裂	图 3-14
4	减速器齿轮	轮齿端面磨削裂纹引起齿轮延迟开裂	图 3-15
5	减速器齿轮	内孔键槽过盈量过大或键槽圆角过小引起开裂	图 3-16
6	发动机飞轮齿圈	飞轮齿圈齿根感应淬火，中碳马氏体组织粗大、硬化层偏深及装配应力过大，都会成为延迟开裂的影响因素	图 3-17
7	碳氮共渗零件	自攻螺钉因心部组织淬透硬度过高而延迟开裂	图 3-18

a)

b)

图 3-12　花键根部纵向开裂及转为横向开裂断口

中高碳马氏体组织具有非常高的延迟开裂倾向。为此，这类件的延迟开裂应力因素通常成为重点关注的对象，包括了装配应力结构的应力分布和应力集中等，需要有效地控制。但实际上还是需要兼顾马氏体组织敏感性问题，比如淬火激烈程度及回火的充分程度，甚至包括有效的停放时效，都可以大幅度降低延迟开裂的倾向。另外，组织或晶粒度粗大、淬火有效深度等，会明显地提高开裂敏感性。而且，包括马氏体类型的高强度热成形钢板类零件，均需控制组织形态，硬度不能过高。

图 3-13 蜗杆齿轮端头延迟开裂

图 3-14 齿轮装配应力过高

图 3-15 磨削裂纹诱发开裂

图 3-16 键槽应力集中引起开裂

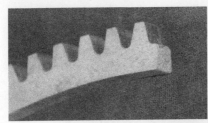

图 3-17 飞轮齿圈延迟开裂及断口

图 3-18 自攻螺钉延迟开裂及金相组织

3.2.3 弹簧类零件延迟开裂

汽车弹簧类零件包括了两大类。一是各类弹簧，诸如钢板弹簧、螺旋弹簧和扭杆弹簧等，二是薄小卡止类弹性零件，诸如弹性垫圈、卡簧、弹性销和卡子等。这些零件大多是采用中高碳钢和中高碳合金钢材料,热处理工艺为淬火加中温回火,也属于汽车高强度零件,由此它们的延迟开裂问题也是经常发生的。采用冷拔钢丝类材料制造的弹簧没有延迟开裂的现象。

高强度的弹性零件延迟开裂的主要原因类同螺栓紧固件,产生的原因是以回火不充分为主的,淬火组织粗大也会大幅度地提高延迟开裂敏感性。大体上回火不充分的组织判定,应以硬度测试来区分。通常在50HRC以上,则进入了延迟开裂的敏感性区间,并随着硬度的提高而提高。分析中主要关注点应该是能够稳定地进行硬度测试。另外,关于再回火试验也是判定其回火是否充分的有效方法。再回火温度应该根据热处理规范及实践经验而定。静载荷应力通常是考虑的次要因素,但也不能排除它对延迟开裂的作用,比如应力集中、过量弹塑性形变应力等。表3-2给出了各种弹性结构件延迟开裂的情况。

表3-2　汽车用各种弹性结构件延迟开裂的情况

序	零件	延迟开裂的主要影响要素	图号
1	弹性垫片	回火不充分	图3-19
2	弹性卡子	回火不充分	图3-20
3	弹性卡环	回火不充分	图3-21
4	弹性销	回火不充分	图3-22
5	扭杆弹簧	回火不充分	图3-23
6	螺旋弹簧	回火不充分及形变内应力等	图3-24
7	膜片弹簧	回火不充分及装配挤压应力等	图3-25
8	钢板弹簧	淬火后未回火,硬度过高	图3-26
9	钢板弹簧卷耳	回火不充分及装配应力过大等	图3-27

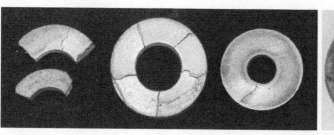

图3-19　弹性垫片延迟开裂

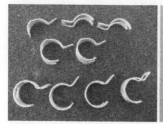

图3-20　弹性卡(夹)子延迟开裂

图 3-21 弹性卡环延迟开裂

图 3-22 弹性销延迟开裂

图 3-23 扭杆弹簧延迟开裂

图 3-24 螺旋弹簧延迟开裂

图 3-25 膜片弹簧延迟开裂

图 3-26 钢板弹簧延迟开裂

图 3-27 钢板弹簧卷耳延迟开裂

3.2.4 结构件内应力导致的延迟开裂

在汽车高强度零部件延迟开裂认知和分析中，应该关注到一大类工艺裂纹问题，包括了淬火裂纹、磨削裂纹和焊接冷裂纹等。这类工艺缺陷裂纹产生的条件是马氏体组织和内在的组织应力。这些裂纹的萌生和扩展的一个重要特征，就是具有延迟属性。而且，这些裂纹同样具有沿晶开裂性质，仅当相关的应力场应力随裂纹扩展释放后裂纹才停止。

表3-3给出了具有延迟开裂性质的各种相关工艺宏观和微观裂纹形态，及其微观断口的形态，同时包括了构件使用过程的一些延迟开裂裂纹形态比照。通过相关的比较，可以认为这些工艺裂纹具有延迟开裂的技术属性，与汽车高强度零件延迟开裂具有同宗同源的特性。相同的特点为对于马氏体类型的组织敏感性，及裂纹萌生的延时性属性，而且在裂纹和微观断口形态上也有技术等同性。两者的差异在于应力来源性质和应力场的分布不同。工艺裂纹的应力均来自于内部组织转变的不协调性，均有着各自的应力分布场及特征。但对于延迟开裂的作用而言，无论是外加载荷或是内在应力场，都具有等同的效应，这一点是肯定的。这些认知对于理解延迟开裂的机理和影响要素是非常重要的。

表 3-3　结构件工艺裂纹、使用裂纹的宏观和微观形态

序	零件工艺	开裂性质	图号
1	主动锥齿轮	组织应力淬火裂纹，纵裂	图 3-28
2	变速器拨叉	组织差异应力淬火裂纹，弧裂	图 3-29
3	轴齿挡圈	工件磨削裂纹	图 3-30
4	轴齿挡圈	使用中磨损磨热裂纹	图 3-31
5	排气管	焊接冷裂纹开裂	图 3-32
6	淬火裂纹	沿晶形态的应力裂纹	图 3-33
7	磨削裂纹	沿晶形态的应力裂纹	图 3-34
8	焊接冷裂纹	沿晶形态的应力裂纹	图 3-35
9	延迟裂纹	沿晶形态的应力裂纹	图 3-36
10	淬火裂纹断口	微观沿晶断口，回火中表面氧化	图 3-37

图 3-28　组织应力淬火裂纹（纵裂）

图 3-29　组织差异应力淬火裂纹（弧裂）

图 3-30　磨削裂纹

图 3-31　使用中磨损磨热裂纹

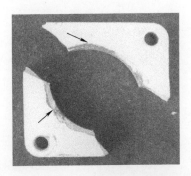

图 3-32　焊接冷裂纹开裂

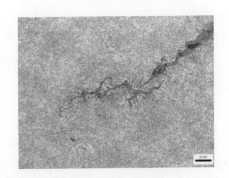

图 3-33　淬火裂纹

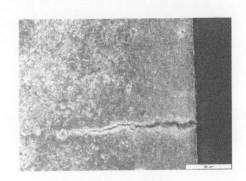

图 3-34　磨削裂纹

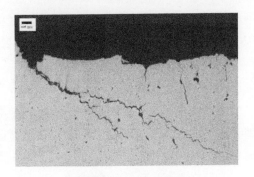

图 3-35　焊接冷裂纹

图 3-36　螺栓延迟裂纹

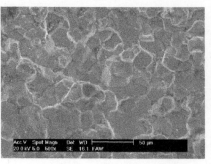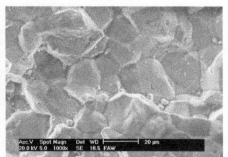

图 3-37 淬火裂纹的微观断口

3.3 高强度零部件延迟开裂的技术属性

3.3.1 问题的提出

纵观各种高强度零部件的延迟开裂问题，组织敏感性是其"必要条件"，是首要问题。GB/T3098.1—2010 标准解决延迟开裂的核心问题，就是规避马氏体及某些不充分回火组织。随着回火温度的提高，组织延迟开裂的倾向逐步下降，以至于最终消失，这些都促使我们考虑马氏体组织及晶粒、晶界等自身属性在延迟开裂中的作用。

关于是否可以把组织应力和组织差异应力类型的淬火开裂（马氏体开裂），以及磨削工艺裂纹也纳入到高强度零部件延迟开裂的范畴，这是一个非常值得关注的问题。这些开裂的组织特性、时间特性、沿晶开裂特性，均与其他高强度零部件延迟开裂特性相同，差异在于这两种工艺裂纹的应力特性是内在的组织应力，但应看到它的作用和效果与外在施加的应力是相同的，应属于延迟开裂的范畴。

但目前理论界和工程界并没有把组织应力淬火裂纹和磨削裂纹等同于"延迟开裂"的范畴，而更多地认为是淬火时组织应力超过了极限强度而开裂的，应该认为开裂的延迟特性被忽略了。同时也使我们考虑到另外一个问题，实际上汽车高强度零件延迟问题绝大多数是可以不涉及"氢脆"而解决的。

本章归纳了汽车高强度零部件的延迟开裂，包括了使用中和工艺中的开裂。其中关于组织敏感性，应该是核心和实质性的问题，也可以说是马氏体及与其相当的组织，在应力的作用下发生延迟开裂是其内在的一种必然性属性，应该在强度和机理方面进行探讨。

3.3.2 延迟开裂的强度问题

大量的延迟开裂案例分析表明了高强度条件下，在持续、恒定的使用应力和工艺应力明显低于极限强度以下时，马氏体及相应的回火组织有延迟开裂的内在属性。因此，有必要强调"静疲劳"的概念。其中"静"是指恒定不变的持续性载荷，"疲劳"是指内在的金属损伤，即裂纹的萌生和扩展现象。

　　笔者曾经前后进行两轮马氏体组织延迟开裂敏感性的试验，分别采用了高强度螺栓扭矩加载和弯曲样品加载方式，材料分别是20MnVB、40Cr和35CrMo，并采用淬火不回火、淬火后100℃、200℃和300℃回火等工艺条件，分组进行不同应力水平的组织敏感性试验。得到的组织敏感性趋势曲线如图3-38所示。

　　图3-38表达了马氏体组织及不同回火状态下持久载荷P与断裂时间t之间的关系。相关的试验表明了在同种材料淬火加回火的条件下，随着回火温度的降低、材料强度的上升，静疲劳曲线向左下方移动，表现出了延迟开裂敏感性的明显增加。而随着回火温度的提高，延迟开裂的敏感性会显著降低（移向右上方）直至消失，这表现出了延迟开裂对马氏体组织和强度的敏感性。试

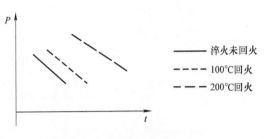

图3-38　马氏体组织样品延迟
开裂敏感性示意图

验数据还表明随着含碳量的增加，延迟开裂倾向明显增加；而且热处理之后的停滞时间，即时效工艺会降低延迟开裂的敏感性；另外，在延迟开裂倾向明显降低以后的镀锌、渗氢工艺，又会明显增加延迟开裂的敏感性。但综合各种延迟开裂的敏感性因素后，比如淬火和磨削裂纹问题，仍然认为高强度材料延迟开裂或静疲劳现象属于马氏体组织的本质属性，氢要素仅为促进要素。同时应指出，静疲劳现象受制约的因素较多，特别是时效现象影响，静疲劳强度具有不稳定特性，即不可测定特性。常见的零部件延迟开裂时间一般在几十分钟至数小时之间，之后的延迟开裂倾向可以忽略。

3.3.3　延迟开裂的组织敏感性机理讨论

1. 各向异性

　　金属作为晶体，具有各向异性属性，与力学模型和弹塑性相关的是其弹性模量的各向异性。微观力学不同于材料力学，它关注多晶粒材料中因晶体各向异性带来的晶粒之间的关系。金属材料通常是多晶体，微观上是由大小、形状、位相各不相同的单晶体聚合而成的。微观晶粒的弹性模量方向性，造成了应力应变的非均匀性和非均衡性（图3-39），由此带来了多晶体弹、塑性变形的物理过程中的弹性变形、位错滑移、孪晶和晶界的滑动各向异性。作为疲劳理论机理的核心问题，则来自于微观力学的晶体各向异性问题，而高强度组织延迟开裂机理也同样来自于此，只不过敏感形式和内容有自己的特性，但原理是相同的。

2. 多边形结构

　　金属晶粒为三维的多边形结构，多晶体的晶粒紧密结合状态下相互依附。在应力场中主应力的作用下，在各个晶面上将要分解成为垂直晶面正应力和平行于晶面的剪切应力。因此，稳定的晶粒状态是依靠晶粒内部及晶界的正应力强度和剪切强度来共同维持的。在各向异性性质的条件下，晶粒之间的力学传递的非均衡性，会导致晶界或亚晶界的滑移，当滑移剪切力超出晶界剪切强度时，会发生晶界滑移并在第三晶界处产生微裂纹，如图3-40所示。

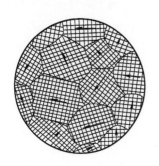 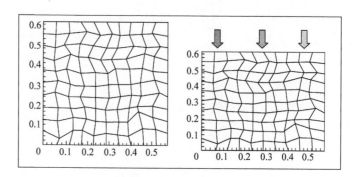

图 3-39　多晶体的各向异性及变形的非均衡性

这种开裂已经是高温蠕变开裂的成熟机制，如图 3-41 所示。它同样适用于高强度马氏体组织延迟开裂，可称之为常温下蠕变滑移开裂。

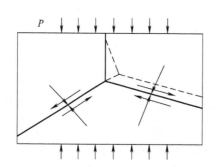

图 3-40　延迟开裂晶界滑移开裂模型

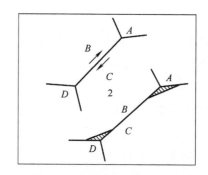

图 3-41　高温蠕变滑移开裂模型

在这种滑移开裂的机制下，不难理解相关晶粒粗大会明显提高延迟开裂倾向。延迟开裂标志之一的微观断口中二次裂纹，也属于晶粒的非稳定性运动或晶界滑移的一种表征，这也包括不太常见的所谓"鱼眼"形态，它也源于应力场中的滑移机制。

3. 组织敏感性

关于高强度材料延迟开裂的马氏体组织敏感性问题，可以从以下几个方面考虑。

首先是马氏体组织可能会有更显著的各向异性。

其次，淬火工艺中马氏体的切变模式组织转变及体积膨胀，晶粒之间会发生微观条件下的互相挤撞干涉现象，协调性不良，这会明显提高延迟开裂的敏感性。随着回火或时效过程中组织的回复和析出，晶粒间的协调不良现象会得以释放，延迟敏感性也会大幅度降低。

再次，是马氏体的组织属性问题。由于其高强度和塑性变形能力偏低，在宏观应力应变场中，不能够依靠晶粒内微量的塑性变形来调和晶粒之间的不协调状态，故其晶界滑移并产生沿晶微裂纹的倾向增大。同样随着回火程度的提高，晶粒的塑性变形能力会缓解晶界滑移需求，从而提高"静疲劳"强度，直至这种开裂机制消失。

最后，考虑到氢致影响因素问题。关于相关的致裂模型有很多，也比较难于探讨。在马氏体室温蠕变滑移开裂的机制下，可以考虑简单地解释，即氢原子存在于晶界或亚晶界之中，会降低晶界的剪切滑移能量，从而显著地提高延迟开裂的敏感性。

第4章
钢铁铸造汽车零部件失效分析

Chapter 4

4.1 钢铁铸造件在汽车上的应用

在汽车制造中大约25%的结构件为钢铁铸造件。随着汽车工业的快速发展，轻量化技术的成熟应用，钢铁铸件在乘用车上的应用逐渐减少，取而代之的是铝合金材料和新型复合材料。但是，商用车行业依然大量使用钢铁铸造零部件，尤其是重型货车，由于其运行工况复杂，可靠性依然是用户的核心需求。本章将对钢铁铸造件的失效案例进行分析研究，通过分析失效案例，为同行业的技术人员提供参考和借鉴。

随着工业发展对铸造质量、铸造精度、铸造成本和铸造自动化等要求的提高，铸造技术向着精密化、大型化、高质量、自动化和清洁化的方向发展。我国在精密铸造技术、连续铸造技术、特种铸造技术、铸造自动化和铸造成形模拟技术等方面发展迅速，使得汽车零部件的铸造质量水平大幅提高。

钢铁铸造零件在汽车中大量应用，如发动机、变速器、离合器、取力器、空气压缩机壳体、传动轴、缓速器、车桥等大总成，主要零部件均为钢铁铸造零件；而底盘上的各种支架、车身连接和翻转支架、平衡轴系统、动力总成悬置、板簧支架、板簧座、压块、转向器支架、推力杆支架等上百种零件，以及车桥主要部件桥壳、减速器壳体、轮毂、轮边减速器、制动鼓、制动蹄等也均为钢铁铸件。钢铁铸造件在汽车中的应用见表4-1。

表4-1 钢铁铸造件在汽车上的应用

类别	零件名称	材料
壳体件	发动机缸体、缸盖、变速器体、箱盖、飞轮壳、减速器壳体、轮边减速器壳、缓速器壳、空气压缩机壳体、排气管类	灰铸铁
摩擦类	飞轮、离合器压盘、制动鼓、制动盘 缸体、缸盖、排气歧管、增压器壳体、气缸套	灰铸铁 蠕墨铸铁
结构件	板簧支架、吊耳、转向支架、气瓶支架、减振器支架、尾灯支架、驾驶室支架、气室支架、推力杆支架、断开式平衡轴、轮毂、板簧座、制动蹄	球墨铸铁
高强度件	桥壳、平衡轴壳、翻转支架、发动机支架、横梁、组合托架、摇臂、悬置支座、底座	铸钢

这些零部件承担了壳体总成结构、载重、连接、紧固、传动、制动、减振、平衡等重要作用，一旦失效，将造成安全事故，损失巨大。所以铸件质量的优劣，会直接影响汽车整车的可靠性和安全性。

钢铁铸造件主要有铸铁、铸钢，在汽车制造中最常用的铸铁材料有灰铸铁、蠕墨铸铁、球墨铸铁，可锻铸铁应用相对比较少，铸钢类为一般工程用铸钢。汽车零部件根据不同的用途，来选用不同类别、不同牌号的铸铁、铸钢材料。

在实现这些功能类零部件的设计中，也可以选择焊接结构，也可以采用锻造工艺，但是在满足使用性能的前提下，铸造工艺肯定是成本最低的。如果零部件具有减摩、吸振、耐热等性能要求，那么铸铁材料的优势是不可替代的。

4.2 汽车钢铁铸造件的选材及其功能介绍

不同类别的钢铁铸造零件，都应按照设计的功能要求，选择不同的材料。在满足功能需求，保证力学性能的条件下，制造工艺简单，成本经济合理，结构设计出色和选材精良都非常重要。

4.2.1 灰铸铁的应用

箱体、壳体类铸造件，主要用途是部件总成的壳体，受力一般不大。复杂的壳体类零件对成形工艺要求更高，要求铸造流动性更好，成形后不要有收缩、孔洞等铸造缺陷。大多数壳体件有密封性要求，所以要求致密的结构，均匀的显微组织。灰铸铁是普遍应用于该类零件的首选，灰铸铁铸造工艺性好，可以制成薄壁铸件。同时，灰铸铁的尺寸稳定性好，又具有吸能、减振、润滑、减摩作用，根据特殊需求，还可以通过增加合金元素提高强度，所以一直以来得到良好的应用。需要注意的是，壳体总成在汽车装配中需要固定，所以固定面及螺栓孔等安装处强度要满足要求，固定点也是壳体件失效的主要部位，在选择灰铸铁等强度低的材料时，结构设计显得尤为重要。

灰铸铁设计选材主要根据抗拉强度来决定选用的牌号，常用的灰铸铁牌号如表4-2所列，8种牌号的最小抗拉强度分布在100~350MPa范围内。所以，在判定灰铸铁性能时，通常以抗拉强度作为验收依据。硬度和强度之间有比较强的对应关系，可以间接判定材料的性

表4-2 灰铸铁单铸试棒的抗拉强度和硬度值

牌号	最小抗拉强度 R_m (min)/MPa	布氏硬度 /HBW	牌号	最小抗拉强度 R_m (min)/MPa	布氏硬度 /HBW
HT100	100	≤170	HT250	250	180~250
HT150	150	125~205	HT275	275	190~260
HT200	200	150~230	HT300	300	200~275
HT225	225	170~240	HT350	350	220~290

能。金相组织直接决定了性能指标，在不具备做拉伸试验的条件下，尤其是小件或薄壁件，金相分析可以判定材料是否符合设计牌号的要求。灰铸铁的金相组织由石墨和基体组成，石墨有片状、菊花状、块片状、枝晶点状、枝晶片状、星状6种，石墨的长度和形状都会影响材料的性能；基体组织一般是铁素体+珠光体或珠光体，珠光体数量越多，灰铸铁的强度、硬度和耐磨性越高。

4.2.2 蠕墨铸铁的应用

随着商用车技术的快速发展，要求离合器压盘，制动鼓等部件具有高的强度、刚度、耐磨性、耐热性等性能要求，同时大功率发动机在不增加发动机尺寸和重量的前提下，为满足使用寿命的要求，发动机缸体和缸盖的材料通常都由普通的灰铸铁转向蠕墨铸铁，来实现使用要求。蠕墨铸铁是具有片状石墨和球状石墨之间的一种过渡形态的铸铁，它是一种以力学性能和导热性能较好，以及断面敏感性小为特征的新型工程结构材料。蠕墨铸铁的抗拉强度和刚度分别高出普通灰铸铁75%和45%，疲劳强度几乎是普通灰铸铁的2倍。因此，用蠕墨铸铁制造的相关零部件满足了使用寿命的要求。基于蠕墨铸铁具有和灰铸铁相当的铸造工艺性，蠕化效果良好，导热性也接近灰铸铁，机加工性能也良好，而且强度、刚度大幅提高，目前国内的商用车零部件制造企业正在不断加大蠕墨铸铁材料的应用，力求解决灰铸铁制动鼓、离合器、飞轮等部件早期失效的行业难题。

蠕墨铸铁的性能优良，具有灰铸铁和球墨铸铁的一系列优点。

1）它的力学性能介于灰铸铁和球墨铸铁之间，如抗拉强度、伸长率、弯曲疲劳强度优于灰铸铁，而接近于铁素体球墨铸铁。蠕墨铸铁的断面敏感性较普通灰铸铁小得多，故其厚大截面上的力学性能仍比较均匀。此外，它的耐磨性优于孕育铸铁和高磷耐磨铸铁。

2）导热性和耐热疲劳性比球墨铸铁高得多，这是蠕墨铸铁的突出优点。抗生长性和抗氧化性均高于其他铸铁。

3）减振性能比球墨铸铁高，而不如灰铸铁。

4）良好的工艺性能。切削加工性优于球墨铸铁，铸造性能接近灰铸铁，其缩孔、缩松倾向小于球墨铸铁，故铸造工艺比较简单。

蠕墨铸铁件单铸试样的力学性能见表4-3。

表4-3　蠕墨铸铁件单铸试样的力学性能

牌号	抗拉强度 R_m（min）/MPa	0.2%屈服强度 $R_{m0.2}$（min）/MPa	伸长率 A（min）（%）	典型布氏硬度范围/HBW	主要基体组织
RuT300	300	210	2.0	140～210	铁素体
RuT350	350	245	1.5	160～220	铁素体+珠光体
RuT400	400	280	1.0	180～240	珠光体+铁素体
RuT450	450	315	1.0	200～250	珠光体
RuT500	500	350	0.5	220～260	珠光体

注：布氏硬度仅供参考。

蠕墨铸铁件的验收和灰铸铁一样，满足牌号规定的力学性能，金相组织中至少有80%的蠕虫状石墨，其余20%应该是球状石墨、团状石墨，不允许出现片状石墨，一般蠕化率不小于50%。石墨形态和基体珠光体的数量决定了它的力学性能和牌号。

4.2.3 球墨铸铁的应用

球墨铸铁是一种高强度铸铁材料，其综合性能接近于钢。基于它优异的性能，已成功地用于铸造一些受力复杂，强度、韧性、耐磨性要求较高的零件。球墨铸铁成为仅次于灰铸铁的，应用十分广泛的铸铁材料。所谓"以铁代钢"主要指球墨铸铁。

球墨铸铁通过球化和孕育处理得到球状石墨，有效地提高了铸铁的力学性能，特别是提高了塑性和韧性，从而得到比碳钢还高的强度。它广泛应用于汽车零部件，具有高强度、高塑性韧性、高耐磨性、耐机械冲击、耐高温或低温、耐腐蚀以及尺寸稳定性等优势。为了满足使用条件的一系列变化，球墨铸铁有许多牌号，提供了力学性能和物理性能的一个很宽的范围。有铁素体球墨铸铁、铁素体+珠光体球墨铸铁、珠光体球墨铸铁，以及奥贝球墨铸铁。根据不同的使用性能特点来选材，可应用于曲轴、凸轮轴、连接轴、连杆、齿轮、离合器片、液压缸体等零部件。在商用车中广泛应用于受力部件，如板簧支架、吊耳、转向支架、气瓶支架、减振器支架、尾灯支架、驾驶室支架、气室支架、推力杆支架、断开式平衡轴、板簧座、制动蹄等。球墨铸铁件性能良好，开发周期短，成本合理，是汽车零部件设计首选之材。

汽车常用的球墨铸铁牌号如表4-4所列，验收依然以力学性能指标来判定，抗拉强度和伸长率同样重要，缺一不可。金相检验是失效分析判定的重要手段，石墨的球化率直接影响材料的性能指标，一般不低于4级，基体组织决定了材料的强度和硬度。

表4-4 汽车常用的球墨铸铁牌号单铸试样的力学性能

牌号	抗拉强度 $R_{m}(min)/MPa$	0.2%屈服强度 $R_{m0.2}(min)/MPa$	伸长率 $A(min)(\%)$	典型布氏硬度范围/HBW	主要基体组织
QT400-18	400	250	18	120~175	铁素体
QT400-15	400	250	15	120~180	铁素体
QT450-10	450	310	10	160~210	铁素体
QT500-7	500	320	7	170~230	铁素体+珠光体
QT600-3	600	370	3	190~270	珠光体+铁素体
QT700-2	700	420	2	225~305	珠光体
QT900-2	900	600	2	280~360	屈氏体+索氏体

铸铁的性能主要取决于石墨和基体组织，石墨的形态、大小和数量都会对铸铁的力学性能产生影响，其中石墨的形态决定了铸铁的类型，灰铸铁、蠕墨铸铁、可锻铸铁、球墨铸铁的石墨形态，分别为片状、蠕虫状、团絮状到球状，见图4-1，力学性能由低到高。片状石墨割裂基体，所以灰铸铁的强度和塑性较低；蠕虫状石墨钝化了尖锐片状石墨的割裂作用，蠕墨

铸铁件的强韧性得到改善；团絮状石墨进一步优化了铸铁的性能，可锻铸铁的强度和塑性指标更高，可锻铸铁更多地应用于铸造管件类，在汽车零部件上应用不多；球状石墨显著降低了石墨的不良影响，使得球墨铸铁的强韧性接近钢，综合性能甚至优于普通钢材。基体组织对强韧性的影响与钢相同，不同的组织对应相应的牌号级别。同样，不同类型和牌号的铸铁，由于组分和工艺的不同，价格也不同，所以在设计选用中必须选取适合的类型和牌号。

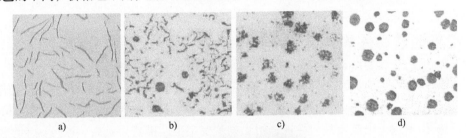

图4-1　几种铸铁的石墨形态

a）灰铸铁　b）蠕墨铸铁　c）可锻铸铁　d）球墨铸铁

4.2.4　铸钢件的应用

当铸件的强度要求较高、铸铁不能满足要求时应采用铸钢。但铸钢的钢水流动性不如铸铁，故浇铸结构的厚度不能太小，形状亦不应太复杂。将含硅量控制在上限值时，可改善钢水的流动性。铸钢按品种和用途可分为一般工程用铸钢、焊接结构用铸钢、不锈钢铸钢、耐热钢铸钢。在汽车行业应用较多的是一般工程用铸钢，铸造碳钢又可以分为铸造低碳钢、铸造中碳钢和铸造高碳钢。铸造低碳钢的碳的质量分数小于0.25%，铸造中碳钢的碳的质量分数在0.25%～0.60%，铸造高碳钢的碳的质量分数在0.6%～3.0%。铸造碳钢的强度、硬度随碳的质量分数的增加而提高。铸造碳钢具有生产成本较低、强度较高、韧性较好和塑性较强的优点，在商用车承载力较大的零部件中应用较多，主要有桥壳、平衡轴壳、翻转支架、发动机支架、横梁、组合托架、摇臂、悬置支座、底座等。汽车零部件常用铸钢牌号见表4-5，屈服强度和抗拉强度是设计选用的依据，断面收缩率和冲击功根据需要可以由合同确定。铸钢材料一般要经过正火处理才能使用，正火不良会产生残留铸态组织，对性能指标影响较大，在铸钢件的失效分析中应该重点检验和试验。

表4-5　一般工程用铸钢牌号力学性能

| 牌号 | 屈服强度 R_{ell}($R_{p0.2}$)/ MPa | 抗拉强度 R_m/MPa | 伸长率 A(%) | 根据合同选择 | | |
				断面收缩率 Z(%)	冲击吸收功 A_{kv}/J	冲击吸收功 A_{kU}/J
ZG200－400	200	400	25	40	30	47
ZG230－450	230	450	22	32	25	35
ZG270－500	270	500	18	25	22	27
ZG310－570	310	570	15	21	15	24
ZG340－640	340	640	10	18	10	16

注：1. 表中性能指标适用于100mm以下铸件厚度，超过100mm时，R_m、R_{ell}仅供设计参考。

　　2. 表中冲击吸收功 A_{kU} 试样缺口为2mm。

在汽车零部件的设计选材方面，钢铁铸件一直得到广泛应用。在钢铁铸造的零部件失效比例中，缺陷和质量不良仍然占很大比率，质量人员在失效分析中，往往把理化检验和缺陷作为失效原因判定的主要依据。实际在汽车工程的失效案例中，设计不良和不合理使用导致的失效是主要原因，缺陷和材料不良只占一部分，准确地判定失效原因，对于产品质量的改进有着非常重要的意义。

4.3 汽车钢铁铸件失效分析要点

汽车钢铁铸件的失效形式主要有断裂、变形、腐蚀、磨损。在分析失效原因前，要调查失效件的使用工况，检查失效件的外观特征和表面形貌，与之配合部件的实际情况及变化。应用断口分析技术进行宏观检查与微观分析，初步确定失效模式。然后，通过试验数据来分析引起失效的原因。重点考虑设计不当、材质问题、工艺缺陷、热加工不良、冷加工缺陷、装配和检验不良，环境因素失效，使用维护不当等方面。失效分析思路逻辑性要强，不能生搬硬套，更不能主观臆断。如果有条件复现故障最有说服力。失效分析工作是一个系统工程，准确找到失效原因需要站在系统分析问题的高度，在完成一次失效分析即将报告结论时，作为一名工程技术人员，仍然需要慎重结论，本次分析是不是正确的？分析人员应该再仔细想想下面 30 个问题。不要遗漏任何可能的影响因素，尽量避免错误的结果分析。

① 断裂的先后次序确定了吗？

② 如果失效涉及开裂或断裂，那么起点确定了吗？

③ 裂纹起源于表面还是在表面以下？

④ 开裂是否与应力集中源有关？

⑤ 出现的裂纹有多长？

⑥ 载荷有多大？

⑦ 加载类型：静态、循环或间断？

⑧ 应力相对于零件的取向如何？

⑨ 断裂机理是什么？

⑩ 断裂时的工作温度大概是多少？

⑪ 是温度造成的断裂吗？

⑫ 是磨损造成的断裂吗？

⑬ 是腐蚀造成的断裂吗？是哪种类型的腐蚀？

⑭ 使用了合适的材料吗？需要更好的材料吗？

⑮ 横截面对该工况是否够大？

⑯ 材料质量符合标准吗？

⑰ 材料的力学性能符合标准吗？

⑱ 坏零件是否经过适当的热处理？

⑲ 坏零件是否正确制造？

⑳ 零件的组装或安装正确吗？

㉑ 零件在使用过程中经过维修吗？维修会对失效产生影响吗？

㉒ 零件是否经过适当跑合？

㉓ 零件维修正确吗？润滑正确吗？

㉔ 破坏与错误使用有关吗？

㉕ 能修改零件设计以防止类似事故吗？

㉖ 目前正在使用的同样零件也可能出现事故吗？如何才能防止呢？

㉗ 失效是区域性的吗？

㉘ 失效零件受系统环境的影响吗？

㉙ 是个性问题还是普遍存在的？

㉚ 对失效的原因有没有举一反三，是否对其他产品谋求改进？

以上问题是失效分析工作者在每一个失效案例分析中必须考虑的技术问题，对于所有金属零部件的失效分析都是适用的。那么钢铁铸造零部件的分析容易出现什么问题呢？大家知道铸造产品最大的问题就是致密性不良，容易产生铸造缺陷。同时，铸造生产工艺影响因素较多，容易出现成分、组织、性能方面的不良和差异。所以，对于铸造失效件，缺陷的影响究竟如何判定，是不是就一定是失效主因，需要失效分析工作者细致分析和准确判断。

4.4　汽车钢铁铸件失效分析案例

汽车钢铁铸件无论是壳体类，还是结构受力件，使用的工况相对比较恶劣，尤其是重型汽车，使用工况完全不同于乘用车，行业相关零件的失效案例较多，如设计结构不良，材料工艺不合理，组织成分不合格，使用工况恶劣，制造过程不合理，还有应力集中导致的失效。本章选取一些典型的失效案例，重点展示失效模式和失效原因，对分析的详细材料不做过多展示和描述。

4.4.1　设计不良导致的失效

设计包括方案设计、结构设计、工艺设计三个阶段，设计不良导致的失效主要为以下几个方面。

1）设计观点中有基本错误。

2）选材不当或未考虑发挥材料性能潜力。

3）设计结构或工艺规范不合理。

4）对应力集中的作用估计不足。

5）对工作环境条件（低温、腐蚀、高速、重载）等缺乏充分估计。

钢铁铸造件在汽车设计中大量应用，技术非常成熟，很少存在设计观点的错误，但其他方面的设计不良还是时有发生，比如结构不良，未考虑应力集中，选材不合理等设计问题，经常会导致售后故障发生，尤其商用车在不同地区、不同用户的使用工况复杂，很难在设计初期的模拟分析、道路试验以及小批量试运行中发现。设计不良造成的售后损失非常大，准确地分析零部件失效原因，对于快速解决售后质量问题，确保失效件的改进提升非常重要。

4.4.1.1 案例1：设计结构不良失效

发动机支架在试制初期道路试验时发生断裂，图4-2中6个支架中左边4个已经断裂，右边2个产生裂纹，尚未断开，裂纹位置相同。该支架四个孔端连接固定发动机本体，两个孔端搭在车架上，并且固定于减振支撑上，见图4-3所示的安装结构图。支架材料为ZG270-500。理化分析结果表明支架化学成分符合设计要求，宏观检查所有断口均为疲劳开裂（图4-4），裂纹起始于支架内侧，表现为多源疲劳断口特征，主裂纹源萌生于筋板末端和固定平面的角接处。在实际的运行过程中，该处为变截面应力集中区域，即图4-5中箭头所指位置。断裂面上中心位置均可见明显的铸造缩孔缺陷。金相微观检查铸造后正火不良，有部分残留铸态组织。理化分析的结果很容易指向铸造缩孔降低强度，组织不良形成疲劳开裂。那么组织不良和铸造缺陷是不是主因呢？究竟是设计结构问题还是材料问题？随后很快对铸造工艺进行了优化，解决了缩孔问题，对正火热处理加强了过程控制，用组织良好的样件替换了失效件，道路试验后同样的失效模式继续复现。最终通过设计改进，优化断裂处结构，将加强筋适当延伸并和角接面形成大的圆角过渡，彻底解决了断裂问题。具体参见图4-5、图4-6。

图4-2 断裂件宏观形貌

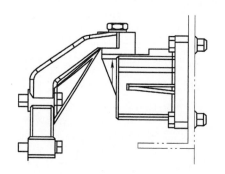

图4-3 安装结构图

图4-4 断口形貌（缩孔）

该案例是从事理化检验和初级失效分析人员容易错判的典型事例。理化检验试验中，对缺陷和组织不良有着严格的评价标准，在产品的检验过程中，缺陷和组织不良超出标准的要求，就会判为不良品，这也是我们控制材料质量的基本方法。但是，缺陷是不是失效的根本原因，是失效分析人员必须正确回答的问题。否则，质量改进就会出现方向性的错误。本案例对于失效分析人员,从断口分析技术可以初步判定失效的原因。首先,断裂处为角接面、加强筋末端、机加工平面形成尖角,设计和机加工艺同时造成了局部的应力集中,在实际使用中该处还是受力最大处,所以断裂均发生于此。疲劳裂纹起始于表面而不是心部缺陷处,说明心部的缺陷对疲劳开裂影响很小,残留铸态组织对塑韧性影响较大,对强度影响较小,所以对于有经验的失效分析专家,分析结论的指向应该是非常明确的。

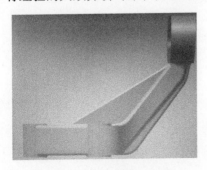

图4-5 设计结构改进前

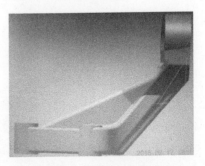

图4-6 设计结构改进后

在汽车支架类的零部件设计中,由于空间和结构的限制,同时又要考虑铸造工艺性问题,所以有很多设计结构不完善,导致售后断裂失效,下面我们把收集到的设计不良案例列举一些,供设计人员和失效分析人员借鉴。

4.4.1.2 案例2:设计结构不良失效

自卸车上推力杆支架在工况恶劣的运行环境中,会在底部加强筋末端产生裂纹,并扩展发生断裂。图4-7支架中间两处加强筋板和底板交接处均发生开裂,对称的左边也有裂纹,图4-8为裂纹局部形貌。零件材料为球墨铸铁。该支架底部固定于车桥上,上端两个孔位固定推力杆球销,在行驶过程中推力杆的推力在筋板上产生弯矩,筋板底部是最大弯矩处,弯曲应力最大,所以导致产生疲劳开裂。该设计结构未将筋板放在底板的边沿,造成交接面应力集中失效。设计改进很简单,将筋板移至底板边沿,消除了底部应力集中,改进后效果良好,如图4-9中的结构所示。通常加强筋的作用是对零件结构的补强,但加强筋末端设计不合理,反而会形成应力集中,类似结构设计缺陷非常普遍,设计通常用CAE模拟不一定能发现问题,失效位置的一致性会说明问题。

图4-7 失效件宏观

图4-8 起裂位置

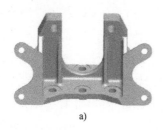
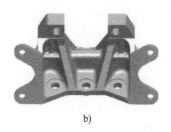

a)   b)

图 4-9 设计改进

a）原始结构 b）加强结构

4.4.1.3 案例 3：设计结构不良失效

重型自卸车后桥钢板吊耳支架时有断裂，断裂位置如图 4-10 所示。零件的材质为球墨铸铁。经理化检测，支架的理化指标均符合技术要求。零件断裂于吊耳一侧的加强筋底部，断口较平整，无明显塑性变形或疲劳特征，局部已锈蚀，并可见擦伤痕迹，如图 4-11 所示。宏观断口形貌符合大应力下一次断裂特征。

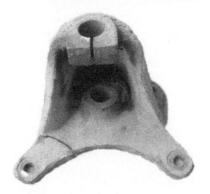

图 4-10 板簧吊耳支架断裂   **图 4-11 断口形貌**

钢板弹簧吊耳支架底面 4 个螺栓孔，将支架固定在车架上，中间对应的两个销孔穿板簧销悬挂板簧，在行驶过程中，吊耳支架会受到拉压、冲击的作用，工况差的路面还有扭转应力。分析认为该支架结构设计不良，主要问题有：

1）筋板没有延伸到固定孔处，存在应力集中。

2）断裂面单薄截面强度偏弱，与支架主体部位的厚重不协调，断裂处相对成为部件的薄弱环节。

3）下边的两个固定孔边缘尺寸小，螺栓紧固后，摩擦面太小易导致螺栓松动。该失效件螺栓孔表面螺栓松动痕迹明显，表明断裂件螺栓在使用中已经松动，造成固定面摩擦力丧失，导致行驶中板簧大应力冲击支架发生断裂。

设计应充分考虑以上三方面因素，对支架结构实施优化改进提升。

4.4.1.4 案例 4：设计不合理失效

某重型牵引车用户均反馈前轴板簧支架螺栓存在松动问题，用户自行拧紧后行驶一段时间后继续松动，采用自锁螺母、"施必牢"螺母、增加备母等方案均不能解决，甚至将螺母点焊都无济于事，螺母松动造成螺栓断裂、支架孔开裂、甚至车架孔开裂。支架材料选用的是球墨铸铁。

车辆在行驶中，板簧支架受到板簧的推、拉、弯、扭应力作用，固定螺栓受到的剪切力较大，螺栓松动表明外应力大于固定面的摩擦力，在外部应力不能有效降低的情况下，增大固定面的结合力，成为改进松动的方向。从图4-12中的失效件可以看出，支架和纵梁的腹面通过3个M14螺栓固定，支架固定面外形为等腰三角形，边长较小，固定接触面积偏小。分析认为由于支架与大梁有效接触面较小，摩擦力不足，导致在使用中固定螺栓频繁松动。从图4-13中可以看出，拆卸支架后，纵梁配合面呈现微动磨损形貌特征，摩擦接触面很小。

增大摩擦力可以通过加大拧紧力矩，增加固定点，从而增加接触面积来改进提升。设计改进前后对比见图4-14、图4-15。改进后由原来的3个螺栓固定孔增加为6个，接触面积增大，改进后效果良好，再没有发生松动现象。

图4-12 松动失效形貌

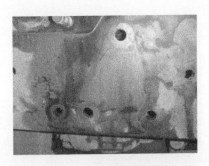

图4-13 纵梁表面微动磨痕

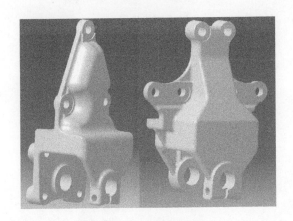

图4-14 改进前后对照

图4-15 改进后支架实物

在汽车设计中，各类紧固件的松动会导致零部件的失效。在各种受力支架类零部件中，松动导致的失效占80%以上。有时候，失效分析人员接收委托分析的失效零部件时，如果不去调查实际使用情况，不去核实失效后的第一现场情况，往往容易对失效的真实原因形成误判，把更多的注意力放在理化指标的检验上，一旦发现理化指标的偏差，就会对材料因素放大，形成错判。其实尽管不去现场，或者不能得到第一手真实信息，依然可以从失效件获取失效信息，如配合面的形貌，螺栓孔内壁的形貌和尺寸等信息，找出正确的失效原因。

4.4.1.5 案例5：设计不合理导致的失效

挡泥板支架集成了板簧限位块，形成组合支架，四孔底座连接在车架腹面，底座采用铸钢材料，将异型碳钢管插入底座焊接，在使用中经常发生钢管从根部断裂，见图4-16、图4-17。理化检查材质均符合技术要求，焊接质量良好，检查钢管断口发现，断裂为疲劳开裂，疲劳源起始于钢管根部的下表面，见图4-18、图4-19。挡泥板的钢管为悬臂结构，重力向下，正常失效开裂应该起裂于上表面最大拉应力处，而实际的失效开裂起始于下表面压应力处，所以应该是受到了附加的应力，由于挡泥板支架和板簧限位块集成一体，板簧跳动冲击限位块底面，应力通过组合支架底部传递到钢管产生向上的弯矩，导致挡泥板支架在根部应力集中处产生弯曲疲劳断裂。分析中为什么没有考虑钢管根部应力集中的影响呢？如果是单纯挡泥板支架，由于其重量轻，不会造成根部疲劳失效。

图4-16　支架断裂

图4-17　组合支架的形貌

图4-18　限位块底部冲击处和疲劳源对应

图4-19　疲劳断口

本案例属于设计考虑不周造成的失效。由于设计布置和空间的限制，集成类支架应用越来越多，设计中易于发生组合件受力考虑不周，产生组合支架的失效。所以，无论是设计人员还是失效分析人员，应该综合考虑，细心观察失效的形貌，做出正确的分析结论。

对于设计不良导致的失效，或者说通过设计优化提升零部件的可靠性，是否能通过考虑提高材料的性能解决呢？我们都知道，断裂失效的解决途径主要是两条，一是通过材料强度；二是降低应力，设计优化的主要方案就是降低危险截面应力，这往往比较有效。而通过提高材料强度解决问题，成本可能会大幅增加，有时候效果也不一定有效。

4.4.2 缺陷的影响与失效

铸件的缺陷有很多种类，对零部件的影响也是各不相同的。从失效分析的角度来看，可以归纳为两类，一类是缺陷破坏了材料的连续性，造成应力集中成为裂纹源区，如气孔、缩孔、冷豆、冷隔、裂纹、夹杂物、砂眼、疏松等；另一类为材料的成分不良、生产工艺不当，造成不正常的缺陷组织，降低了材料的力学性能，导致使用中失效。在铸件的失效分析中，断口的分析和理化检验是分析缺陷、检验缺陷、判定缺陷影响的重要环节。缺陷对失效的影响与缺陷和失效的关系，在失效分析过程必须要论证，并且要给出分析意见。既不能忽视缺陷的影响，也不能放大缺陷的作用，如果能通过缺陷零件和合格零件的对比验证，模拟试验来证明缺陷的影响，是非常理想的。这对于最终结论的判定能提供可靠的依据。

4.4.2.1 案例1：铸造缺陷造成的失效

驾驶室翻转轴座在产品试验试装后，首次功能性试验发生断裂，断裂发生于轴座锥体根部，断裂处表面未见磕碰、擦伤等痕迹，见图4-20。断裂轴座断口可见大面积铸造"缩孔"，约占截面的1/2，见图4-21。断裂的轴座化学成分、金相组织符合设计规定的铸钢牌号技术要求。轴座在工作状态轴端承受弯曲应力，应力最大处为断裂位置。断裂的轴座是因断裂截面存在有大面积铸造"缩孔"，有效受力面积减小，且存在应力集中，在较大载荷下的一次性断裂。对同批试制零件检验，该处均有铸造缺陷存在，说明铸造工艺不良导致缺陷，优化铸造工艺后，零件铸造缺陷消除，解决了使用中断裂失效的问题。

图4-20 零件断裂位置示意　　　　图4-21 断口形貌

4.4.2.2 案例2：铸造缺陷不是主因

新产品在道路试验过程中，发生发动机支架断裂失效，在一台车上发动机左右支架均发生断裂，支架设计的材料为铸钢，发动机右支架从图4-22箭头所指处断裂，左支架从本体加强筋前端处断裂，见图4-23。右支架的断裂样件断口形貌见图4-24，左支架断口见图4-25。右支架断裂于零件一近似直角处，其断面附近无明显宏观塑性变形及机械损伤，断口基本平齐且新鲜，具有疲劳弧线特征，为典型的疲劳断裂，断口上的疲劳裂纹扩展区及瞬断区清晰可辨。左支架断口不平度较大，断口新鲜，边缘无宏观塑性变形，断面上分布明显的铸造缺陷，见图4-26、图4-27。

在道路试验中，右支架在应力集中处产生疲劳裂纹并扩展，导致疲劳断裂；右支架断裂后，左支架瞬间受力增大，在有缺陷的位置发生过载断裂。虽然本次断裂失效缺陷不是祸首，但缺陷导致承载面积减小，引起最终的过载断裂。

本案最终的改进首先是优化右支架断裂处的应力集中问题，同时对于铸造缺陷的过程控制也是必不可少的。当然疲劳件作为祸首件的判定原则，也是分析人员逻辑判定的方法。

图4-22　右支架断裂位置

图4-23　左支架断裂件

图4-24　右支架断裂样件断口

图4-25　左支架断口及缺陷

图4-26　发动机前悬右支架组织 100×

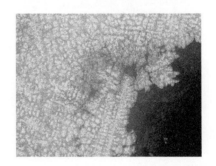

图4-27　发动机前悬左支架铸造缺陷 50×

4.4.2.3　案例3：冷隔缺陷断裂失效

球墨铸铁大型平衡轴支架，在装配时发生断裂，如图4-28所示。样品为支架上断裂脱落部分，断裂部分外观形貌异常，零件断口极不规则，整个断面上看不到常规断口的金属光泽，表面有金属液态凝固的痕迹，且纹理清晰呈灰黑氧化颜色，为金属液态自由凝固形成的表面，见图4-29。理化检测化学成分、金相组织均合格正常，见图4-30、图4-31。有经验的理化人员会识别出是铸造"冷隔"缺陷。初步判断应该是断流"冷隔"。在铸造过程中，因金属流供应不上造成组织不连续、铸锭表面横截面分层的现象，称为断流"冷隔"。产生的原因包括：

1）铸造时金属液面水平控制过低。

2）铸造时漏金属。

3）铸造时流口堵塞或冷凝、流口太小等，致使金属液流供应不上。

"冷隔"对于零件来说就是两张皮，所以属于致命的缺陷。做好过程控制可以预防"冷隔"发生。一旦发生断流，操作人员应该将铸件废弃，防止不合格品流出。

冷隔在制造过程中不易被发现，过程的管理和人员的质量意识非常重要，不要因为害怕废品产生而企图侥幸过关，导致后续失效造成更大的损失。

图4-28　支架断裂脱落部分

图4-29　断口局部形貌特征

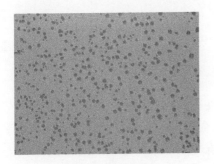

图4-30　石墨形态100×

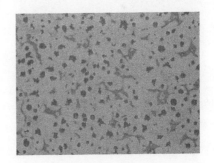

图4-31　基体组织100×

4.4.2.4　案例4：灰铸铁化学成分不良失效

汽车在调试检验过程中，行车制动时制动鼓发生断裂，断裂位置及宏观断口形貌如图4-32所示。制动鼓在螺栓孔处沿周边断裂脱落，鼓体中间开裂。对制动鼓的装配检查正常，制动蹄的安装和功能正常，鼓面磨痕未见异常。断口观察断面粗糙，断口上有金属闪亮的小平面，为粗大的解理断裂形式，如图4-33所示，表明制动鼓脆性很大。对断裂样品的硬度、强度、化学成分检验结果如下。

图 4-32　断裂位置

图 4-33　断口形貌

首先，从制动鼓本体上制取 φ10mm 的拉伸试样两根，测得抗拉强度分别为 170N/mm²、199N/mm²，制动鼓本体的强度值低于 HT250 所要求的 250N/mm²。化学分析五元素中除 P 元素异常外，其余成分符合工艺要求。工艺要求的 P 质量分数 ≤0.2%，实际测得为 0.63%，P 元素质量分数是技术要求的 3 倍。金相分析进一步说明了 P 质量分数高的影响，金相检验石墨正常，基体磷共晶含量不合格，磷共晶的量达到了标准评级的磷 10，见图 4-34、图 4-35。

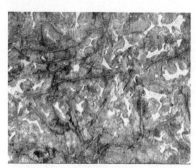

图 4-34　金相照片（一）100×

图 4-35　金相照片（二）100×

我们知道磷元素为有害元素，含量高会形成硬脆的磷共晶相。金相分析表明该零件显微组织中磷共晶量达到了 10%，大量的磷共晶存在会使得材料的脆性显著增加，塑韧性大大降低。拉伸试验结果也表明该制动鼓强度远低于标准所要求的 250N/mm²，所以导致在使用中发生脆性断裂。在灰铸铁的质量控制和失效分析中，强度是最直接的评价标准，但是强度不合格的原因是什么？可以通过化学成分和金相组织来综合判定。石墨长度过大会割裂基体，导致强度降低；珠光体的数量决定材料的强度大小。但是有害元素硫磷的影响也不可忽视。硫降低铁水的流动性，增加铸件热裂倾向，有害的硫化物容易形成铸造缺陷，从而影响铸件强度。磷的熔点低，铁液凝固首先偏析到晶界，形成硬脆相磷共晶，割裂材料的连续性，易导致脆性断裂。

4.4.2.5　案例 5：球铁球化衰退断裂失效

在大量的球墨铸铁失效案例中，石墨的球化不良几乎成了最主要的失效原因，尤其是石墨漂浮、球化衰退成为球墨铸铁发生量最大的质量缺陷。汽车某支架在使用中发生早期断裂，设计材料为QT450—10，断裂件断口呈灰黑色（图4-36），敲击断裂件，声音为瓦片一样的"梆梆"声，听不到金属银铃声。金相检查，石墨几乎全是聚集分布的蠕虫状，极少量团絮状，如图4-37所示，球化分级比标准的6级还差。分析结论认为，该支架在铸造过程中石墨发生了严重的球化衰退现象，球化衰退降低了球墨铸铁的强度和塑性，性能甚至不如灰铸铁，导致使用中断裂。

图4-36　断口

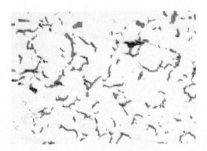

图4-37　石墨分布呈蠕虫状

　　在熔炼球墨铸铁时，铸铁中的石墨形态常常发生变化。尤其是在浇铸大断面球墨铸铁件时，铸件中心的石墨经常出现变态。石墨形态的变化称为"球化衰退"。所谓"球化衰退"的机理至今并不十分清楚。球化衰退是生产球墨铸铁时一种常见的铸件材质废品。虽然产生的因素是多样的，多数为用于球化处理的铁液在高温下不能立即浇完，如果停留时间较长会促使石墨无限生长，甚至形成开花状或蠕虫状，使石墨级别达不到技术要求，导致铸件报废。球化衰退严重的铸件，由于在高温下石墨变态，并且晶粒粗大，球化衰退材料性能不能和蠕墨铸铁件相比，甚至比灰铸铁件还差。

4.4.2.6　案例6：球化不良，石墨漂浮断裂

　　板簧前支架装配时发生断裂事故，断裂零件外观及断裂位置如图4-38所示。同批次发生两件支架断裂，断裂位置基本相同，断口宏观形貌基本相同，断面新鲜，局部有些深色区域，正常区域断口具有一定的纤维状特征，且呈现明显的金属光泽，深色断口无金属光泽，且断面较光滑，其上分布不规则楞脊，见图4-39。

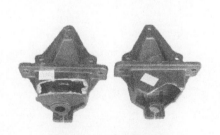

图4-38　支架装配断裂

图4-39　断口形貌

　　对断裂支架零件进行微观检查。基体组织均正常，球化级别、石墨大小、珠光体含量符

合技术要求，但断口附近处石墨形态十分差，存在石墨连成了较大"片状"，线状缠绕形态，见图4-40、图4-41。此类形态石墨严重破坏了零件基体的连续性，致使零件在较小装配外力下发生断裂。

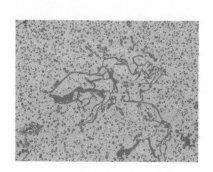

图4-40　石墨呈线状、厚片聚集

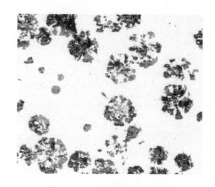

图4-41　石墨漂浮开花状

　　分析认为产生这种石墨变态属于石墨漂浮形成的，石墨漂浮是球墨铸铁特有的缺陷，其特征是在铸件的上表面聚集了大量石墨，宏观断口呈均匀黑斑状。在石墨漂浮的密集区，可看见球状石墨形态已被破坏，成为"开花形"，通常认为，石墨漂浮的产生过程是由于碳、硅含量高，铁液冷却速度缓慢，析出大量的大直径石墨，并在铸件上部偏析而集聚。多数资料介绍石墨漂浮的金相特征为开花状石墨形态，如图4-41所示，一般是厚壁球墨铸铁件，本案例石墨呈线状、厚片状连接缠绕，同样是石墨漂浮的一种形态，零件壁较薄，但石墨大量聚集偏析，对基体的割裂影响更为严重，缺陷处性能大幅降低。

4.4.2.7　案例7：铸铁反白口断裂失效

　　在每年的秋冬季节生产中，球墨铸铁类的零件，经常会发生装配中断裂失效。断裂一般发生于固定螺栓孔处，在装配中拧紧到要求力矩就会发生断裂，图4-42为支架类产品断裂样块，材料为QT450-10，为多年使用的成熟产品。断裂件断口新鲜，断面平齐不粗糙，并有金属亮色，断口上没有明显的断裂源区，断口表面也没有铸造缺陷。理化检测结果发现，除断口处外，零件的化学成分、石墨和基体组织均合格，断口处基体组织异常，为铁素体基体上分布着枝晶状、条块状的渗碳体，没有珠光体组织，如图4-43所示，渗碳体量>10%，也有人称为反白口组织。

图4-42　断口形貌

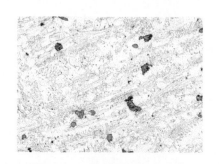

图4-43　断口处渗碳体100×

　　分析结论为：零件铸造过程中局部渗碳体组织含量高，即局部反白口化，组织观察显示石墨很少，铁素体基体上分布的全部为渗碳体组织，零件的脆性较大，在使用中极易发生脆性断裂。

　　产生反白口的原因很多，各种成分的铸铁有各自的最易形成反白口的临界冷却速度。由于在已凝固部分的冷却作用下，中心部分的凝固速度快于外部而形成反白口。有时由于型砂水分高，水分侵入铁液，氧或氢与硫相互作用形成反白口；浇注温度低也有形成反白口的倾向；在冷却较快的情况下，凝固过程中出现成分偏析，如碳的反偏析。由于中心部分含碳量低，按亚稳定系凝固而析出渗碳体。又如反石墨化元素的正偏析，在有的球墨铸铁件中的反白口部分存在稀土和镁的偏析；薄壁球墨铸铁件最后凝固部分产生孕育衰退，石墨球数少，形成反白口。当然，反白口化和气候变化引起的冷却速度的变化也有关系，每年秋冬季节应该提醒铸件生产企业，控制好铸造工艺，避免不良品出现。由于是局部组织缺陷，往往在受力处产生时，装配中就会发生断裂，而在非受力处产生时不容易被发现，如果铁素体基体分散分布有渗碳体，往往对性能影响并不是很大，不能一概而论。

4.4.2.8　案例8：铸铁硅含量高致脆失效

　　某固定支架设计材料为铁素体球墨铸铁 QT400－15，在使用中发现该支架有脆断现象（图4-44、图4-45）。经检查，该批零件存在硬度较高、化学成分中 Si 含量较高、组织中石墨球化不良、伸长率较差、冲击韧性低等问题。为分析致脆的主要原因，应用化学分析、硬度检测、金相检验、扫描电子显微镜观察，以及能谱分析等手段进行了分析。

| 图 4-44　支架断裂形貌 | 图 4-45　支架断口 |

　　化学分析：关于球墨铸铁的化学成分，国家标准没有给出具体的质量分数数值，但要求必须保证技术条件上所规定的球铁牌号或达到国家标准规定的力学性能指标。我们首先对断裂件的化学成分做了分析，并和参考值所给出的铁素体球墨铸铁化学成分标准做了对比，如表4-6所示

表4-6　支架零件的化学成分与相关标准值　（单位:%，质量分数）

元素	C	Si	Mn	P	S	Re	Mg
断裂件	3.44	4.76	0.21	0.08	0.03	0.04	0.03
参考值	3.7~4.0	2.2~2.6	0.6	0.05~0.08	0.01~0.02	0.02	0.025~0.04

　　分析结果表明，断裂件的化学成分 Si 质量分数很高，几乎是参考数值规定的 Si 质量分数的两倍。同批次分析结果显示，该批零件的 Si 质量分数均在 3.0%～4.7% 之间，超出了

铁素体球墨铸铁所要求的 Si 质量分数上限许多。

力学性能：对断裂件 1# 件，和 Si 质量分数高的同批零件 2# 件、3# 件，在本体取样做抗拉和冲击试验，见表 4-7 所示。

表 4-7　抗拉和冲击试验值

样品编号	屈服强度 $R_{p0.2}$/MPa	抗拉强度 R_m/MPa	伸长率 A（%）	冲击功 A_{kv}/J	备注
断裂件 1#	560	600	3.5	1.0	/
	560	595	2.5	1.0	/
2#	410	455	2.5	1.0	/
	315	340	2.5	1.0	试样有缺陷
3#	485	510	2.5	1.0	/
	480	560	4.0	1.0	/

性能试验表明，所选的三件样品除有缺陷的一根试棒外，屈服强度和抗拉强度均达到标准要求，但伸长率都很低，最高的仅 4%，离标准要求的 15% 相差甚远。冲击功值仅 1J，而正常试样的冲击功值大于 30J，试验结果显示零件的塑韧性很差，脆性很大。金相分析：对性能试验的三个试样金相分析表明，断裂件球化较差，表现为球化衰退。球化分级为 5 级，如图 4-46 所示；2 号件和 3 号件均表现为部分区域球化正常，部分区域有开花状石墨，为石墨漂浮所致，如图 4-47 所示。基体组织均为铁素体 + 极少量珠光体组织。

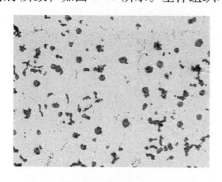

图 4-46　球化衰退

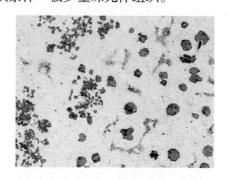

图 4-47　开花状石墨

扫描电子显微镜分析：对断裂件的断口做扫描电镜观察，发现断口的微观形貌为脆性解理花样，并且有沿晶的特征，沿着铁素体的晶界断开，每个铁素体晶粒为一个解理面，如图 4-48 所示。分析认为大量的硅固溶于铁素体中，使得铁素体基体得到强化，究竟铁素体中能固溶多高质量分数的硅？对断口上不同部位的铁素体晶粒做 EDX 分析，结果如表 4-8 所示。

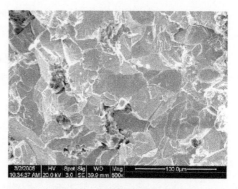

图 4-48　断口的 SEM 形貌

表 4-8 用 EDX 对断口上不同部位铁素体分析其硅质量分数

铁素体	1	2	3	4	5
硅质量分数（%）	2.8	6.55	12.08	13.74	16.26

以上为选取五个典型数值的铁素体晶粒硅质量分数，不同部位铁素体固溶的硅质量分数是不同的，而且差异很大，表明硅的偏析比较严重。显微硬度测定：对不同部位的铁素体进行显微硬度测试，发现硬度值差异也很大，证明了硅在固溶于基体中时产生了偏析，测试结果见表 4-9。

表 4-9 不同部位铁素体的显微硬度值

铁素体	1	2	3	4	5	6	7	8
HV0.2	139	185	198	225	233	291	304	328

结果表明不同部位的铁素体由于固溶的硅质量分数不同，硬度值相差很大，质量分数低的仅 139HV，质量分数高的达到了 328HV。

经对生产企业调查，该批零件硅质量分数偏高为生产工艺失控造成的。在球化和孕育后期操作中硅的加入量失控，并且在随流孕育的工艺中导致硅的偏析。硅质量分数过高会加剧石墨的漂浮，导致开花状石墨，这点在金相分析中已证实，资料表明硅在铸铁中几乎全部固溶于铁素体中，在 $\alpha - Fe$ 中的溶解度可以达到 18.5%。在本试验中有的铁素体晶粒硅质量分数已达到了 16.26%，几乎达到了饱和状态，而该部分铁素体的硬度很高。由于硅在基体中严重偏析，布氏硬度测试的面积较大，所以，布氏硬度值和平均硅质量分数的对应关系不是很明显。硅质量分数高有利于获得铁素体基体，但硅质量分数超过一定值后，会显著降低试样的韧性。在力学性能试验中发现，硅质量分数大于 3.2% 的试样，其韧性很差，脆性却很高。研究表明大多合金元素固溶于铁素体中起强化作用，而对铁素体的塑韧性影响较小，但硅却不同，硅从 1% 开始降低冲击韧性，质量分数超过 2% 以后，降低铁素体的塑性较显著。由于硅的原子半径或原子结构与铁相差较大，溶入铁素体后使点阵产生强烈的畸变，故使韧性下降。所以，分析认为铁素体球墨铸铁中总的硅质量分数应控制在 2.2% ~ 2.6% 的范围内，同时还要控制好孕育过程，不能产生硅的偏析，否则同样会致脆。

4.4.2.9 案例 9：铸钢铸态组织断裂失效

汽车轴吊耳装配调试中发生脆断。断裂位置如图 4-49 所示，吊耳的上端完全裂开，下端一侧也已裂开，但是没有完全断裂，断口观察表明为新鲜断口，有金属光泽，并且有闪亮的金属小平面，断口整体表现较粗糙，脆性较大，如图 4-50 所示，用金相显微镜在高倍下观察，断口的微观形貌为解理特征，如图 4-51 所示。理化检测材料为符合设计的铸钢牌号，金相组织为粗大的网状铁素体 + 珠光体，为铸态组织，见图 4-52 所示。铸态粗大的魏氏组织强度低，脆性大，极易断裂。为没有正火导致的制造缺陷。

铸钢件的浇铸温度很高，铸态组织易产生较严重的晶枝偏析、组织不均匀，以及魏氏组织和网状渗碳体，需要通过热处理（固态重结晶）来消除或减轻其有害影响。铸钢件通过热处理来控制其显微组织，达到需要的性能。汽车零部件铸钢件一般通过正火来细化组织，消除铸造应力，提高材料的综合性能。不进行热处理或漏热处理工序的产品，铸态组织性能极差，往往会导致脆性断裂，坚决不能使用。

图 4-49　断裂位置

图 4-50　断口形貌

图 4-51　光学显微镜下断口微观形貌

图 4-52　铸造魏氏组织 50×

不同碳含量的铸态组织不同，含碳量越低的铸钢，铁素体含量越多，魏氏组织的针状越明显，数量越多。随着含碳量的增加，珠光体数量增多，针状铁素体数量减少，针齿变短，块状和网状铁素体粗化，含量增多。粗大的网状分布的魏氏组织，将使铸钢的脆性显著增大。

而正火不良导致的残留魏氏组织，同样对铸钢的性能影响很大，下面的案例将详细研究铸钢残留铸态组织的形成和对性能的影响。

4.4.2.10　案例 10：铸钢残留铸态组织对失效的影响

对一批汽车支架类零件做日常的验收检验工作，该零件要求的材料为 St52 - 3，组织状态为正火处理，技术要求中抗拉强度为 $490 \sim 630 \text{N/mm}^2$；伸长率不小于 22%；冲击功 A_v 大于：27J（±20℃）。检验结果显示该批零件的组织状态有正常的正火态，也存在残留铸态的非正常正火组织，有残留铸态组织的试样抗拉强度、伸长率均合乎技术要求，断面收缩率稍低，但冲击功很低，远远达不到技术要求，见表 4-10。

表 4-10　抗拉试验、冲击试验结果

编号	抗拉强度 R_m/MPa	伸长率 A（%）	冲击功 A_v/J	断面收缩率 Z（%）
1#	560	21.0	140	61.0
	535	28.0		67.0
2#	573	23.0	12	43.0
	569	25.0		57.0

　　宏观断口分析：图4-53为拉伸试样的断口形貌，1号样（右）2号样（左）均为杯锥状断口，断口为暗灰色韧性断口，纤维区面积较大，1号样缩颈较明显，断缩值较大；图4-54为U形缺口的冲击试样断口，1号样源区有明显的塑性变形，表现为有明显的收缩，断口为纤维状，放射区闪亮金属小平面较小，并且有剪唇。2号样断口较平，没有塑性变形痕迹，为典型的脆性结晶状断口，断面上均为闪亮的结晶小平面，小平面的尺寸较大。

　　微观断口分析：扫描电子显微镜观察1号、2号样拉伸断口均为韧窝形貌，1号样韧窝较大、较深，撕裂棱突出（图4-55）；2号样韧窝较小、较浅，撕裂棱较平（图4-56）；1号样冲击断口源区为塑性的韧窝形貌，扩展区为准解理特征见图4-57和图4-58；2号样源区和扩展区均为粗大的解理形貌见图4-59和图4-60。结果表明，1号正常组织样品无论拉伸试验和冲击试验均表现了良好的塑韧性。而2号残留铸态组织样品却不同，拉伸试验表现出塑韧性，而冲击试验却为典型的脆性特征。

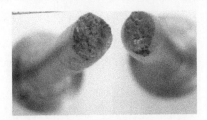

图4-53　拉伸断口

图4-54　冲击断口

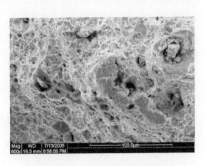

图4-55　1号拉伸样 SEM

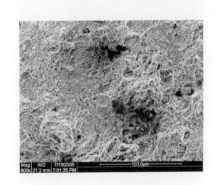

图4-56　2号拉伸样 SEM

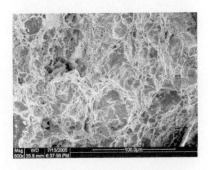

图4-57　1号冲击样源区 SEM

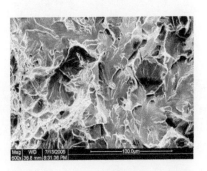

图4-58　1号冲击样扩展区 SEM

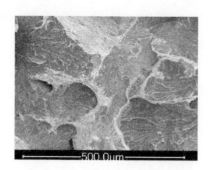

图 4-59   2 号冲击样源区 SEM

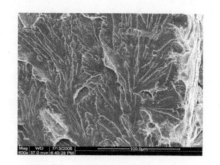

图 4-60   2 号冲击样扩展区 SEM

金相组织分析：图 4-61 为 1 号样组织形态，为等轴状的铁素体 + 珠光体，有少量的断续珠光体网，属正常的正火态组织；2 号样为典型的残留铸态组织，黑色珠光体网保留了铸态的粗大晶粒，晶粒内部铁素体为细针状，呈方向性分布，如图 4-62 所示。黑色网状珠光体在高倍下观察近似鱼骨状，针状铁素体分布在晶界上。图 4-63 为 2 号样冲击断口处二次裂纹沿晶界扩展的形貌，图 4-64 为高倍下观察到的裂纹沿晶界上铁素体扩展的形貌。

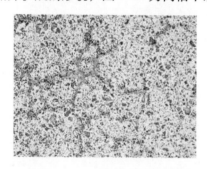

图 4-61   1 号样显微组织 100 ×

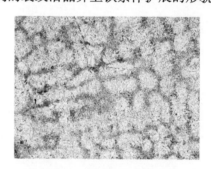

图 4-62   2 号样显微组织 100 ×

图 4-63   2 号样冲击断口处二次裂纹 100 ×

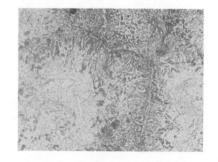

图 4-64   裂纹沿晶界扩展 500 ×

残留铸态组织形成的原因：铸钢由于凝固温度很高，并在 1495℃产生包晶反应形成奥氏体，在高温下晶粒粗大，冷却时先在晶界上析出铁素体和珠光体。进一步冷却时，由于奥氏体晶粒粗大，可供铁素体析出的晶界减少，所以一部分铁素体呈针状在晶内析出，形成魏氏组织。在随后的正火中，如果温度偏低，如在 Ac1 ~ Ac3 温度正火，由于没有完全奥氏体化，使得铸态的粗晶和晶内的针状铁素体没有完全熔化而保留下来，已奥氏体化的组织在随后的冷却中形成网状分布的珠光体与块状和棒状的铁素体。所以，会出现图 4-62 所示的 2 号样残留铸态组织。

残留铸态组织对性能影响的分析：试验结果表明，残留铸态组织试样的抗拉强度、伸长率和正常组织试样几乎没有什么区别，断面收缩率则略低于正常组织试样，而冲击功值却远低于正常组织试样，冲击断口也显示这种样品脆性极大。所以，在日常检验时单凭拉伸试验很难判定试样力学性能合格与否。对于正常组织试样，铁素体和珠光体呈等轴状均匀分布，晶粒细小，强韧性较好，所以在冲击试验时，源区表现了良好的韧性即韧窝特征，扩展区也是具有一定韧性的准解理特征。而残留铸态组织显微形貌为粗大的珠光体网和网内的针状铁素体，图 4-62 表明受冲击力作用时，裂纹会沿着珠光体网的晶界萌生并扩展。从图 4-64 可以看出低倍下黑色珠光体网的高倍形貌类似于鱼骨状，针状铁素体为鱼脊和鱼刺，裂纹正是沿着晶界上低强度的铁素体薄弱路径扩展。由于晶内的针状铁素体更有利于解理的扩展，所以试样在冲击力作用下表现为脆性极大的解理特征。

铸钢残留铸态组织对试样的抗拉强度和伸长率影响不大，但对冲击韧性影响极大。有残留铸态组织的试样强度较好，但脆性很大。

4.4.3　制造过程及装配失效

4.4.3.1　案例 1：机加工无法保证设计要求引起断裂失效

板簧压板在装配中断裂，断裂位置及断口见图 4-65、图 4-66。断裂的样品均发生在固定骑马螺栓的半圆槽中心处。断口呈灰黑色，除断口的上表面有轻微的铸造缺陷外，其余正常，为脆性弯曲断裂特征。

图 4-65　断裂位置　　　　　　图 4-66　断口形貌

理化检验结果表明压板材料为高强度球墨铸铁，石墨大小和球化分级、基体组织均符合技术要求。压板的断裂为弯曲断裂，表明压板在装配过程中受到弯曲应力的作用。对该批零件实际观察，压板的下表面中间为机加工平面，骑马螺栓固定处，设计图中要求为 R55 圆弧面，而实际零件为铸造的一个弧面，并且没有和中间的机加工平面相切，形成一个台阶，尺寸较大的约 5mm。同时，机加工平面也没有在骑马螺栓安装槽半圆弧的中心线上，如图 4-67 所示。图 4-68 为设计图中局部形貌。在实际的紧固过程中就形成一个弯矩，由于高强度球墨铸铁伸长率很低，不允许发生较大的变形，所以在台阶高度大的情况下，势必会产生弯曲断裂。

图 4-67 样品局部形貌

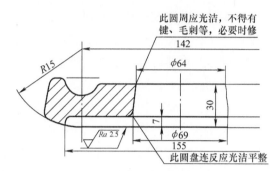

图 4-68 设计结构局部形貌

该零件此处的设计结构不佳。由于 R55 是非加工面，在生产过程中很难保证和底部平面相切，建议将底部平面延伸到半圆弧中心线外侧，这样就可以避免在紧固过程中产生弯矩，有利于防止断裂。错误的机械加工，形成不合理的结构，导致装配失效。

4.4.3.2 案例 2：装配导致的断裂

骑马螺栓座零件在装配过程中断裂，现场装配图片如图 4-69 所示，骑马螺栓座断裂于骑马螺栓第二、第三根装配位置处，如图 4-70 所示。A、B 两侧断口形貌基本相同，断口新鲜、平坦，近似垂直于零件长度方向，断裂源区位于骑马螺栓座上弧面，如图 4-71 所示的标识位置。

图 4-69 现场装配图片

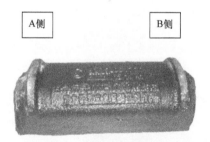

图 4-70 断裂零件宏观形貌

理化检测结果表明骑马螺栓座各项理化指标正常。从实际装配图片中发现，骑马螺栓座断裂的原因是，钢板弹簧第 12 片簧片存在弧度，与设计不符（最上一片没有弧度），第 2 根、3 根骑马螺栓装配位置处与簧片上表面基本贴合，在此处形成受力支点，但第 1 根、4 根骑马螺栓装配位置处与簧片上表面未贴合，第 1 根、4 根骑马螺栓拧紧时，产生附加弯矩，导致骑马螺栓座在正常拧紧力下断裂。整体式长压板结构不利于装配，改为分体式结构（图 4-71b），既减重又不会产生装配不合理，导致发生断裂。

以上两个案例均为制造过程中发生的断裂失效，对于失效分析人员来说，在有条件的情况下，深入第一现场查看断裂零件，分析断裂零件的受力，与之配合零部件的状态，查看技术状态和实物的符合性等信息非常重要。如果仅从理化指标或断口结果分析，即使可以判断失效模式，但失效

图 4-71 零件断口及改进方案

a) A 侧断口 b) 改进方案

的真实原因还是很难找到，这样的失效分析报告对于解决问题和产品改进帮助不大。

4.4.3.3 案例 3：调试不当引发的失效

某货车在调试过程中发生了离合器早期碎裂事故，离合器壳盖完全碎裂，离合器压盘断成 3 块，从断裂样品可以看出离合器壳盖全部碎裂成无数个小碎块，如图 4-72 所示。图 4-73 为离合器压盘断裂形貌，样品为离合器压盘断裂碎片中的两块，可以看出压盘表面为炭黑状，并且烧煳的味道很浓。在离合器压盘的接触面，可见压盘由于温度较高，表面已氧化变黑，仔细观察氧化层表面已产生龟裂，如图 4-74、图 4-75 所示。

图 4-72 离合器壳盖碎裂形貌

图 4-73 离合器压盘断裂形貌

图 4-74 压盘接触面发黑、发蓝

图 4-75 压盘接触面龟裂形貌

图 4-76 为压盘的断口形貌，由于离合器摩擦片严重烧损，断口表面覆盖了一层黑色的氧化物，断口细节无法观察。将压盘断裂试块重新打断，断口形貌如图 4-77 所示，断口为

灰黑色新鲜断口，断裂源区发生在摩擦面处，并且沿龟裂的裂纹产生断裂，龟裂的裂纹深度在断口上清晰可见，裂纹处断口表面氧化变黑，如图中箭头所指。

图 4-76　压盘断口形貌

图 4-77　打断压盘断口形貌

理化检测结果如下：化学成分符合 HT250 技术要求，硬度检测结果，离合器压盘摩擦面表面硬度 44.5HRC，离合器压盘摩擦面表面硬度 365HBS，而离合器压盘其余部位硬度 234HBS；非工作面显微组织离合器壳盖和压盘的组织相同，石墨大部分为 D 型点、片状枝晶间石墨呈无方向分布，有少量 E 型短小片状枝晶间石墨呈有方向分布，在离合器压盘龟裂处剖面制取金相试样观察，发现龟裂裂纹已向纵深发展约 1mm 左右，整个试样磨面有许多条龟裂的小裂纹存在。分布在由表及里 2mm 范围内，由于摩擦过热，产生了二次淬火，淬火区的组织为马氏体 + 贝氏体 + 屈氏体，马氏体区域的显微硬度为 656HBV，其余为珠光体组织，如图 4-78、图 4-79 所示。

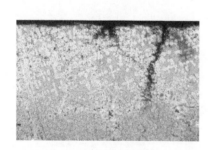

图 4-78　表面龟裂裂纹向纵深发展

图 4-79　表面过热二次淬火组织　500×

经了解，新车下线后调试中发现起步时离合器发抖，没有及时进行处理，继续行驶后发现离合器压盘和离合器壳盖碎裂。分析认为离合器发抖是由于压盘和摩擦片安装调整不到位，接触不良形成的，由于接触不良，局部的接触面代替整个盘面来传递巨大的摩擦力矩，造成离合器压盘局部过热。金相组织分析表明，过热温度已达到奥氏体化温度（大于700℃），在高温下接触摩擦，使得压盘表面 2mm 内产生二次淬火，形成硬脆的马贝组织。随后摩擦产生的热应力和组织应力，导致表面二次淬火区产生类似于磨削裂纹的龟裂。裂纹在淬火区内向前扩展。同时，金相分析也表明离合器压盘和离合器壳盖石墨形态不良，不是要求的 A 型片状石墨，而是 D 型和 E 型石墨，D 型和 E 型石墨虽然强度不低，但塑韧性差，是一种有害组织，尤其是冲击韧性比较差，而离合器在使用过程中经常受到冲击力的作用，在冲击力的作用下，压盘表面龟裂裂纹扩展，发生断裂，导致离合器壳体碎裂。

4.4.4 应力集中的影响

金属结构件因其结构需要,具有各种孔、台阶、槽、缺口或集合尺寸变化等。同时,在加工及冶炼过程中不可避免地会产生一些缺陷,如零件表面的加工刀痕,截面变化时的圆角过渡不光滑,螺纹根部尖角,材料夹杂等。这些部位都会产生应力集中现象,当最大应力大于材料的强度极限时,将导致断裂失效。汽车零件应力集中引起失效的案例很多,铸造类的零件也不例外,可以通过下面的案例加以说明。

4.4.4.1 案例1

铸钢轴支架承受弯扭应力,材料为一般工程铸钢,在使用中同一部位发生开裂或断裂,如图4-80和图4-81所示,在轴孔端面机加工和铸造本体支架夹角处,形成夹角过渡,机加工将铸造圆角破坏,在使用中形成应力集中,产生疲劳裂纹并导致开裂。改善办法为机加工不清根,保留铸造圆角,并且保证机加工和铸造毛面平滑过渡。

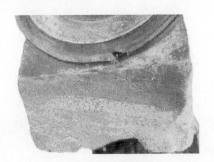

图4-80 机加工末端应力集中开裂　　　图4-81 弯扭疲劳断裂

4.4.4.2 案例2

球墨铸铁轮毂在使用中发生早期失效。轮毂的作用是支撑车身,是车身重量传递到路面的重要部件,它还承受着转弯时的横向载荷、驱动力和制动力等。断裂制动轮毂材料为球墨铸铁,采用铸造工艺。断裂制动轮毂在轮胎螺栓孔边沿内侧直角根部开裂(图4-82),每个孔边沿根部同时起裂,裂纹扩展至最终相邻孔裂纹汇合,导致环形断裂脱落。从图4-83可见,裂纹处零件直角部位机械加工的圆角很小,几乎是直角,存在应力集中,断口整体可见疲劳断裂的特征,疲劳扩展的弧线清晰,疲劳源区起始于根部尖角表面,源区有台阶,为大应力下的线源特征。在实际工作中,无论是轮胎传递的支撑力,还是制动传递的力矩,均通

图4-82 裂纹源示意图　　　图4-83 疲劳断裂断口

过轮胎螺栓受力，所以螺栓孔周边应力很大，由于零件形状形成的应力集中，导致局部应力放大，形成疲劳开裂失效。

4.4.5 使用工况引起的失效

4.4.5.1 案例1：运行工况引起的失效

发动机台架试验中排气管断裂，零件的材料为QT450-10，断裂发生于管口处。宏观目视观察断口形貌，断面上未发现铸造缺陷，断面呈灰黑色，断口表面发生了不同程度的中高温氧化现象，氧化膜较薄，断口形貌依然清晰可辨。排气管断口内壁边缘靠近端面约10~20mm处，两端有深度约1~1.5mm的平坦的挤压形貌区域，为疲劳断口特征。疲劳源为台阶状，为线源特征，其余为放射状人字纹断口，为一次性快速断裂特征。快速断裂区相对疲劳源断口较新，如图4-84、图4-85所示。同时测温孔处主裂纹断面几乎都是热疲劳断口，而其余处均为内表面疲劳开裂，深度在1~2mm范围内。对同批次试验后未发生断裂的排气管进行检查，测温孔附近管体内表面有氧化凹坑，并伴有氧化裂纹产生，管体出口台阶处也已产生疲劳小裂纹，该件裂纹没有失效件裂纹明显，说明该试验过程中由于局部区域温度很高，产生了氧化，导致金属脱落形成裂纹，在排气压力作用下，裂纹扩展——金属氧化的过程不断反复，热气流的冲刷形成了疲劳开裂。宏观检查还发现，测温孔处内表面氧化最为严重，孔周边裂纹较多，表明该处工作状况恶劣，如图4-86~图4-89所示。分析认为，试验过程中首先在测温孔处内表面形成疲劳裂纹，并且不断扩展。宏观断口分析表明，该处疲劳裂纹扩展裂透，并且和凸缘处裂纹汇合，导致排气管最后断裂。

图4-84 排气歧管断裂

图4-85 断口形貌

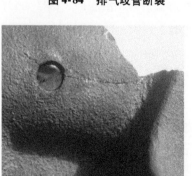

图4-86 测温孔裂纹通向断口

图4-87 打开测温孔裂纹处断口

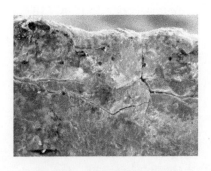

图 4-88　热疲劳表面 SEM

图 4-89　内表面氧化坑

铸铁热疲劳除了排气管，还有制动鼓、气缸盖、离合器压盘等零件，高温形式各不相同。随着发动机向大功率趋势的发展，冷却问题成为解决的难点，尤其是天然气发动机工作温度很高，排气管、增压器、缸盖都会由于使用不良导致热疲劳失效。制动鼓热疲劳高发于山区道路重载长下坡工况，离合器压盘普遍发生于重载起步或矿用车坑底爬坡工况。热疲劳失效特点比较明确，宏观断口、微观断口、金相组织都有各自的特征，可以用来进行判断。

4.4.5.2　案例2：车辆交通事故导致的失效

自卸车后桥总成桥壳右侧发生断裂事故，驾驶人不愿意提供更多信息，现场呈现的是桥壳断裂事故。

现场查看断裂后轮边与桥壳部位发生分离，如图 4-90 所示。桥壳断裂位置为大面连接螺栓 11 点钟位置，断口表面无锈蚀，为大应力下一次性断裂特征，如图 4-91 所示。断口表面未发现砂眼、缩松、缩孔等明显铸造缺陷。检查理化各项指标，均符合相关铸钢材料标准。经现场查看，右轮边内侧轮胎爆胎，外侧轮辋存在明显磕碰变形，中桥也发生了同样的变形。车辆载重约为 22t，不存在超载行为。仔细核查事故现场，在车辆侧翻右后方约 35m 处为桥墩，桥墩表面存在新的撞击痕迹，桥墩前约 3m 处路面存在坍塌挤压破坏。

根据路面残留轮胎痕迹确定，故障车辆在右侧车道行驶过程中，车体右侧与桥墩发生撞击，造成后右侧桥壳断裂事故。

图 4-90　桥壳断裂车辆

图 4-91　桥壳断裂位置

在事故分析过程中，深入现场详细勘察与失效相关的信息非常重要，调看车辆的历史档案信息，车辆的行驶记录信息、载荷、车速、路况、事故现场痕迹分析等，初步判定失效件的失效模式，尤其是断裂导致了事故，还是事故导致了断裂。通常情况下，用户为了自身利益，不会说出真实情况，科学的失效分析是揭开真相的唯一手段。理化分析往往是对结果分析的最后验证和补充。

4.5 失效分析与改进

铸造钢铁零部件的失效分析，与其他零部件的失效分析一样，最终目的都是找出真正的失效原因，改进产品的适应性，提高产品的可靠性和品质。由于铸造钢铁材料有其独特的性能特点，所以在汽车产品中得到了广泛应用，只有掌握材料的各种性能特点，才能准确分析铸造钢铁件的失效原因。

目前，各企业和机构的失效分析工作，大多数由检验试验部门来承担，多数由理化试验室来开展，或由理化人员组成的失效分析机构开展工作。由于部门职责分工不同，大多数失效分析工作的开展形式为来样分析，因此失效分析人员拿到的是市场返回的失效件，多数不能了解现场的详细信息，只能是针对故障件的宏观特征、微观检测来推断失效模式，多数失效报告不能找到准确的失效原因。所以，这类失效分析对产品的改进作用针对性不强。

那么如何才能做好失效分析工作呢？首先要做好故障的调查和信息收集工作。这项工作主要包括如下内容：收集背景资料、车辆信息、工况特点、区域环境、维修记录、售后数据、供应商情况、失效率统计、销售报单分析、车联网络数据查询、驾驶人描述、服务站信息、现场图片视频、同类产品对标等。从这些信息中，找出与故障关联的图片、数据和事件影响因子，为准确找出失效原因做好准备。同时，现场对失效件的特征进行查看，记录断裂位置，通过宏观断口分析，对失效模式进行初步确定。

在做好以上工作的前提下，就可以开展理化分析，常规的做法如下：描述样品历史、查看图纸/工艺、取样制样、宏观断口、微观断口、化学分析、金相检验、力学实验、失效模式分析、模拟验证、结论确定、报告发放。理化分析工作完成后，结合现场分析结果，基本上可以确定失效的真实原因。

在确定失效原因后，改进工作应该迅速开展，具体的工作有如下：确定问题范围、能否处置、失效原因筛选、流程分析、因子梳理、测量分析、因子确定、验证措施、市场方案、永久措施、效果验证、标准固化、预防再发生、举一反三。实施了改进措施后，跟踪改进效果也是对失效分析的验证。原因分析正确，改进措施得当，效果就会显示出来。所以，失效分析人员必须主持或参与全流程的工作，才能做好失效分析与改进工作。

第 5 章
汽车钢板弹簧失效分析

5.1 钢板弹簧在汽车上的应用

　　钢板弹簧是汽车悬架系统中应用最广泛的一种弹性元件，它是由若干片等宽但不等长（厚度可以相等或不相等）的合金钢弹簧片组合而成的一根近似等强度的弹性梁。同时，它还兼有导向装置、传递纵向力等作用。钢板弹簧一般应用于汽车非独立式悬架结构，通过使车架与车桥之间弹性连接，起到缓和由车轮传递到车架的冲击的作用，影响汽车的平顺性、安全性和舒适性。钢板弹簧具有结构简单、工作可靠、成本低及维修方便等优点。

　　钢板弹簧根据结构不同分为多片等截面弹簧和少片变截面弹簧，如图 5-1 和图 5-2 所示。多片等截面弹簧的结构简单、重量较重，制造成本也比较低，使用过程中各片之间存在相互滑动摩擦，从而产生一定的噪声，影响车辆的舒适性。随着汽车轻量化和节能环保的需要，少片变截面弹簧已成为一种应用日益广泛的先进汽车钢板弹簧。它一般是由单片或 1～4 片等宽、等长和截面厚度沿长度方向变化的簧片组成。它在长度方向上各个截面处的应力相等或近似相等，在保证产品性能的同时可以节省原材料。与传统的多片等截面弹簧相比，少片变截面弹簧能够降低自重 30%～50%，同时减少由于片间接触而引起的摩擦和磨损，改善汽车行驶的平顺性和驾驶的舒适性，有逐步取代等截面多片弹簧的发展趋势。

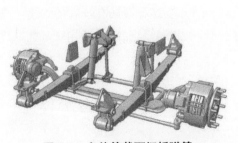

图 5-1　多片等截面钢板弹簧

图 5-2　少片变截面钢板弹簧

钢板弹簧连接着汽车的车架与车桥，中部采用 U 形螺栓通过上下盖板和下托板与车桥固定连接，两端的卷耳压入衬套后，靠销轴与支架铰链连接，其中前端卷耳通常为固定铰链连接，后卷耳则为可旋转式自由铰链连接，可以保证钢板弹簧能自由伸缩。汽车在行驶过程中，钢板弹簧除承受垂直方向的循环交变载荷外，还承受纵向力、扭转力及冲击载荷等，如图 5-3 所示。纵向力一般为汽车的制动力或驱动力，汽车转弯时产生侧倾力臂，钢板弹簧产生一定的扭转，当汽车行驶通过较大的凹坑路面时，钢板弹簧在瞬间达到极限动行程，将产生较大的冲击载荷。

钢板弹簧根据结构不同，各片的应力分布有差别，等截面钢板弹簧沿长度方向上应力分布不均匀，少片变截面钢板弹簧一般采用梯形或抛物线形的截面，截面变化区域即为最大应力区，应力分布比较均匀，如图 5-4 所示。

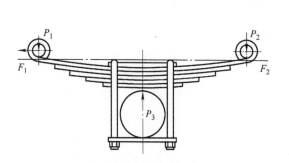

图 5-3 钢板弹簧受力分析

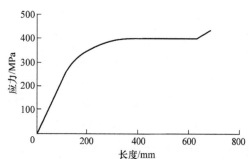

图 5-4 少片变截面钢板弹簧的平均应力分布曲线

5.2 汽车钢板弹簧的选材及其制造工艺

5.2.1 钢板弹簧的材料

钢板弹簧材料一般选用热轧合金弹簧钢制造，在中碳钢成分的基础上添加 Si、Cr、Mn 等合金元素，以及微量的 V、B、Mo、Nb、Ni 等合金元素，具体牌号包括 Si – Mn、Cr – Mn、Cr – V、Cr – Mn – V、Cr – Mn – B、Cr – Mn – Mo – V 等系列，材料需要具有较高的淬透性、弹性极限和抗拉强度，较低的脱碳敏感性，以及一定的塑性和韧性。

根据合金弹簧钢所含合金元素的不同，各系列弹簧钢在性能上有一定的差距。

Si – Mn 系：常用材料有 60Si2Mn、SUP6 等。Si – Mn 系弹簧钢具有较高的强度、良好的抗弹减振性以及一定的塑韧性，但是材料淬透性较低、表面容易脱碳，适用于截面厚度小于 12mm 的钢板弹簧。

Cr – Mn 系：常用材料有 55CrMn、60CrMn、55Cr3、SUP9 等，含有较高含量的 C、Mn、Cr 等合金元素，其淬透性明显优于 60Si2Mn 钢，脱碳敏感性较低，成本较 Cr – V 系合金低，适用于截面厚度小于 15mm 的钢板弹簧。

Cr – V 系：常用材料有 50CrV、SUP10 等，具有较高的淬透性和抗拉强度、良好的塑韧性，以及高抗脱碳能力，是目前汽车钢板弹簧中应用最广泛的弹簧钢，适用于截面厚度小于 20mm 的钢板弹簧。

Cr – Mn – V 系：常用材料有 51CrMnV、51CrV4 等，通过添加 C、Mn、Cr、V 等合金元素，可获得良好的淬透性、较高的抗拉强度和疲劳强度，淬透性优于 Cr – V 系弹簧钢，适用于截面厚度小于 25mm 的钢板弹簧。

Cr – Mn – B 系：常用材料有 52CrMnB、60CrMnB 等，添加微量的 B 提高材料淬透性和抗拉强度，适用于截面厚度小于 30mm 的钢板弹簧。

Cr – Mn – Mo – V 系：常用材料有 52CrMnMoV、52CrMoV4 等，通过添加微量的 V、Mo、Nb 等合金元素，依靠固溶强化、细晶强化和析出强化等强化方式，来提高材料的强度和塑韧性，具有高的淬透性、抗拉强度和疲劳强度。但是，添加贵重金属元素导致材料成本较高，适用于截面厚度 40mm 的钢板弹簧。

国内外弹簧钢材料牌号对照表见表 5-1 所示。

表 5-1　国内外弹簧钢材料牌号对照表

GB/T 1222—2016	GB/T 33164.1—2016	ISO 683 – 14	EN 10089	JIS G 4801
60Si2Mn	60Si2Mn	61SiCr7	61SiCr7	SUP6/SUP7
55CrMn	55CrMn	55Cr3	55Cr3	SUP9
60CrMn	60CrMn	60Cr3	60Cr3	SUP9A
50CrV	50CrV	—	—	SUP10
51CrMnV	51CrMnV	51CrV4	51CrV4	—
60CrMnB	60CrMnB	60CrB3	—	SUP11A
52CrMnMoV	52CrMnMoV	52CrMoV4	52CrMoV4	

5.2.2 钢板弹簧的制造工艺

钢板弹簧的制造工艺比较复杂，包括钻孔、加热成形、热处理、表面强化、喷漆防腐、孔润滑、装配、总成预压缩等多个过程，具体制造工艺流程如图 5-5 所示。变截面轧制、热处理和喷丸强化是制造钢板弹簧的三个关键工艺，对钢板弹簧的尺寸精度、总成装配、疲劳性能等会产生重要影响，因此在钢板弹簧生产中需要严格控制。

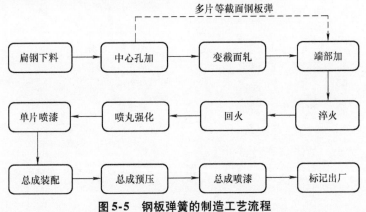

图 5-5　钢板弹簧的制造工艺流程

变截面轧制是制造少片变截面钢板弹簧的一个关键工艺。它利用特殊的轧制设备将加热后的簧片轧制成沿长度方向截面厚度是连续变化的形状，根据前期输入的产品设计尺寸来精确控制簧片的截面厚度，获得梯形或抛物线形的变截面簧片，实现沿簧片长度方向上接近于等应力分布，从而提高变截面钢板弹簧的承载能力和疲劳寿命，同时提高材料利用率。少片变截面钢板弹簧的常见截面形式如图5-6所示。目前，国内变截面轧制装备和工艺技术相对落后，在生产中也没有形成严格的工艺技术规范，导致了簧片尺寸精度低、表面质量差、轧制效率低等问题，影响少片变截面钢板弹簧的产品质量。

热处理是提高金属材料力学性能的重要途径之一，也是钢板弹簧制造工艺中最重要的环节。钢板弹簧一般采用淬火+中温回火的热处理工艺，热处理工艺曲线如图5-7所示。热处理后可获得均匀、细致的回火屈氏体组织，以及较小的表面脱碳层深度，保证材料具有较高的弹性极限、抗拉强度和塑韧性，以及良好的疲劳强度，满足钢板弹簧在循环交变载荷下的可靠性要求。目前，国内淬火+中温回火的热处理工艺应用时间较长，工艺的控制技术相对成熟，零部件的热处理质量比较稳定。但是，钢板弹簧生产企业为了缩短生产周期、提高生产效率，普遍采取高温加热淬火、短时保温回火等方法，导致热处理组织异常、表面脱碳严重和晶粒粗化等问题，严重降低了钢板弹簧的疲劳寿命。

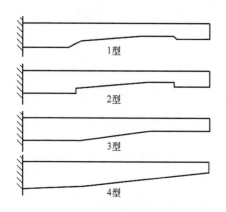

图5-6　少片变截面钢板弹簧的常见截面形式

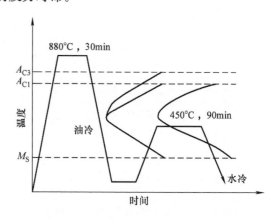

图5-7　钢板弹簧的热处理工艺曲线

喷丸强化是提高钢板弹簧疲劳寿命的关键工艺，通过高速运动的钢丸向钢板弹簧表面喷射，在钢板弹簧表层产生残余压应力场分布，如图5-8所示。表面残余压应力使钢板弹簧表面承受的实际应力降低，在一定程度上推迟了表面疲劳裂纹的萌生，增加在疲劳裂纹萌生前期的应力循环次数。表面残余压应力越大，对疲劳裂纹萌生的推迟作用就越大。钢板弹簧表面

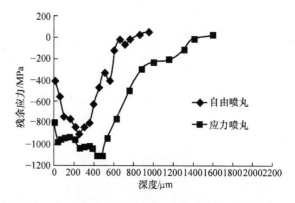

图5-8　钢板弹簧的表层产生残余压应力场分布

一旦萌生疲劳裂纹，其疲劳寿命主要受控于疲劳裂纹的扩展，次表面的残余压应力可以减缓疲劳裂纹的扩展速率，或使疲劳裂纹停止扩展，从而提高钢板弹簧的疲劳寿命。喷丸强化分为自由喷丸和应力喷丸，随着钢板弹簧设计应力的不断提高，以及国内喷丸工艺装备的技术提升，应力喷丸的应用范围进一步扩大。目前，国内钢板弹簧生产企业对喷丸强化工艺的重视不足，针对喷丸丸粒、喷丸强度、表面覆盖率等因素对钢板弹簧疲劳寿命的影响研究较少，在实际生产中也没有形成严格、完整的喷丸强化工艺控制规范。同时，在喷丸强化工艺中的技术创新严重不足，从而导致国内钢板弹簧的使用寿命较低，产品的可靠性与国外相比差距较大。

5.3 汽车钢板弹簧失效模式及分析思维方式

钢板弹簧在汽车悬架中承受较大负荷的循环交变应力，且使用工况较为恶劣，因此在使用过程中发生失效的频次较高。钢板弹簧的失效模式主要分为变形失效和断裂失效，其中断裂失效占钢板弹簧失效的90%以上（图5-9）。变形失效是指钢板弹簧在使用一段时间后发生较大的永久变形，导致车辆两侧钢板弹簧的弧高相差较大，车架发生严重倾斜。断裂失效是钢板弹簧在使用过程中发生的突发性断裂，导致车辆行驶过程中突然失稳。钢板弹簧的两种失效模式都可能导致汽车受损，甚至发生人员伤亡事故，严重影响整车的可靠性和安全性。

断裂失效是汽车钢板弹簧最重要的失效模式，其发生频次较高、危害程度较重，因此需要对断裂失效的原因进行查找和分析，并制定出相应的改进措施，避免出现大批量、破坏性的断裂失效问题。导致钢板弹簧断裂失效的影响因素较多，可能与钢板弹簧的设计结构、材料、热处理、表面强化、表面质量、装配等过程中的单一因素或多个因素相关。因此，在分析钢板弹簧断裂失效的原因时，需要从结构、材料和工艺等多方面来全面考虑，合理排除一些干扰因素，从而确定钢板弹簧断裂失效的最终原因。钢板弹簧失效分析中必须考虑的因素见图5-10。

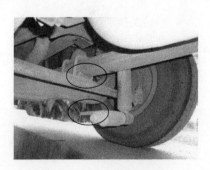
图5-9 钢板弹簧断裂失效

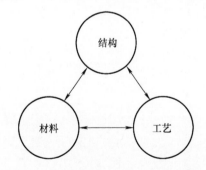
图5-10 钢板弹簧失效分析考虑因素

钢板弹簧断裂失效的原因分析过程中，在前期制定合适的分析思路显得尤为重要，往往会起到事半功倍的效果。针对钢板弹簧断裂失效样品，需要考虑如下问题：

1）断裂失效样品的各部分保存完整，避免失效信息的遗漏。

2）了解钢板弹簧断裂前的使用工况，包括道路信息、车辆载荷、车辆行驶过程等。

3）了解钢板弹簧在使用过程中的受力条件，判断钢板弹簧的最大应力点、危险截面等。

4）钢板弹簧失效断口作为第一手资料，隐藏着断裂失效时的很多重要信息，应避免断口受到污染，按从宏观到微观、从整体到局部的顺序进行断口的观察和分析，搜寻断口表征的相关信息，并做出初步的判断。

5）材料方面主要考虑各合金元素含量、淬透性、非金属夹杂物等。例如，淬透性低可能导致材料热处理后强度、塑性和疲劳强度的降低；非金属夹杂物属于材料内部的一个硬脆质点，容易引起应力集中效应，严重影响钢板弹簧的疲劳性能。

6）热处理是保证钢板弹簧材料获得强度和塑性的关键工艺，热处理过程中容易产生过热、过烧、表面脱碳、未淬透等缺陷，对钢板弹簧疲劳性能的影响较大，需要加以特别关注。

7）表面喷丸能显著提高钢板弹簧的疲劳性能，钢板弹簧喷丸后疲劳寿命可达到未喷丸时的 5 倍以上，喷丸过程中可能会产生非工作面喷丸、喷丸强度不足、过喷丸产生显微裂纹等缺陷，需要加以判断。

8）钢板弹簧总成重量一般较重，且都需要人工装配，容易产生表面磕碰、错片装配、预压强化不足等，这些都需要考虑并做出相应判断。

9）断裂失效分析过程中，可能到某一过程就能确定具体失效原因，此时可直接得出失效结论，简化失效分析流程（图5-11）。

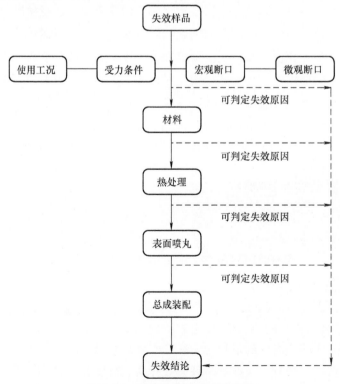

图5-11　钢板弹簧失效分析思路

5.4　汽车钢板弹簧典型失效案例分析

目前，汽车钢板弹簧 90% 以上的断裂失效都属于疲劳断裂失效，失效的原因主要包括结构设计因素、冲击载荷作用、材料非金属夹杂物、热处理工艺异常、表面强化不足、表面质量缺陷等。下面根据主要失效原因，列举了汽车钢板弹簧的 6 个典型失效案例，探讨不同情况下的失效分析思路，分析失效原因。

5.4.1　结构设计因素

钢板弹簧的中心孔断裂在等截面多片弹簧和变截面少片弹簧中均有发生，等截面多片弹簧中较短的尾片发生中心孔断裂的频次较高，变截面少片弹簧中各片均有可能发生。钢板弹簧在中心孔发生断裂，其疲劳裂纹源萌生于中心孔靠近受拉表面处，如图 5-12 和图 5-13 所示。一般认为这种断裂主要与车辆的工况恶劣、U 形螺栓未拧紧或者后期松动等有关。

图 5-12　等截面多片弹簧中心孔断裂　　　图 5-13　变截面少片弹簧中心孔断裂

中心孔位于板簧片的中间平直段部位，当 U 形螺栓锁紧以后，悬架该段具有足够的结构刚性，使得该部位的弯矩几近为零，没有应力或者应力很小。钢板弹簧在使用过程中如果 U 形螺栓发生松动，则中心孔处将产生很大的弯矩，中心孔尺寸在横截面上的所占比例较大，再考虑中心孔边缘部位的尖角结构，中心孔处的实际应力将大幅增加，极易导致中心孔处断裂。此外，随着重载车辆中变截面少片弹簧的应用，如果平直段厚度与变截面最大厚度相当，则簧片平直段的弯曲刚性可能不足，平直段会出现弯曲变形的趋势，使簧片在中心孔处疲劳开裂。因此，在设计结构上需要考虑少片弹簧中心平直段的刚性、结构稳定性问题。

5.4.2　冲击载荷作用

某重型车钢板弹簧在道路试验中第一片卷耳发生疲劳断裂，断裂位置与卷耳孔轴线在同一平面上，如图 5-14 所示，断口上有明显的疲劳裂纹源，以及疲劳辉纹状的裂纹扩展区如图 5-15 和图 5-16 所示。

钢板弹簧通过两端卷耳与车架连接在一起，在垂直方向的弯曲载荷下卷耳所受的应力为零或者非常小，几乎可以忽略。但是，钢板弹簧卷耳断裂的频次较高，严

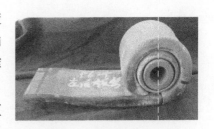

图 5-14　钢板弹簧卷耳断裂

重影响车辆的安全性和可靠性。据统计，钢板弹簧卷耳断裂绝大部分发生在前钢板弹簧前卷耳上，后卷耳的断裂极少，而且都是在车辆道路试验或用户使用过程中发生的，在台架疲劳试验中从未发生。这表明卷耳断裂与车辆的实际使用工况有直接关系，主要原因应该是车辆行驶过程中的制动或阻力性冲击载荷，在卷耳处产生一定的附加弯矩。同时，卷耳内表面的表面质量较差、未经过喷丸强化处理等，从而导致在连续的冲击载荷下，前卷耳根部极易引起疲劳开裂。目前，通过采用第一片卷耳处材料厚度增加、第二片加工包耳等技术措施，可以来防止第一片卷耳突然断裂引起的车架下沉，保证车辆行驶的安全性。

图 5-15 卷耳断口形貌

图 5-16 断口疲劳源形貌

5.4.3 材料非金属夹杂物

某重型车钢板弹簧路试过程中仅行驶了不到 1000km，即发生了断裂，断口为脆性断口，如图 5-17 所示。根据图 5-18 中的钢板弹簧断口形貌，可以看到裂纹源发生在距表面约 1/4 厚度部位的一个椭圆形区域的心部，放大以后如图 5-19 所示。在电镜下观测可见裂纹起始于椭圆形区域心部的一个异常的大夹杂物处，如图 5-20 所示，且周围断口是以典型的沿晶形式扩展的。钢板弹簧的硬度要求为 45~50HRC，该板簧实测硬度为 50HRC，通常认为高强度钢中的疲劳裂纹，特别是在源区附近，可以表现出沿晶的形态。

材料内部的夹杂物是在钢材冶炼过程中产生的，一般为高熔点、难以变形的氧化铝、氧化钙类非金属夹杂，在交变载荷作用下夹杂物很容易成为钢板弹簧内部的疲劳裂纹源，经使用一段时间后发生低寿命的早期疲劳断裂。因此，通过采用二次精炼、真空脱气处理及大方坯连铸等先进的冶炼技术，提高材料的冶金质量，对防止这种材料夹杂物导致的疲劳断裂有重要意义。

图 5-17 钢板弹簧断裂形貌

图 5-18 钢板弹簧断口形貌

图 5-19 裂纹源高倍形貌

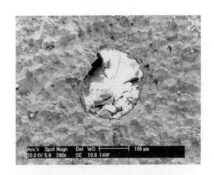

图 5-20 内部异常夹杂物

5.4.4 热处理工艺异常

　　某重型车悬架少片弹簧在台架疲劳试验中，平均疲劳寿命仅为 3 万多次，发生疲劳断裂的断口如图 5-21 所示。疲劳断口的表面非常光亮、粗糙，在电镜下观察为冰糖状的沿晶形貌，如图 5-22 所示，表明材料的脆性倾向很大。金相组织为粗大的回火屈氏体组织，晶粒度为 4 级，如图 5-23 所示。该少片弹簧断口的形态中，断面粗糙程度和瞬断区域的比例过大，均表现出对于金相组织粗大的敏感性。

图 5-21 钢板弹簧断口

图 5-22 断口电镜形貌

图 5-23 粗大的回火组织

　　细化金属材料的晶粒，可以显著地提高位错滑移的阻力，进而提高材料的强度和塑韧性。大量的试验数据表明，金属材料的疲劳极限与晶粒度大小也存在着非常相似的关系，其原因主要是晶界能够对于第Ⅰ阶段疲劳裂纹扩展产生严重的阻碍作用。钢板弹簧在淬火奥氏体化过程中，如果加热温度控制过高或保温时间过长，均会导致材料晶粒粗大，降低材料的强度和韧性，从而影响钢板弹簧的疲劳寿命。

晶粒粗大影响钢板弹簧疲劳寿命的问题较为突出，主要原因是钢板弹簧生产厂为降低材料成本选用低淬透性的 60Si2MnA 材料，在生产制造中为提高材料的淬透性，通常采取较大幅度地提高淬火加热温度的方式，导致了晶粒的异常长大，也称为热处理的过热组织。此外，生产厂家的淬火炉设备落后，导致淬火工艺参数控制不稳定，也会使钢板弹簧产生过热问题。因此，钢板弹簧在淬火加热过程中必须严格控制加热温度和保温时间，热处理淬火后的晶粒度要求为 6 级至 8 级，避免出现过热现象。

5.4.5 表面强化不足

某重型车少片弹簧在台架疲劳试验中发生断裂，疲劳试验寿命为 6.5 万次，断口形貌如图 5-24 所示。少片弹簧材料为 50CrMnVA 高强度弹簧钢，热处理后的硬度、显微组织、脱碳层深度及晶粒度等均未发现异常，但是喷丸强化后的表面残余压应力为 360MPa，表面喷丸覆盖率约为 50%，如图 5-25 所示。该少片簧表面喷丸强化的打击坑稀疏且不均匀，这种状态下尺寸较大的打击坑可能直接成为应力集中源，严重降低疲劳寿命。这种情况除了和喷丸时间不足有关外，可能还与喷丸设备、丸粒不均等因素相关。

喷丸强化是提高钢板弹簧疲劳寿命的关键工艺，钢板弹簧经喷丸强化处理后，可获得高的表面残余压应力和深的表层残余压应力分布，显著降低钢板弹簧表面在工作中承受的交变应力，从而大幅提高钢板弹簧的疲劳寿命。良好的喷丸强化工艺可以在钢板弹簧表面形成一个细致、均匀、致密的弹丸坑覆盖层，表面喷丸覆盖率要求达到 100% 以上，使得零件的表面质量达到一致，如图 5-26 所示。因此，钢板弹簧在喷丸强化过程中应保证足够的喷丸时间，同时丸粒打击要均匀，喷丸后表面覆盖率要达到 100% 以上。

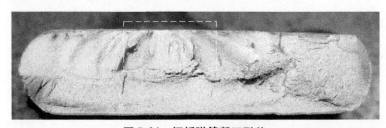

图 5-24 钢板弹簧断口形貌

图 5-25 50% 喷丸覆盖率

图 5-26 100% 喷丸覆盖率

5.4.6　表面质量缺陷

　　某重型车钢板弹簧在用户使用过程中发生断裂，断口如图5-27和图5-28所示，钢板弹簧发生弯曲疲劳断裂，在疲劳裂纹源处有明显的表面凹坑状缺陷，如图5-29和图5-30所示。钢板弹簧在轧制成形、热处理及搬运的过程中，经常发生磕碰伤的问题，使得在簧片表面出现凹坑状缺陷，这些表面凹坑缺陷引起应力集中，导致钢板弹簧发生早期的疲劳断裂。因此，钢板弹簧在生产中应该轻拿轻放、防止撞击，对于较小尺寸的表面凹坑缺陷需要修磨处理，而对于大尺寸的表面凹坑缺陷则应按报废处理，避免表面凹坑缺陷对疲劳寿命的影响。

图5-27　钢板弹簧断口（一）

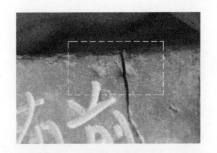

图5-28　钢板弹簧断口（二）

图5-29　表面凹坑缺陷（一）

图5-30　表面凹坑缺陷（二）

第 6 章

汽车紧固件失效分析

Chapter **6**

6.1 紧固件在汽车上的应用

从整个制造业的发展来看，紧固件被称为"工业之米"、国民经济的"螺丝钉"。紧固件在整个产品结构中，通常只占很小的一部分，但作为产品的有机组成部分，却起着重要的作用。它将产品结构中两个或两个以上的工件紧固连接成一个整体。常见的紧固件有螺栓、螺钉、螺柱、螺母，以及其组合件如垫圈、挡圈、销、铆钉、连接副等，广泛用于汽车、工程、建筑等领域。

螺纹紧固件连接是汽车常用连接方式之一，其他还有焊接、铆接与粘接等。紧固件作为汽车重要的基础零部件之一，应用数量大，一辆轿车一般用量约为 2000 多个。螺纹紧固件连接，其目的是使被连接零件紧密贴合，并承受一定的外力，具有精度高、装配方便和零部件拆装便利等优点。

螺栓插入被连接件，利用螺母或内螺纹拧紧使螺栓拉伸变形，这种弹性变形产生了轴向的拉力，将被夹零件挤压在一起，称为预紧力或轴力。理论上，只要产生足够的夹紧力，就可以保证被夹零件在振动、高低温等恶劣环境下安全工作。螺纹连接件所受力有 4 种，拉/压应力、剪切应力、弯曲应力、其他复合应力（如拉应力 + 弯曲应力、拉应力 + 弯曲应力 + 剪切应力等）。螺栓连接件中的主要受力分布，如图 6-1 所示。

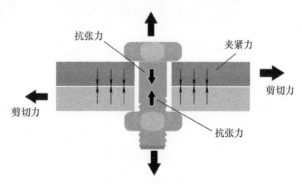

图 6-1　螺栓连接件中的力

若要保证螺纹紧固件连接能克服被连接零部件所受的各种静态外力或动态外力，螺纹紧固件对被连接零部件要产生一个轴向夹紧力。该轴向夹紧力由施加在螺纹紧固件上的扭矩提供。螺栓克服摩擦力，并按螺栓与被连接零部件的刚性比关系实现弹性变形，从而在螺栓两端贴合面间形成夹紧力。通常情况下，只有约10%的扭矩转化为夹紧力（轴力），90%的扭矩被摩擦力所消耗，如图6-2所示。正确的拧紧过程应该对此夹紧力进行控制，因此装配拧紧的实质是将螺栓的轴向夹紧力控制在适当的范围内。

在装配和服役过程中时，夹紧力必须足够大，以保证被连接零部件在工作过程中能够可靠地贴合，不会发生相对移动；另一方面，所施加的夹紧力必须保证螺栓和被连接零部件在装配和服役过程中不会发生破坏或塑性变形。螺栓连接中产生的绝大多数问题，如螺栓松动、断裂、被连接零部件压陷、破坏等，都是由于夹紧力不精确或不正确所导致的。

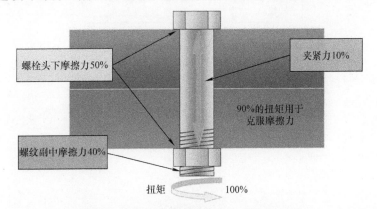

图6-2　扭矩与夹紧力（轴力）之间的关系

6.2　紧固件的失效模式及分析思路

汽车紧固件装配是一个系统，失效原因比较复杂，失效类型分类也多种多样。

1）按紧固件在外力作用下的基本表现形式可分为：塑性断裂失效、脆性断裂失效、疲劳断裂失效等。

2）按照生产制造过程可分为：设计不当、原材料原因、制造缺陷、装配不当等。

3）按照失效现象的表现形式可分为：拉伸断裂、扭转断裂、疲劳断裂、松动、螺纹滑牙、异响等。

4）按照失效原因的表现形式可分为：紧固件自身缺陷引起的失效、螺栓或螺母对手件原因引起的失效、连接副设计原因引起的失效、装配工艺原因引起的失效。

其中后三种失效情况比较复杂，对手件和连接副要求设计上必须针对紧固系统考虑合理选材，以及合理选择紧固件配对。设计上要避免在使用中造成的紧固松动，例如通过过大、被紧固零件刚性不足。如果使用环境导致易松动，需要增加防松措施。装配工艺涉及是否考虑装配材料的性能要求，以及紧固件自身性能的合理性、装配工具的精度、装配过程控制等。这些情况出现的失效由于涉及范围比较广泛，不同车厂要求不尽相同，需要根据具体情况综合来分析，这里不多做说明。

紧固件在工作中起到连接作用，与被连接的零件形成一个小的系统；该小的系统可能还处于一个大的系统中。复杂情况下，失效的发生往往伴随着多零件失效。其中，紧固件的失效可能是受害件，也有可能是肇事件。以目前主流的主机厂和紧固件供应商的技术质量能力来看，失效重点应考虑设计不当（包括设计变更）、材质问题、生产制造缺陷、连接副装配、环境因素失效、使用维护不当等方面。特别应注意，不能简单、孤立地分析紧固件自身，需将紧固件置于系统性中客观全面地分析问题。对于这些问题的分析，一般情况下，可以采取图6-3所示的失效分析程序。

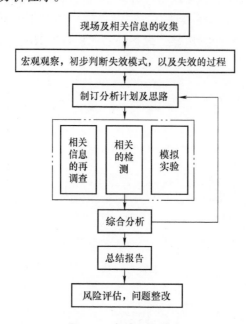

图6-3　失效分析程序

6.3　汽车紧固件失效分析

汽车紧固件装配是一个系统，失效原因比较复杂，涉及设计、生产控制、产品质量、装配、匹配等因素，失效类型分类也多种多样。本文就最常见的疲劳失效，脆性断裂和松动进行较为详细的描述，并附加了一些较为典型的失效案例。本文归纳总结了影响紧固件失效的几大因素（见表6-3）和紧固件部分失效原因汇总（见表6-4），供参考。

6.3.1　疲劳失效

疲劳断裂是螺纹类紧固连接的常见失效模式之一。一般螺栓连接的疲劳断裂发生在交变载荷力的作用下，特别是在交变载荷幅值高和频次高的环境中，螺栓连接更易发生疲劳失效。如在车辆（下面以汽车为例）上，主要是底盘及动力总成集成的一些连接点上，螺栓连接受到交变载荷的作用，螺栓材料中随时间产生周期变化的应力，称为交变应力或重复应力。在交变应力下工作的连接件，其破坏形式与静载荷作用下不同。在交变应力下，连接件的最大应力虽然大大低于材料的屈服强度，但经过频次较高的重复后，也会突然断裂。往往由于这些连接点都会涉及安全或者性能，且螺栓的疲劳断裂没有任何先兆，即使是塑性较好的材料，断裂前也没有明显的塑性变形，发生破坏后一般都会带来比较严重的后果。

1. 螺栓的疲劳失效特征

经大量实践研究，目前对疲劳失效比较一致的解释是：由于连接构件外部形状尺寸的突变以及材料的不均匀等原因，使连接构件某些局部的应力特别高。在长期的交变应力作用下，应力较高的点，材料有缺陷的点，逐步形成非常细微的裂纹。裂纹尖端材料处于三向拉伸应力状态，比单向拉伸更不易出现塑性变形，并会加速裂纹的扩展。当裂纹扩展到一定程度，在偶然的超载冲击下，连接构件就会沿着削弱了强度的截面发生断裂。

疲劳失效的发生一般经历4个过程：

1）疲劳源的产生。

2）裂纹缓慢扩展。

3）裂纹快速扩展。

4）最终瞬间断裂。

这4个过程一般可以在断裂的螺栓断面很明显地看到。因此，当有螺栓发生断裂失效的时候，应保护好螺栓的断口，断口分析为螺栓的失效形式鉴定提供了有力的证据，还可以从裂纹扩展的方向，印证外载荷的工况。典型疲劳断口如图6-4所示。

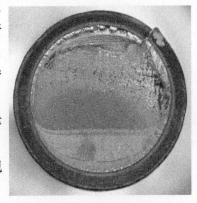

图6-4　典型疲劳断口

螺栓疲劳失效的特征，可归纳为下列的4个宏观规律特征。

1）疲劳失效为低应力长时间无明显塑性变形的宏观脆性断裂。

2）疲劳失效是由螺栓材料局部组织不断发生损伤变化，并且逐渐累积而成，疲劳总是从最薄弱的区域开始。

3）疲劳断裂必须在循环应力和微观局部发生塑性变形，以及拉应力作用下发生。前者是裂纹形成条件，后者是裂纹扩展的需要。

4）疲劳失效具有随机性，裂纹的形成与扩展都需要一定的晶体学条件、力学条件和变形的协调条件；而螺栓材料本身的组织结构、成分偏析与夹杂物缺陷等的不均匀性，决定了疲劳失效具有随机性。

2. 螺栓疲劳失效的影响因素

螺栓的疲劳和其他类零件的疲劳一样，存在着5个必要条件：

① 交变工作载荷。

② 高于疲劳极限的应力幅。

③ 疲劳源。

④ 环境介质。

⑤ 材料的敏感性。

螺栓连接疲劳失效可从这5个方面着手，进行设计时的疲劳失效预防和疲劳失效分析。

（1）交变工作载荷

作为车辆的结构连接件，一般都会受到交变的工作载荷。外部的交变载荷，不管是周向的外载荷，还是弯矩，都会让已经预紧的螺栓产生交变应力变化。如在普通螺栓结构中，螺栓杆部分的直径往往比螺纹小径/牙底径（d_1）大，使横截面产生突然变化，引起局部的应力集中，因螺纹部分有螺纹缠绕，极易引起局部的应力集中。根据实践统计，螺母同螺纹部分连接处损坏率为65%，螺纹同螺栓过渡部位占20%，螺栓杆 R 头与杆体部位占15%。交变应力变化的大小可通过计算或 CAE 辅助分析，计算出螺栓的交变应力幅。

（2）螺栓疲劳极限

对于螺栓的疲劳极限，也可通过试验的方式，得到 S－N 曲线。当螺栓的应力幅小于螺栓的疲劳极限时，将永远不会发生疲劳失效。对于螺栓的疲劳极限，可以查阅德国工业标准 VDI2230《第一部分　高强度螺栓连接的系统计算》，它给出了一般的应力幅计算公式。确定好螺栓的疲劳应力极限，就可以为设计预防和为疲劳失效分析提供评判依据。

（3）疲劳源

螺栓表面初始微裂纹有助于疲劳源的形成，螺栓本身就是表面应力复杂的零件，在加工螺栓时，由于加工刀模具的刻痕根部引起的应力集中，会使螺栓产生疲劳使之强度降低。表面的缺陷，如划伤、折叠、脱碳、热处理产生的微裂纹等，都会诱发螺栓的疲劳失效。这些比较严重的缺陷当然是不允许的。从严格意义上来说，螺栓表面的粗糙度也可以算是微裂纹。质量再好的螺栓，疲劳源也是无法杜绝的。因此，钢材的强度越高，越要合理加工，使其具有足够的表面粗糙度，以充分发挥高强度钢的作用。而采用表面处理及强化工艺，如渗碳、渗氮、高频淬火、滚压和喷丸等处理，都能显著提高螺栓的疲劳强度。

（4）环境介质

环境对于螺栓连接的疲劳强度也有很大的影响。这里主要考虑腐蚀性介质和温度对其影响。在腐蚀环境的作用下，材料的疲劳强度明显降低，材料的疲劳寿命显著缩短。这一方面与疲劳裂纹常从局部的腐蚀坑开始有关，另一方面，腐蚀环境会促进新表面的形成，裂纹易于形成和扩展。螺栓类紧固件受腐蚀介质的影响，便会造成表面材料的腐蚀和变质，从而成为裂纹源，在持久的应力作用下必然会出现疲劳失效现象。腐蚀环境下的高强度螺栓，疲劳极限会降低。除了受交变应力的作用，螺栓连接本身的工作寿命也是一个重要因素。预防腐蚀疲劳的方式主要是增强其疲劳强度。常见的方法有：采用不锈钢和钛合金等耐蚀性好的材料。其次，在螺栓连接表面通过氧化、涂覆或镀层、喷塑等方法加上一层保护膜，也可以提高螺栓连接疲劳极限。

温度也会影响螺栓连接的疲劳强度，温度升高，一般可使材料的疲劳性能下降，但也会使应力集中的影响减小。有些材料如碳素结构钢的疲劳强度具有自我调节能力，能够根据温度的变化而不断地改变疲劳极限。因此，耐热钢的螺栓连接应该得到广泛推广。

（5）材料的敏感性

螺栓的材料和形状对疲劳失效也有较大影响，韧而硬的材料有助于抗疲劳。现在一般 10.9 级的高强度螺栓都使用合金钢生产，经淬火及高温回火后得到的回火索氏体，在保证高强度的同时，具有良好的韧塑性。大多数企业选择 35CrMo、SCM435、42CrMo 铬钼钢来生产 10.9 级螺栓，因此改进的余地不大。但也有用 40Cr、10B33 或 20MnTiB 钢生产的，这对重要部位的连接就会有质量隐患。

对螺栓进行适宜的热处理显得非常关键。相同材料，热处理工艺不同，疲劳性能也就完全不同。35CrMo 和 40Cr 钢调质后不同的回火温度或对其表面喷丸，其疲劳强度绝对值可差 160MPa，相对数值差为 14.5%。热处理时不仅需要关注螺栓热处理后的组织与性能，更需要保证热处理工艺的稳定性、可靠性，应避免在螺纹表面形成脱碳、过热、硬脆相等变质层，以确保表面层的疲劳抗力。

综合分析的 5 点因素中，是否超过螺栓的疲劳应力极限成为判断螺栓疲劳失效与否的关键。交变外载荷是螺栓产生交变应力幅的动因，产生应力幅的大小还与连接件的结构、紧固点的布置方式，螺栓预紧力的大小等有关。所以，通过合理的紧固连接设计，有效地降低螺栓上的应力幅，可以从设计上避免疲劳失效的发生。

当然，通过改进制造工艺，提高螺栓的疲劳应力极限，也算是一种方案。如先热处理后搓丝，或通过特殊形状的螺栓设计，让应力集中在螺栓的光杆部分等预防螺栓疲劳失效的措施。引起螺栓疲劳失效，最主要的原因就是螺栓上较高的应力幅：

① 夹紧力不够。

② 不合理的连接设计。

③ 合理的紧固点布置方式。

车辆连接螺栓的疲劳失效在设计中可以避免。螺栓的疲劳失效，大多数都不是因为螺栓的质量问题引起的，而是设计不合理。因此，设计初期，就应对工作载荷进行计算，通过合理的紧固点布置和螺栓结构尺寸设计优化，并施加足够的夹紧力，使螺栓在工作中应力幅控制在设计的范围内，这样可以大幅地降低螺栓疲劳失效的概率，从而为客户提供高品质的产品。

6.3.2 脆性断裂失效

脆性断裂前无塑性变形，类型按微观形貌主要分为穿晶断裂和沿晶断裂两种。穿晶脆性断裂又分解理断裂（图 6-5）和准解理断裂（图 6-6）。

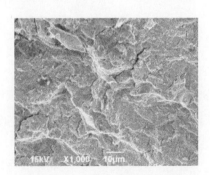 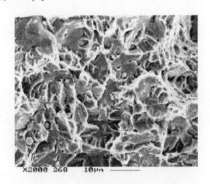

图 6-5 典型解理断裂断口形貌   图 6-6 准解理断裂断口形貌

沿晶断裂断口形貌呈粒状时，又称为晶间颗粒断裂。当金属或合金沿晶界析出连续或不连续的网状脆性相时，在外力的作用下，这些网状脆性相将直接承受载荷，很易于破碎形成裂纹，并使裂纹沿晶界扩展，造成试样沿晶界断裂。产生沿晶断裂一般是因为晶界夹杂物引起晶界弱化，促使沿晶断裂产生。将金属进行提纯、净化晶界、防止杂质原子在晶界偏聚或脱溶（见固溶处理）、防止第二相在晶界上析出、改善环境因素等，均可减少金属发生沿晶脆性断裂的倾向。

高强度紧固件热处理不良（存在异常组织或者回火不充分）易发生脆性断裂失效。脆性断裂发生突然，使用中应尽量避免。

图6-7为高强度螺栓沿晶断裂，实测硬度为440HV，回火温度不够，回火不充分，导致组织脆性增大，在使用中出现脆性断裂。

为避免这种情况出现，在GB/T 3098.1—2010中对高强度紧固件规定了最低回火温度，在生产工艺中，回火温度必须大于最低回火温度，以保证组织为回火索氏体，使材料具有足够的塑韧性，避免脆性断裂。同时针对检验需要，在标准中规定了再回火试验，在比最低回火温度低10℃的温度下保温30min，测定同一螺栓、螺钉或螺柱试件上再回火试验前后三点的硬度，其平均值之差不应大于20HV。

紧固件中还有一种常见的脆性开裂为氢脆开裂，如图6-8所示。氢脆的机理学术界还有争议，但材料的组织、氢（环境）和应力状态是高强度螺栓氢致延迟断裂的三个重要因素。

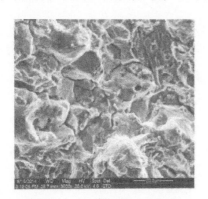 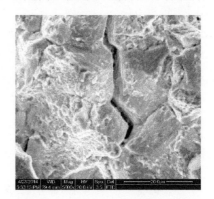

图6-7　沿晶断裂断口形貌　　　　图6-8　12.9级螺栓氢脆断口形貌

有资料研究表明，材料的氢脆敏感性与其强度、硬度有关，材料的硬度越高，越易发生延迟断裂。应力集中程度、变形比和环境也会对延迟断裂有影响。此外，延迟断裂与使用环境（如潮湿、酸性环境）有关，腐蚀环境下易产生氢气，也会导致螺栓的延迟断裂。

对于高强度螺栓，在加工过程中要控制热处理工艺，使硬度控制在合适的范围内，并严格控制氢气的吸入，最好不采用电镀表面处理，推荐采用环保的锌铝涂层处理，耐蚀性提高，且可避免氢致延迟断裂的发生。若采用电镀工艺，必须进行除氢处理。

要防止氢脆断裂，首先，尽量缩短酸洗时间；其次加缓蚀剂，减少产氢量。另外，表面保护后及时进行去氢退火，在200～240℃的温度下，加热4h可将绝大部分氢去除。

6.3.3 螺栓松动

汽车使用时间长久后，底盘部件会发生松动，这就是因为汽车底盘螺栓紧固件的力矩衰减而造成的。根据螺纹连接状态分类，我们知道，ISO5393《螺纹紧固件用旋转式气动装配工具性能试验方法》（国家标准对应版本为GB/T 26547—2011）提及：硬连接、软连接和中性连接三种分类。

1）硬连接：一般来说，以规定扭矩的5%为起点，在起始扭矩到达规定扭矩时，螺栓转过的角度在30°以下。

2）软连接：一般来说，以规定扭矩的5%为起点，在起始扭矩到达规定扭矩时，螺栓转过的角度在720°以上。

3）中性连接：一般来说，以规定扭矩的5%为起点，在起始扭矩到达规定扭矩时，螺栓转过的角度在30°~720°之间。

一般认为，硬连接和中性连接不存在扭矩衰减，软连接扭矩衰减较为严重。但在实际生产、使用过程中，对于任何连接，随着时间的推移都会有一定程度的扭矩衰减，软连接中扭矩衰减尤为严重。扭矩衰减不能完全避免，只能通过对各种影响因素的控制和优化来改善衰减状况，确保扭矩衰减后的夹紧力不低于设计夹紧力的最低要求。

拧紧工作完毕后，发生在紧固件上的扭矩降低现象即为扭矩衰减。衰减后的扭矩值低于目标值但较为稳定，一般在拧紧操作完成后30ms内会完成60%以上的扭矩衰减。该性质是我们降低扭矩衰减的重要理论依据。螺栓紧固件扭矩衰减的影响因素很多，如扭矩衰减已导致连接失效，不满足产品要求时，应从设计和工艺角度进行分析、改进。

1）被装配件的表面粗糙度：材料的变形 – 局部嵌入，尽量避免部件的表面粗糙度值过大。

2）弹性连接材料：尤其是塑料或密封件降低最终拧紧的速度；分步拧紧。如分步骤设置目标扭矩 60%—80%—100%；使用拧紧（如至目标扭矩80%）＋反松＋最终拧紧的方法。

3）残余扭矩减小、夹紧力未达到：过快的装配速度、不合理的装配动作；最终扭矩直接为100%；选用合适的工具。

4）装配过程中的温度：避免不合理的摩擦，避免热膨胀系数不同/相差过大。

6.3.4 扭矩衰减的改善措施

我们可以从两个角度来考虑，一个是工艺角度，另一个是设计角度。

1. 工艺角度

1）拧紧策略：改变拧紧策略，两步拧紧或多步拧紧，在拧紧过程中停顿50ms可释放弹性应变，降低衰减。

2）拧紧速度：当紧固件被压紧后，毛刺在较大的夹紧力下变形，"变短"夹紧力下降，残余扭矩同步下降。拧紧速度越快，毛刺的初始变形越小，残余扭矩下降越多。因此，降低拧紧速度可以降低扭矩衰减。

3）拧紧顺序：把单轴拧紧改成几轴同时拧紧，可降低扭矩衰减；或者采取单轴多步逐渐拧紧到目标扭矩，也可以降低扭矩衰减。

2. 设计角度

1）表面粗糙度：表面粗糙度值越小，材料表面越光滑，在拧紧后扭矩衰减越小。

2）材料硬度：提高材料硬度，材料表面互相之间嵌入越困难，扭矩衰减也越小。

3）弹性材料：塑料或橡胶等，尽量少采用，如必须采用，应制定周全的拧紧策略，以保证衰减后的夹紧力满足产品要求。

4）螺栓选择：细牙螺栓相比粗牙螺栓螺距更小，螺纹升角也小，在使用中不容易松动，因此采用细牙螺栓扭矩衰减会较粗牙低。

6.4 紧固件失效典型案例

6.4.1 原材料导致的失效

造成紧固件失效的原材料原因主要有疏松、缩孔、偏析等内在缺陷，还有一些诸如表面划痕、裂纹、表面脱碳等表面缺陷，这些缺陷往往造成紧固件早期失效。

6.4.1.1 案例1：异型螺栓断裂

异型螺栓在装配中，发生了断裂，失效件实物如图6-9所示，断裂面起伏较大，断口明显分为两个区域，灰黑色的区域，即原始开裂区，约占整个断口截面面积的3/4；银亮色的区域，即终断区，约占整个断口截面面积的1/4。

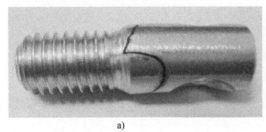

a)   b)

图6-9　失效件实物

a）外观　b）断口

抽取同批次的零件，发现其表面存在相同裂纹，如图6-10所示。对其进行金相检测，结果如图6-10所示。径向裂纹深度达3.2mm；开口处有脱碳现象，说明在热处理之前螺栓表面已经存在表面缺陷（如表面原始开裂等），在后续热处理过程中裂纹沿径向扩展，形成大面积裂纹，从而导致螺栓在后续的装配过程中发生最终断裂。

6.4.1.2 案例2：10.9级螺栓头部断裂

现场装配时，10.9级的螺栓在靠近头部的区域发生了断裂，如图6-11所示。

图 6-10　金相检测结果

图 6-11　断裂螺栓

从断口上可以看出，断口边缘的色彩非常深，类似螺栓头部暴露于外表面高温氧化的色彩，如图 6-11 所示。这表明螺栓在制造中有可能出现了早期裂纹。

利用体式显微镜，对断口异常区域的形貌进行观察，发现断口颜色较深，呈沿晶断裂特征，如图 6-12 所示。

对螺栓剖面进行金相检测，结果如图 6-13 所示。可以发现异常区域晶界已分开，并夹杂着灰色的氧化物。能谱检测显示该物质为 Fe 的氧化物，如图 6-14 所示。

基于断口和金相检测结果可以看出，螺栓局部在出现了沿晶开裂，并且在高温的情况下已氧化。该螺栓经过了热锻造和调质处理。结合该工艺过程来看，其沿晶开裂应该是锻造过程中产生的，然后在热处理中产生了氧化和脱碳。锻造出现沿晶开裂可能与材料加热温度过高有关。后续对生产过程进行调查，发现加热设备曾出现异常，导致螺栓加热的温度偏高；并且对同批次的螺栓进行检测，也发现存在相同的裂纹。设备调整后，未出现裂纹。

图 6-12　断口异常区域的形貌特征

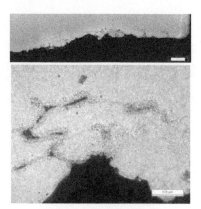

图 6-13　金相检测结果

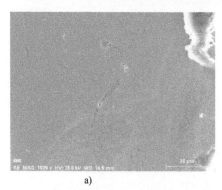
a)

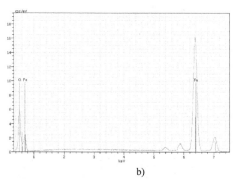
b)

图 6-14　灰色物质能谱检测结果

a）灰色物质　b）能谱分析数据

6.4.2　生产制造过程导致的失效

造成生产制造过程导致的失效的过程包括成形、热处理、表面处理等。

6.4.2.1　案例 1

由于螺纹收尾处的牙底圆角不合格，产生应力集中致使螺栓疲劳断裂，如图 6-15 所示。

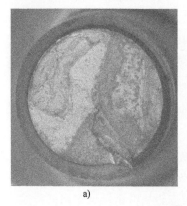
a)

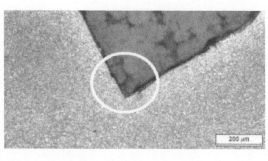
b)

图 6-15　螺栓疲劳断裂

a）疲劳断口　b）应力集中区域

6.4.2.2　案例2

未经充分调质热处理导致强度不足引起的断裂，如图6-16所示。

图6-16　芯部金相组织（芯部硬度222HV）：铁素体＋珠光体 500×

6.4.3　装配过程导致的失效

6.4.3.1　案例1：卡钳固定螺栓断裂

生产现场，个别卡钳固定螺栓在装配中发生断裂失效。图6-17显示的是断裂的螺栓和同时装配但未断裂的螺栓。

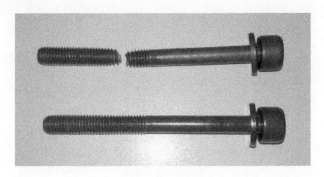

图6-17　螺栓

断裂于螺牙的底部，有明显缩颈。利用扫描电镜对其检测，微观形貌为韧窝，未见明显材料缺陷。对断裂的螺栓和同批次装配后未断裂的螺栓硬度和金相进行检测，均符合技术要求。断口宏观和微观形貌如图6-18所示。

对同批次5根螺栓的摩擦系数进行检测，结果见表6-1。由表可见，摩擦系数在下限附近波动，个别螺栓不符合技术要求（0.10~0.16）。

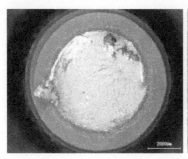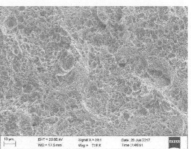

图6-18 断口宏观和微观形貌

表6-1 摩擦系数检测结果

序号	试验结果		
	螺纹面	法兰面	摩擦系数
1	0.109	0.095	0.101
2	0.110	0.102	0.105
3	0.101	0.088	0.093
4	0.112	0.076	0.092
5	0.111	0.074	0.090

由于螺栓在拧紧过程中受到较大的轴向载荷后，局部发生剧烈塑性变形而断裂。对比失效件以及同机未断裂件的硬度检测检测结果，无明显差异；此外，失效螺栓的螺牙无表面缺陷，组织正常。由此来看，螺栓的断裂与材料无关；装配过程中导致过载断裂的发生与螺栓受到了的较大的轴向载荷有关。

轴向载荷与装配扭矩和连接副的摩擦系数有关。对装配现场的工具进行确认，扭矩正常，符合要求，因此其断裂与装配扭矩异常无关。对被连接的缸盖和缸体进行检测，其表面状态均未发生变化，不会是导致摩擦系数降低的因素。对螺栓的摩擦系数进行抽检，结果显示：大部分螺栓的摩擦系数偏低，不符合技术要求。螺栓摩擦系数的波动，会导致螺栓实际装配过程，承受不同的轴向载荷。当载荷超过了螺栓的强度，就会导致螺栓发生断裂。

a)

后续更换了另一批次的螺栓，其摩擦系数为0.13~0.14，连接相同批次的缸体和缸盖，现场未出现断裂的失效。

6.4.3.2 案例2：悬置螺栓断裂

收到委托者提供的2件悬置螺栓（8.8级）失效螺栓（1件断裂、1件拉长）：断裂件在断口处有缩径现象，实物形貌如

b)

图6-19 失效件实物相貌

图6-19a所示；拉长件也有明显的缩颈现象，实物形貌如图6-19b所示，两个失效件缩颈的区域一致。

断口宏观检验可见断口有较大的起伏。但从宏观观察来看，断口都具有扭转过载断裂的特征。使用扫描电镜对断口进行微观观察、分析：整个断口的微观形貌均为韧窝。通过对螺栓进行化学成分、强度、硬度、金相组织等检测分析，均符合技术要求。

对装配现场进行调查分析，现场的装配工艺符合技术要求，未发现异常。通过进一步调查，此连接副中被连接件之一的铝悬置表面状态发生了变化，失效发生之前其表面是经过抛丸处理的，表面粗糙；发生失效时的铝悬置表面是压铸态原始表面，表面光滑，两种表面状态的实物照片如图6-20所示。

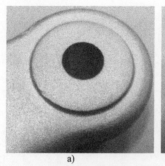

a)　　　　　b)

图6-20　对手件表面状态

a) 原状态表面　b) 失效时表面

通过检测分析及现场调查，此次失效的根本原因是对手件（被连接件）的表面质量（即表面粗糙度）发生了改变，引起整个连接副系统的摩擦系数改变。摩擦系数较之前减小了很多，在相同拧紧工艺条件下，产生的螺栓轴力大大提高，进而引起了螺栓的过载失效（断裂和拉长）。

螺栓连接副是一个系统，系统中的任何变化（制造的/设计的），都要重新进行拧紧工艺的校核，以满足要求，否则就可能出现各种问题，或导致某种风险。

6.4.3.3　案例3：卡钳固定螺栓装配跟转

卡钳固定螺栓装配时出现跟转；拆解后发现螺栓出现了缩颈，如图6-21所示。对失效件进行外观观察，螺栓的法兰面装配痕迹清晰、均匀，无异常；对失效螺栓的表面硬度和芯部硬度、金相组织、螺牙表面缺陷、脱碳等进行检测，均符合技术要求，如图6-22所示。抽取同批次螺栓，

图6-21　失效螺栓

进行摩擦系数检测，其结果为：0.138、0.136、0.139、0.130、0.145，符合要求。

在装配现场，对装配过程进行观察。发现个别被连接零件在匹配面处存在一定的防锈油，这些螺栓安装后就发生了跟转。由此可见，螺栓跟转是由于零件表面防锈油降低了摩擦

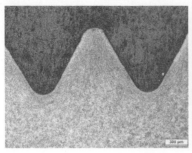

图 6-22 金相检测结果

系数，导致相同装配扭矩情况下，承受了更大的轴向载荷，该载荷超过了材料的屈服强度，从而发生了缩颈。

失效分析时，必须调查清楚零部件失效的背景信息，如有可能需进行现场实地考察分析。

6.4.3.4 案例 4：后轴与车体螺栓松脱

某车型项目后轴与车体螺栓在可靠性路试中出现松脱，出现"咔咔"异响。测试后轴螺栓扭矩从 200N·m 衰减至 80N·m，重复拧紧后，异响消失。锁定连接失效导致"咔咔"异响（装配方式：扭矩法：200N·m）的螺栓装配试验图如图 6-23 所示。

连接副中的相关零部件质量均符合技术要求，实测螺栓单体摩擦系数在 0.12～0.18 之间，符合设计要求，装配工艺理论计算满足设计需求。

图 6-23 装配试验图

实车测试（超声波）螺栓轴向力为：18.8kN、17.5kN、21.5kN、20.1kN、19.1kN、16.5kN、17.8kN、18.2kN。实测扭矩与轴力测试曲线出现严重黏滑（扭矩从 50N·m 瞬间到达 200N·m），轴向力在 20kN 左右，并没有随着扭矩上升而增加，拧紧曲线如图 6-24 所示。更换一种螺栓涂覆药水品牌（锌铝涂覆的品牌），再次进行装配试验，黏滑现象消失，200N·m 的扭矩螺栓产生的轴向力在 58kN 左右，与理论计算值相当，拧紧曲线如图 6-25 所示。相同拧紧扭矩下，涂覆两种药水品牌的螺栓所产生的夹紧力见表 6-2。

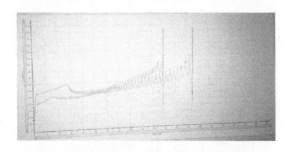

图 6-24 拧紧曲线：出现严重黏滑现象

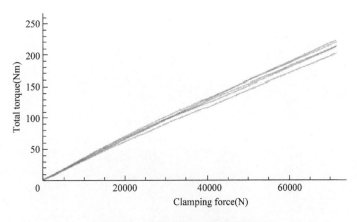

图 6-25 拧紧曲线：无黏滑现象

表 6-2 涂覆两种药水品牌的螺栓所产生的夹紧力

拧紧扭矩 200N·m			
药水品牌	夹紧力/kN	药水品牌	夹紧力/kN
M 药水	54/57	G 药水	18.8
	59		17.5
	57.5/58.4		20.1
	55.7		19.1

螺栓锌铝涂覆药水与连接副材料不兼容引起的连接失效——黏滑，导致螺栓轴向力不足，螺栓伸长量不足，不能抵抗路试中出现的外载荷，导致松脱。

连接副中各单体：螺栓、螺母、被连接零部件都符合设计的时候，连接副出现了失效，通常需要考虑连接副的兼容问题，这就需要在确定装配工之前进行连接副的模拟装配，通过理论与实际相结合，确定连接副的连接工艺是否符合要求。

6.4.3.5 案例5：变速器悬置螺栓断裂

因委托者只提供了2#和3#断裂螺栓，故只对其进行观察分析。

1）2#螺栓法兰面磨损严重，且有冲击挤压的痕迹，如图6-26a所示；杆部磨损严重，如图6-26b所示；杆部已弯曲变形，如图6-26c所示；断口形貌具有明显的疲劳特征，如图6-26d所示。

2）3#螺栓法兰面磨损严重，如图6-27a所示；杆部磨损严重，如图6-27b所示；断口形貌具有明显的疲劳特征，如图6-27c所示。

3）对断裂螺栓进行材料性能检测，实测结果显示符合技术要求。

4）背景信息调查：

① 委托者提供的信息是该螺纹接头出厂后，在试验场因其他零部件更换，有过两次拆解与装配，在此过程中均无连接副零件更换（螺栓、自锁螺母、悬置）。

② 装配工艺规定：1#连接副中的螺栓安装和拆卸超过两次需更换新螺栓。在该案例中

a)   b)

c)   d)

图 6-26   2#螺栓失效特征

a）螺栓法兰面磨损情况   b）杆部磨损情况   c）杆部弯曲变形   d）杆部磨损

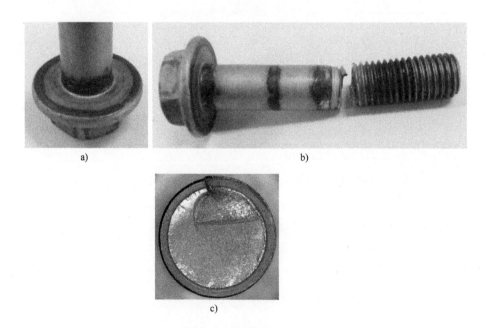

a)   b)

c)

图 6-27   3#螺栓失效特征

a）螺栓法兰面磨损情况   b）杆部磨损情况   c）断口形貌

此螺栓已经被安装和拆卸过 3 次。

5）结论与建议：通过以上观察分析，结合失效件的受力情况，可以判断螺柱、螺栓均是疲劳断裂，断裂顺序是1#螺柱松动、断裂，2#螺栓其次，3#螺栓最后断裂。引起螺柱、螺栓疲劳断裂的原因是螺栓、螺母的多次重复装配导致夹紧力不足。

6）启示：对于重要的螺纹连接，需制定合理的装配工艺，包括关键紧固件的重复安装拧紧次数，并严格遵守执行。

由以上案例，可总结紧固件失效的影响因素见表6-3，紧固件部分失效原因汇总见表6-4。

表6-3　紧固件失效的影响因素

影响因素	具体描述
人	• 生产制造过程是否符合技规范？ • 装配过程是否符合工艺要求？ • 使用、维护是否符合要求？
机	• 生产制造设备是否满足要求（成形/热处理/表面涂覆等）？ • 装配设备是否满足技术要求？ • 检测设备精度等是否满足要求（含在线检测）？
料	• 基材原材料是否满足技术要求？ • 表面涂敷药水是否满足技术规范？ • 是否有质量波动？ • 对手件和被连接件是否符合质量要求？
法	• 设计是否满足整车的性能要求？ • 装配工艺设计是否合理？ • 是否进行了充分试验验证（零部件/台架/整车）？
环	• 使用环境是否发生了重大变化（人群/地理区域等）？ • 生产制造，装配环境是否发生了重大变化？

表6-4　紧固件部分失效原因汇总

	疲劳断裂	塑性/过载断裂	延迟断裂/氢脆	松动	滑扣
裂纹	√		√		
折叠	√				
脱碳	√				
金相组织不合格	√		√		
过热、过烧		√	√		
流线不合格	√				
硬度（强度）低	√	√		√	
硬度（强度）高			√		
酸洗					
内螺纹有杂质		√			
内螺纹有油漆	√			√	

（续）

	疲劳断裂	塑性/过载断裂	延迟断裂/氢脆	松动	滑扣
外螺纹有磕碰伤		√		√	
内外螺纹尺寸不合格		√			√
螺栓过长与盲孔干涉		√			
表面腐蚀	√		√		
摩擦系数小		√			
摩擦系数高	√			√	
安装扭矩大		√			
安装扭矩小	√			√	
安装面质量差：焊渣、平面度、表面粗糙度等	√			√	
安装面压溃变形	√			√	
安装孔与螺栓干涉	√			√	
螺纹啮合长度不足					√
内外螺纹强度不匹配					√

第7章
汽车用滚动轴承的失效机理

　　滚动轴承在使用过程中，由于制造因素和使用中各因素的影响，其承载能力、旋转精度等性能会发生变化。当其性能指标达不到使用要求时，就产生失效或损坏。影响滚动轴承失效的因素很多，如设计、材料、制造、安装使用、环境条件、维护保养等。大多数滚动轴承的失效分析表明，部分轴承失效主要是由于使用或维护不当引起的，如选型不合理、轴承安装、润滑不良、密封失效、支承部位设计和制造缺陷、操作失误等。

　　滚动轴承常见的失效形式有疲劳剥落、磨损、塑性变形、腐蚀、烧伤、电腐蚀、保持架损坏等。

7.1 疲劳剥落

　　疲劳有许多类型，对于滚动轴承来说主要是指接触疲劳。滚动轴承套圈和滚动体表面在接触应力的反复作用下，其滚动接触表面金属从金属基体呈点状或片状剥落的现象称为疲劳剥落。点蚀也是由于材料疲劳引起一种疲劳损伤现象，但形状尺寸很小，点蚀扩展后将形成疲劳剥落。

　　疲劳剥落形态特征一般具有一定的深度和面积，使滚动表面呈凹凸不平的鳞状，有尖锐的沟角。通常呈现疲劳扩展特征的海滩状纹路（图7-1）。疲劳剥落产生的部位主要出现在套圈和滚动体的滚动表面上。

　　轴承疲劳失效的机理很复杂，也出现了多种分析理论，如最大静态剪应力理论、最大动态剪应力理论、切向力理论、表面微小裂纹理论、油膜剥落理论、沟道表面弯曲理论、热应力理论等。

图7-1　疲劳损伤

但这些理论中没有一个理论能够全面解释疲劳损伤的各种现象，只能对其中的部分现象给出解释。目前，对疲劳失效机理比较统一的观点包括以下几种。

7.1.1 次表面起源型

次表面起源型认为，轴承在滚动接触部位形成油膜的条件下运转时，滚动表面是以内部（次表面）为起源产生疲劳剥落的。

7.1.2 表面起源型

表面起源型认为，轴承在滚动接触部位未形成油膜，或在边界润滑状态下运转时，滚动表面是以表面为起源产生疲劳剥落的。

7.1.3 工程模型

工程模型认为，在一般工作条件下，轴承的疲劳是次表面起源型和表面起源型共同作用的结果。

疲劳产生的原因错综复杂，影响因素也很多，有与轴承制造有关的因素，如产品设计、材料选用、制造工艺和制造质量等；也有与轴承使用有关的因素，如轴承选型、安装、配合、润滑、密封、维护等。

7.2 表面塑性变形

表面塑性变形主要是指零件表面由于压力作用形成的机械损伤。在接触表面上，当滑动速度比滚动速度小得多的时候，会产生表面塑性变形。

表面塑性变形分为一般表面塑性变形和局部表面塑性变形两类。

7.2.1 一般表面塑性变形

一般表面塑性变形是由于粗糙表面互相滚动和滑动，同时使粗糙表面不断产生塑性碰撞所造成的，其结果形成了冷轧表面。从外观上看，这种冷轧表面已被辗光。但是，如果辗光现象比较严重，在冷轧表面上容易形成大量浅裂纹，浅裂纹进一步发展可能（在粗糙表面区域内）导致显微剥落，虽然这种剥落很浅，只有几微米，但它却能够覆盖很宽的接触表面。

根据弹性流体动压润滑理论，一般表面塑性变形产生的原因是由于两个粗糙表面直接接触，其间没有形成承载的弹性流体动压润滑膜。因此，当油膜润滑参数小于一定值时，将产生一般表面塑性变形。一般油膜润滑参数值越小，表面塑性变形越严重。

7.2.2 局部表面塑性变形

局部表面塑性变形是发生在摩擦表面的原有缺陷附近。最常见的原有缺陷，包括压坑（痕）、磕碰伤、擦伤、划伤等。

7.2.2.1 压坑（痕）

压坑（痕）是由于在压力作用下硬质固体物侵入零件表面产生凹坑（痕）的现象。

压坑（痕）的形态特征是：形状和大小不一，有一定深度，压坑（痕）边缘有轻微凸起，边缘较光滑，如图7-2所示。

硬质固体物的来源是轴承零件在运转中产生的金属颗粒、密封不良造成外部杂质侵入。

压坑（痕）产生的部位主要在零件的工作表面上。

预防压坑（痕）的措施主要有：提高零件加工精度和轴承的清洁度、改善润滑、提高密封质量等。

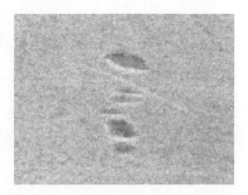

图7-2　压坑（痕）

7.2.2.2 磕碰伤

磕碰伤是由于两个硬质物体相互撞击形成的凹坑现象。

磕碰伤的形态特征视两物体形状和相互撞击力的不同，其形状和大小不一，但有一定深度，在其边缘处常有凸起，见图7-3。

磕碰伤主要是由于操作不当引起的。

磕碰伤产生的部位可以在零件的所有表面上。

预防磕碰伤的措施主要有：提高操作者的责任心、规范操作、改进产品容器的结构并且增加零件的保护措施等。

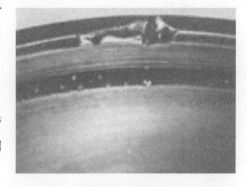

图7-3　磕碰伤

7.2.2.3 擦伤

擦伤是两个相互接触的运动零件，在较大压力作用下因滑动摩擦产生的金属迁移现象。严重时可能伴随烧伤的出现。

擦伤的形状不确定，有一定长度和宽度，深度一般较浅，并沿滑动（或运动）方向由深而浅，如图7-4所示。擦伤可能在产品制造过程中产生，也可以在使用中产生。轴承制造过程中的擦伤预防措施与磕碰伤的预防措施相同。使用中的擦伤预防措施主要是从防止"打滑"方面考虑，包括：改进产品内部结构、提高过盈配合量、调整游隙、改善润滑、保证良好接触状态等。

7.2.2.4 划（拉）伤

划（拉）伤是指硬质和尖锐物体在压力作用下侵入零件表面，并产生相对移动后形成的痕迹。

划伤一般呈线形状，有一定深度，宽度比擦伤窄，划伤的伤痕方向是任意的，长度不定。产生的部位主要在零件的工作表面和配合表面上，如图7-5所示。而拉伤只发生在轴承内径（过盈）配合面上，伤痕方向一般与轴线平行，有一定长度、宽度和深度，并成组出现。

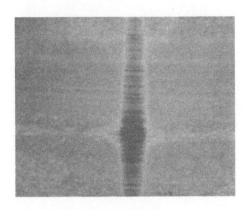

图 7-4　擦伤

图 7-5　划（拉）伤

划伤可能在轴承制造过程中产生，也可能在使用中产生。而拉伤只发生在轴承安装、拆卸过程中。

预防轴承制造过程中的划伤与预防磕碰伤的措施相同。预防使用中划伤与预防压坑（痕）的措施基本相同。

预防拉伤的措施是严格安装拆卸规程操作、保证配合面的清洁、安装时在配合面上适当润滑等。

从外观上看，局部表面塑性变形与一般表面塑性变形很相似，只有在原有缺陷很明显时，才能将两者区分开。根据弹性流体动压润滑理论可以判断，凹形缺陷会破坏其周围承载的弹性流体动压润滑油膜，造成两个表面直接接触产生摩擦。

轴承出现微小的塑性变形是不可避免的，在轴承额定静载荷范围内产生的塑性变形一般不影响正常使用。但是，如果出现超限的塑性变形，将造成轴承游隙或振动增大、噪声、摩擦力增加、旋转不灵活等后果，轻者部分失去功能，重者完全丧失其使用性能。

轴承零件制造误差、安装不合理或轴承选型不当，使得零件表面承受了超出材料的屈服强度的过量载荷，如冲击载荷、局部载荷等，从而产生轴承表面塑性变形。润滑不良或使用时的操作不当，或各种杂质混入运转中的轴承，也是造成轴承产生表面塑性变形的一个重要因素。

预防表面塑性变形的措施是要正确选用轴承、增强材料的耐磨性，保证润滑的有效性、注意安装方法、提高轴承密封装置的密封性等。

7.3 磨损

磨损通常指轴承零件逐渐损坏，并最终导致轴承尺寸精度丧失，以及其他相关的问题。磨损引起的失效并非意味着只是更换轴承，因为游隙和配合发生变化，磨损引起的状态可能变成主要的失效机理。磨损可能影响到润滑或使润滑剂受污染。当污染达到一定的程度时将造成润滑剂功能完全丧失。磨损可能产生引起裂纹的应力集中源。

7.3.1 磨损过程

轴承零件的磨损过程大致可分为三个阶段。

1. 磨合阶段

当轴承外部参数（载荷、速度、介质）不变时，在这个阶段中，由于各零件之间表面具有一定的粗糙度，两个接触面之间的真实接触面面积相对较小，轴承开始转动时，在交变应力的作用下会产生比较快的磨损，经过一定时间的磨合阶段，表面逐渐磨平，真实接触面面积逐渐增大，压力随微凸体曲率半径的增大而降低，磨损速度减慢，逐渐过渡到正常稳定的磨损阶段。它通常使摩擦、磨损、温度达到最小值而形成再生的表面粗糙度。这符合于热力学上所述的熵最小原则，磨合阶段的磨粒相对较大。

2. 正常磨损阶段

这一阶段属于轴承正常的稳定磨损阶段，这时的磨损率比较稳定（因为表面粗糙度值降低，并形成表面改性层），为了保证获得较长的使用寿命，应当采用各种措施，尽可能使这个阶段的磨损量最小。

3. 严重磨损阶段

正常磨损达到一定时期，或者由于偶然的外来因素（磨料进入、载荷突然变化、卡死等）影响，零件尺寸发生较大变化，产生严重塑性变形，以及材料表面品质发生较大变化，短时期内使摩擦系数和磨损率大大增加，或引发噪声、发热等，造成轴承很快失效。

磨损是轴承的主要失效形式之一，有转动就会产生摩擦，而磨损是摩擦的结果，即轴承在使用过程中磨损是难免的，只要轴承在设计寿命内磨损量不超过其允许值，就说明零件的设计是正确的。超量的磨损应努力防止，特别是不均匀磨损。

7.3.2 黏着磨损

黏着磨损包括材料的损耗及材料可能转移到配合的零件上。在适当的润滑条件下，配对件表面微凸体可能发生塑性变形，并由冷压而变平坦。在这种状态下，轴承可正常发挥作用达到期望的寿命。然而，当润滑条件恶化时，摩擦增大导致金属与金属接触，从而造成局部变形和摩擦焊接。作用力将局部摩擦焊接点从基体上撕裂而增大塑性变形。这时一个零件表面会形成点蚀，而另一个零件表面会有转移材料。这种状态是否恶化取决于运转状态。一般说来，轻微黏着磨损称之擦伤，而严重的黏着磨损则称之为咬合。

7.3.3 磨粒磨损

当轴承零件接触表面之间夹杂坚硬粒子，且相对接触表面移动时，将引起磨粒磨损。锋利的硬粒子可以产生显微犁沟，而细微的粒子可使表面抛光。磨粒可能来自内部或来自机器系统内其他相邻零件由润滑剂传送进内部。磨粒主要是铁质零件中的氧化物和碳化物。微动磨损是氧化物副产品的一个主要例证。

7.3.4 疲劳磨损

在交变应力的作用下，使材料表面疲劳而产生物质流失的过程，称为表面疲劳磨损，也称为接触疲劳磨损。

轴承疲劳磨损多发生在表面缺陷处或浅层表面缺陷处，如表面划伤、冶金缺陷（疏松、夹杂）、表面软点等，也是疲劳裂纹萌生、扩展和最后断裂的过程。不过，表面疲劳裂纹萌生的直接原因是金属表面的凹凸不平（表面粗糙度）及表面油膜破坏，这造成了表面接触的不连续性，在接触表面正压力和摩擦力的作用下，产生局部塑性变形，并使表面塑性区及其周围的温度升高。当表面塑性流动达到产生裂纹时，裂纹逐渐扩大，然后断裂成薄片状磨屑。磨屑微粒的大小与材料的性质及承受的应力状态有关。表面疲劳引起的表面金属小片脱落后，在金属表面形成一个麻坑。当麻坑比较小时，在以后的应力循环过程中可以被磨平；但当尺寸较大时，麻坑成为下凹的舌状，并成椭圆形。麻坑附近有明显的塑性变形痕迹，塑性变形中金属流动的方向与摩擦力的方向一致。在麻坑的前沿和坑的底部有多处微裂纹，这是没有发展的表面疲劳裂纹和二次裂纹。

表面疲劳磨损是介于疲劳与磨损之间的破坏形式。它有疲劳裂纹萌生和逐渐扩展，最后形成剥落的过程，也有疲劳极限等，这些都相似于一般疲劳；但是它还存在表面摩擦现象，表面发生塑性变形、存在氧化磨损，以及受润滑介质的作用等情况，这些又不同于疲劳而相似于磨损。

7.3.5 腐蚀磨损

腐蚀磨损是指在腐蚀环境（包括腐蚀性气体、液体介质）下，由于摩擦面材料起化学反应或电化学反应（生成腐蚀物）而引起的腐蚀和磨损，是在腐蚀作用和机械作用共同参与下完成的，这两种作用有先有后，可以交替进行，也可以同时起作用并相互促进。

腐蚀磨损一般包括氧化磨损、微动磨损和氢致磨损三种。对于轴承，比较常见的是微动磨损。微动磨损是指两个名义上静配合表面由于一微小振幅的不断往复滑动所引起的一种磨损形式。微动和普通的往复滑动的区别仅在于每次往返的距离不同。

微动磨损的特点主要有以下四个：

① 由于振幅小，滑动的相对速度慢。

② 由于振幅小（一般不大于300μm），又是反复性的相对摩擦运动，所以微动表面接触状态的重复概率相对很高，因此磨屑逸出的机会很少。

③ 微动磨损所引起的损伤是一种表面损伤，所涉及的范围（一般是指深度）基本上与微动的幅度处于同一数量级。

④ 磨损产物一般较少，主要以磨痕为主。

7.4 腐蚀

金属与其所处环境中的物质发生化学反应或电化学反应变化所引起的消耗称为腐蚀。

金属表面腐蚀是一种普遍存在的现象，轻者影响美观，严重时影响产品的性能，甚至影响使用寿命。金属腐蚀的形式多种多样，但就金属与周围介质作用的性质来分，可以分为化学腐蚀和电化学腐蚀两类。

化学腐蚀是由于金属与周围介质之间的纯化学作用引起的。化学腐蚀过程中没有电流产生，但有腐蚀物质产生。这种腐蚀物质一般都覆盖在金属表面上形成一层疏松膜。化学反应形成的腐蚀机理比较简单，主要是物体之间通过接触产生了化学反应，如金属与大气中的水分产生的化学反应形成的腐蚀（又称为锈蚀）。

电化学腐蚀是由于金属与周围介质之间产生电化学作用引起的。电化学腐蚀的基本特点是在腐蚀的同时又有电流产生。电化学反应的腐蚀机理主要是微电池效应。

就滚动轴承而言，产生腐蚀的主要原因有：

1）轴承内部或润滑剂中含有水、碱、酸等腐蚀物质。

2）轴承在使用中的热量没有及时释放，冷却后形成水分。

3）密封装置失效。

4）轴承使用环境湿度大。

5）清洗、组装、存放不当。

在轴承零件的各表面都会产生腐蚀。按照腐蚀损伤的程度有腐蚀斑点或腐蚀坑（洞），斑点和蚀坑一般呈零星或密集分布，形状不规则，深度不定，颜色有浅灰色、红褐色、灰褐色、黑色等，如图 7-6 所示。

对于金属材料来说，消除腐蚀是比较困难的，但可以减缓腐蚀的发生，防止轴承与腐蚀物质接触，可以通过合金化、表面改性等方法提高耐蚀性，使得金属表面形成一层稳定、致密，与基体结合牢固的钝化膜。

图 7-6　腐蚀（锈蚀）

7.5　蠕动

承受旋转载荷的轴承套圈，如果选用间隙配合，在配合表面上会发生圆周方向的相对运动，使配合面上产生摩擦、磨损、发热、变形，造成轴承不正常损坏。这种配合面周向的微小滑动称为蠕动或爬行。

蠕动形成的机理是当内圈与轴配合过盈量不足时，在内圈与轴之间的配合面上因受力产生弹性变形而出现微小的间隙，造成内圈与轴旋转时在圆周方向上的不同步、打滑，严重时在压力作用下发生金属滑移。在外圈与壳体也同样会出现类似情况。

蠕动形貌特征在一些方面具有腐蚀磨损和微动磨损的某些特征。蠕动在形成过程中也有一些非常细小的磨损颗粒脱落并立即局部氧化，生成一种类似铁锈的腐蚀物。两者的区别主要根据它们的位置和分布来判断，如果零件没有受到腐蚀又出现了褐色锈斑，锈斑的周围常常围绕着一圈碾光区，出现的部位又在轴承的配合表面上，那么可能就是蠕动。发生蠕动的配合面上，或出现镜面状的光亮色，或暗淡色，或咬合状，蠕动部位与零件原表面有明显区别，如图7-7所示。

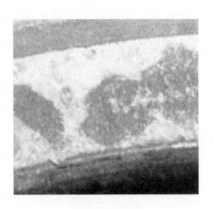

图 7-7　蠕动

在轴承的端面由于轴向压紧力不足，或悬臂轴频繁挠曲，运转一定时间后也会出现蠕动的特征。

产生蠕动的主要原因是内、外圈与轴或轴承座的配合过盈量不足，或载荷方向发生了变化。

预防的措施：采用过盈配合并适当提高过盈量，在采用间隙配合的场合可用黏结剂将两个配合面固定，或沿轴（或轴承座）的轴向方向将轴承紧固。

7.6　烧伤

轴承零件在使用中受到异常高温的影响，又得不到及时冷却，使零件表面组织产生高温回火或二次淬火的现象称为烧伤。

烧伤产生的主要原因是润滑不良、预载荷过大、游隙选择不当、轴承配置不当、滚道表面接触不良、应力过大等因素所致。具体包括：

1）在轴向游动轴承中，如果外圈配合过紧，不能在外壳孔中移动。

2）轴承工作中运转温度升高，轴的热膨胀引起很大的轴向力，而轴承又无法轴向移动时。

3）由于润滑不充分，或润滑剂选用不合理、质量问题、老化和变质等。

4）内外圈运转温度差大，加上游隙选择不当，外圈膨胀小内圈大，引发过盈配合，导致轴承温度急剧升高。

5）轴承承受的载荷过大和载荷分布不均匀，形成应力集中。

6）零件表面加工粗糙，造成接触不良或油膜形成困难。

烧伤的形貌特征可以根据零件表面的颜色不同来判断。轴承在使用中由于润滑剂、温度、腐蚀等原因，零件表面会发生变化，颜色主要有淡黄色、黄色、棕红色、紫蓝色及蓝黑色等，其中淡黄色、黄色、棕红色属于变色，若出现紫蓝色或蓝黑色则为烧伤。烧伤容易造成零件表面硬度下降或出现微裂纹。

烧伤产生的部位主要发生在零件的各接触表面上，如圆锥滚子轴承的挡边工作面、滚子端面、应力集中的滚动表面等。

烧伤的预防可根据烧伤产生的原因有针对性地采取措施。如正确选用轴承结构和配置、避免轴承承受过大的载荷、安装时采用正确的安装方式防止应力集中、保证润滑效果等。

7.7 电蚀

电蚀是由电流放电引起，致使轴承零件表面出现电击的伤痕。在两零件接触面间一般存在一层油膜，该油膜有一定的绝缘作用，当有电流通过轴承内部时，在两零件接触表面形成电压差，当电压差高到足以击穿绝缘层时，就会在两零件接触表面处产生火花放电，击穿油膜放电，产生高温，造成局部表面的熔融，形成弧状凹坑或沟蚀。受到电蚀的零件，其金属表面被局部加热和熔化，在放大镜下观察损伤区域一般呈斑点、凹坑、密集的小坑，有金属熔融现象，电蚀坑呈现火山喷口状，如图7-8所示。电蚀会使零件的材

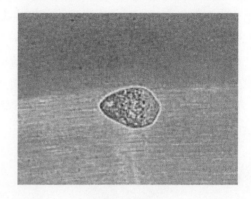

图7-8 电蚀

料硬度下降，并加快磨损发生速度，也会诱发疲劳剥落。

预防电蚀的措施是在焊接或其他带电体与轴承接触时，加强轴承的绝缘或接地保护，防止电荷的聚集并形成高的电位差，避免放电现象产生。防止电流流过轴承。

7.8 裂纹和缺损

当轴承零件所承受的应力超出材料的断裂极限应力时，其内部或表面便发生断裂和局部断裂，这种使材料出现不连续或断裂的现象称为裂纹，如图7-9所示。另外，在材料表面或表层下有一种貌似毛发的细微裂纹，称为发纹。当裂纹扩展到一定程度，使得部分材料完全脱离零件基体的现象称为断裂，如图7-10所示。

图7-9 裂纹

图7-10 断裂

裂纹一般呈线状，方向不定，有一定长度和深（宽）度，有尖锐的根部和边缘。裂纹有内部裂纹和表面裂纹之分，也有肉眼可见和不可见两种形式，对于肉眼不可见裂纹，需要

采用无损检测的方法进行观察。发纹一般呈细线状，方向沿钢材轧制方向断续分布，有一定长度和深度，有时单条有时数条出现。

裂纹产生的原因较为复杂，影响因素很多，如原材料、锻造、冲压折叠、热处理、磨削、局部过大的应力等。发纹的形成原因是钢材在冶炼过程中产生的气泡或夹杂，经轧制变形后存在于材料表层。对于肉眼不可见裂纹需要采用无损检测的方法进行观察。

裂纹的预防措施主要有，在制造方面应控制原材料缺陷，如非金属夹杂、表面夹渣、折叠、显微孔隙、缩孔、气泡等。控制加工应力，如热处理淬火时产生的内应力（热应力和组织应力）、磨削应力、冲压应力等。在使用方面注意轴承安装过程中的非正常敲（撞）击，以及安装不良造成的局部应力过大等。另外，还要保证润滑，增强密封效果，控制外部杂质流入，避免轴承与腐蚀性物质接触等。

7.9　保持架损坏

当滚动体进入或离开承载区域时，保持架将受到带有一定冲击性质的拉（压）应力作用，尤其是滚子轴承的滚子产生倾斜时，所受到的应力会更大。在这种应力的反复作用下，保持架的兜孔、过梁、铆钉会出现变形、磨损、疲劳，甚至断裂现象。另外，不正确的安装方式也会损坏保持架。保持架相对套圈的强度一般较弱（尤其是冲压保持架），如果安装不得当，将安装力直接施加在保持架上，很容易造成保持架变形。冲压保持架制造过程中产生的应力过大，也是造成保持架损坏的原因之一。

防止保持架损坏的措施可以从设计、制造、安装等方面考虑。保持架在运转中受到的拉（压）应力是无法避免的。但提高保持架的强度可通过适当增加保持架过梁（铆钉）强度来解决。滚子产生倾斜可以通过提高制造和安装质量来解决。改善润滑条件有助于减少磨损。对冲压保持架制造过程中产生的应力，可采用振动光饰等方法去除或减少应力。

7.10　尺寸变化

轴承运转一定时间以后，会出现游隙减小或增大的现象。通过对零件尺寸检测可以发现轴承内、外圈或滚动体直径方向的尺寸发生了变化（增大或减小）。这会影响轴承的正常旋转精度。若没有游隙，会出现摩擦磨损加剧、工作温度上升，甚至"卡死"等现象。若游隙变大，会出现振动或噪声增大、旋转精度降低、应力集中等情况。轴承内径增大还很可能出现"甩圈"现象。

轴承零件在热处理过程中，保留了一定数量的残留奥氏体，而奥氏体是一种不稳定相，随着时间或温度的变化，奥氏体将逐步转变为较稳定的马氏体组织，由于马氏体组织的体积大于奥氏体组织，因此，在转变过程中零件的体积将增大。而马氏体组织自身也会产生分解，马氏体分解的结果会出现尺寸收缩的现象。轴承工作温度高对奥氏体的转变和马氏体的分解有促进作用。还有一种情况，零件在内应力释放过程中也会引起尺寸的改变。

从预防或控制零件尺寸稳定性的角度考虑，可以在轴承零件热处理时对不稳定的残留奥氏体组织进行稳定化处理。另外，在使用中应保证轴承的使用温度低于轴承允许的工作温度，以防止尺寸出现较大的变化。

7.11　使用不当引起的损坏

轴承使用不当引起的损坏在轴承失效中占有较大的比例。轴承使用不当涉及轴承选型、轴承配置、轴承支承结构、配合、安装、润滑、密封、维护保养等诸多方面。从前面轴承典型失效形式的分析中也可以看出，轴承失效与使用不当密不可分。轴承因使用不当引起的损坏事例很多，由于篇幅的问题，在这里不再一一列举。

7.12　其他损伤

7.12.1　变色

变色是由于轴承在运转过程中因发热引起的表面颜色变化。另外，在温度作用下润滑剂中的部分化学物质、磨损的金属粉末等杂质会黏附在零件表面上，也会引起轴承零件颜色变化，这种变色又称污斑。变色后的表面颜色一般呈淡黄色、黄色、茶色、棕红色、紫蓝色及蓝黑色等，发热引起的变色一般没有深度。对于使用中的轴承，若出现深度变色（如紫蓝色或蓝黑色），则有可能形成了烧伤。零件腐蚀也会引起变色，但这类变色有一定深度。

轴承零件在运转过程中，因摩擦会产生大量的热，若润滑不充分或散热条件差，热量得不到及时冷却或扩散，热量的聚积使轴承温度很快升高，温度升高会使附着在轴承零件表面的油膜产生氧化现象，形成一种浅褐色的氧化物，沉积附着在轴承表面上。但这种变色并不影响轴承的使用，所以允许存在。当轴承因安装不当（如安装倾斜）或润滑不良等原因，使轴承处于一种极不正常的工作状态，引起温度急速上升，此时轴承的局部温度有可能超过轴承零件的回火温度，甚至更高，并产生严重的变色，如蓝黑色或紫蓝色，形成烧伤现象，这种情况的变色轴承就不能再继续使用了。

变色的主要原因是轴承的工作游隙过小、局部应力集中、预载荷过大、润滑不良、润滑剂变质、散热条件差、润滑剂使用过量等。

变色的预防可以通过选择合适润滑剂和润滑方式、保证油路畅通和润滑剂及时供应、提高润滑效果、正确安装轴承、提高轴承散热条件、适当提高制造精度、防止应力集中等措施来解决。

7.12.2　麻点

麻点是由于材料的品质、腐蚀、疲劳、异物进入工作表面等原因，在零件表面引起细小坑、点。其表面形态呈黑色针点状凹坑，有一定深度，单个、多个或密集出现，如图7-11

所示。麻点在套圈或滚动体表面均有可能产生。

麻点产生的机理因麻点产生的原因不同而不同，如疲劳、腐蚀、材料缺陷等都可能产生麻点。

对麻点的预防可以从控制材料缺陷、腐蚀、润滑和密封方面考虑。一般来讲，对于非疲劳引起的尺寸较小的麻点，轴承可以继续使用。

图 7-11　麻点

第8章
汽车钢板类零件失效分析

8.1 钢板冲压件在汽车上的应用

钢板是汽车零部件使用量最大的金属材料，钢板的主要成形工艺为冲压，即靠压力机和模具对钢板施加外力，使之产生塑性变形或分离，从而获得所需形状和尺寸的工件的成形加工方法。冲压件与铸件、锻件相比，具有薄、匀、轻、强的特点。冲压可制造出其他方法难于制造的带有加强筋、肋、起伏或翻边的工件，以提高其刚性。由于采用精密模具，工件精度可达微米级，且重复精度高、规格一致，可以冲压出孔窝、凸台等。冷冲压件一般不再经切削加工，或仅需要少量的切削加工。热冲压件精度和表面状态低于冷冲压件，但仍优于铸件、锻件，切削加工量少。

钢板冲压件在汽车中应用广泛，如车身、车厢、车架、桥壳、车轮、排气系统等大总成，广泛使用冲压件。车身以及底盘连接的各种支架，如线束支架、附件安装支架也大量使用冲压件。此外，在发动机、变速器附件中也有部分冲压件，如垫片、拨叉等。汽车上使用的冲压件大部分为冷冲压，少部分为热冲压，如部分商用车桥壳，以及乘用车 A/B 柱、门槛等安全件。需要热处理的冲压件很少，主要分布在发动机、变速器附件等处，如拨叉、垫片等。钢板冲压件在汽车上的应用见表 8-1。

表 8-1 钢板冲压件在汽车上的应用

类别	零件名称	材料
车身覆盖件	车门外板、发动机罩外板、翼子板、顶盖外板、侧围外板等	成形性能优异的低强度钢板
车身结构件	地板、纵梁、横梁、各种加强板等	成形性能良好的高强度钢板
乘用车车身安全件	A/B 柱、中通道、门槛等	超高强度钢板
商用车车架	纵梁、横梁、连接板、加强板等	成形性能良好的热轧高强度钢板
商用车桥壳	壳体、端盖、托板等	成形性能良好的热轧高强度钢板
排气系统	进/排气管、催化器、消声器等	成形性能、耐蚀性优异的不锈钢板

　　冲压件结构多样，连接工艺有焊接、铆接、螺栓连接等多种。在车身上，主要以点焊为主，商用车车架以铆接和螺栓连接为主，桥壳、乘用车副车架等以电弧焊为主。

　　冲压件结构、使用工况、载荷形式等因素的多样性，导致了冲压件在服役过程中的失效形式也存在多样性。

8.2 汽车钢板冲压件选材

　　汽车上不同部位的零件设计功能不同，对钢板材料的需求不同，如覆盖件要求成形性能好，底盘件要求承载和疲劳性能好，安全件要求碰撞性能好等。所以，钢板材料种类繁多。材料抗拉强度分布范围为 240~2000MPa，材料的屈强比范围为 0.5~0.9。根据零件的功能需求，选择合适的强度级别、合适的屈强比的钢板材料。汽车上使用的钢板材料按轧制工艺分为冷轧和热轧，基本为低碳钢，碳质量分数 ≤0.30%，高强钢板添加微量的合金元素 Nb、V、Ti 等，通过细晶强化和弥散强化来提高强度。汽车冲压件中使用的钢板材料厚度范围为 0.5~16mm，钢板的组织较为均匀，缺陷较少。以下举例介绍汽车典型零部件的用材。

　　车架是商用车的重要总成之一，由两根纵梁和几根横梁组成，经由悬架装置、前桥、后桥支承在车轮上，具有足够的强度和刚度，以承受汽车的载荷和从车轮传来的冲击。车架的作用是支撑、连接汽车的各总成，使各总成保持相对正确的位置，并承受汽车内外的各种载荷。车架用材要求有高强度、良好的成形性能和疲劳性能，常用材料的力学性能如表 8-2 所示。

表 8-2　汽车梁类材料的力学性能

牌号	屈服强度 /MPa	抗拉强度 /MPa	断后伸长率 （%）	典型用途
355L	≥355	510~610	≥24	轻型车车架纵梁及加强板、重中轻型车架横梁
380L	≥380	450~590	≥23	中重型车元宝梁、横梁
500L	≥500	550~700	≥22	中重型车车架纵梁及加强板、横梁
550L	≥550	600~760	≥21	中重型车车架纵梁及加强板、横梁
600L	≥600	650~820	≥20	中重型车车架纵梁及加强板
650L	≥650	700~880	≥18	中重型车车架纵梁及加强板
700L	≥700	750~900	≥16	中重型车车架纵梁及加强板

　　车桥是商用车另一重要总成，汽车车桥（又称车轴）通过悬架与车架（或承载式车身）相连接，其两端安装车轮。车桥的作用是承受汽车的载荷，维持汽车在道路上的正常行驶。车桥台架试验考察的重点是弯曲疲劳性能。车桥为冲焊结构，焊接结构的设计对车桥总成的弯曲疲劳性能影响较大。车桥使用的材料要求有良好的成形性能、焊接性能和疲劳性能。汽车车桥常用材料的力学性能如表 8-3 所示。

表 8-3　汽车车桥常用材料的力学性能

牌号	屈服强度 /MPa	抗拉强度 /MPa	断后伸长率 (%)	典型用途
Q295QK	≥295	440～570	≥24	微型车、轻型车车桥本体
Q345QK	≥345	470～630	≥24	乘用车、轻型车、中重型车、客车车桥本体
Q460QK	≥460	550～720	≥20	乘用车、中重型车、客车车桥本体

8.3　汽车钢板类零件失效特点及失效类型

　　汽车钢板类零件的种类、结构形式、连接形式、承受载荷都是多种多样，因此它们的失效形式也具有多样性。钢板类零件在汽车上组成一个复杂的系统，根据功能不同，在不同的部位设计有不同的结构强度与刚度。在这个复杂系统中要考虑不同零件的"强弱"和"刚柔"的均衡设计。

8.3.1　汽车钢板类零件的失效特点

　　汽车钢板类零件的失效具有以下特点：

1）失效件以底盘类零件居多。

2）因材料缺陷导致零件失效的案例不多，多数为结构因素导致。

3）因结构、加工质量等原因造成应力集中导致的失效案例较为常见。

4）薄板类失效件多表现为双向弯曲疲劳的失效特征。

5）在解决钢板类零件失效问题时，如果对薄弱部位或零件进行加强，往往会造成其他部位或与其配合的零件在连接部位失效，所以需从整体结构匹配性来考虑改进。

8.3.2　汽车钢板类零件的失效类型

8.3.2.1　应力集中开裂

　　应力集中是因结构不连续引发的局部应力、应变场的改变，使零件的应力分布不均匀，局部应力远大于名义应力的现象。在冲压件的失效中，因应力集中导致的开裂占绝大多数，其中，冲焊结构的失效较为多见。

　　某牵引车桥壳在道路试验过程中发生开裂，宏观形貌及开裂位置见图 8-1。开裂位置发

a)

b)

图 8-1　桥壳开裂情况

生在桥壳本体与后桥下托板焊接位置，取开裂部位观察断口形态，通过裂纹源位置可判断，裂纹在焊缝端头部位萌生并扩展，断口形貌见图8-2。

钢板冲焊结构的焊缝端头以及焊缝根部的尖角处，易形成应力集中导致开裂。这是此种结构的常见失效形式。

8.3.2.2 应变集中开裂

应变集中是受力零件或构件在形状尺寸突然改变处出现应变显著增大的现象。某轻型车后桥制动管接头支架在坏路试验中发生断裂，宏观形貌见图8-3，支架的装配关系见图8-4。支架断裂位置发生在支架与桥壳连接孔处，支架断口形貌见图8-5，

图8-2 断口形貌

断裂形式为双向弯曲疲劳断裂，且有多处疲劳源。支架与桥壳连接孔处刚度较小，在刚度变化大的位置容易产生应变集中是支架失效的原因。

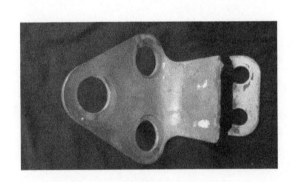

图8-3 后桥制动管接头支架宏观形貌

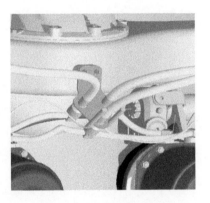

图8-4 支架的装配关系

8.3.2.3 热处理工艺不当导致开裂

某离合器分离叉在试验过程中发生开裂，设计材料SPHE，厚度3mm，表面渗碳淬火，表面硬度要求（75.5～80）HR30N，有效硬化层深度要求CHD550 HV0.3 0.10～0.30mm，检验结果合格。

离合器分离叉在叉脚位置发生多处开

图8-5 断口形貌

裂，叉脚A发生严重的弯曲变形，翻边已完全开裂，叉脚B有两处裂纹，如图8-6所示。

对叉脚A的断口进行电镜观察，宏观形貌见图8-7。在图8-7中取断口边缘和中心部分（线框内标注），根据形貌分析，断裂形式为沿晶疲劳断裂，如图8-8、图8-9所示。

金相组织如图8-10、图8-11所示，表面为粗大的马氏体组织（图8-10），心部为异常粗大的铁素体组织（图8-11），板厚方向仅有两个晶粒。

零件失效原因倾向于热处理工艺不当，导致材料晶粒粗大，脆性增加，疲劳性能严重下降，使用时发生早期疲劳断裂。

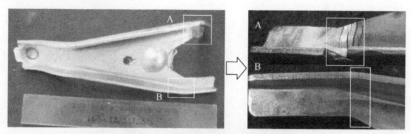

图 8-6　离合器分离叉宏观形貌

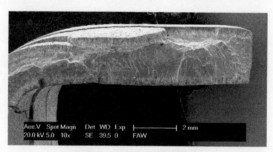

图 8-7　叉脚 A 断口形貌

图 8-8　叉脚 A 断口边缘形貌

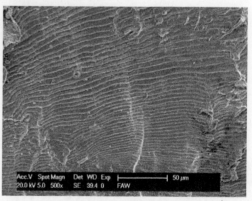

图 8-9　叉脚 A 断口中心形貌

图 8-10　表面金相组织

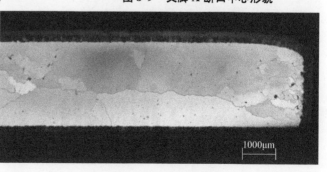

图 8-11　心部金相组织

8.3.2.4 装配工艺不当导致开裂

某发动机的飞轮驱动盘在试验过程中发生开裂，宏观形貌如图 8-12 所示。飞轮驱动盘同时连接曲轴及液力变矩器，作为联轴器，具有柔性特征，承担轴间误差，装配关系如图 8-13 所示。

图 8-12　飞轮驱动盘宏观形貌

飞轮驱动盘开裂源于齿环焊缝端头，沿焊缝拓展，如图 8-14、图 8-15 所示。飞轮驱动盘为疲劳开裂，疲劳裂纹源起始于柔性盘与飞轮齿圈焊接点的根部，六个焊接点有四个发生了疲劳开裂，接续分布在同一侧，裂纹逐步扩展，结构失稳，引发柔性盘整体撕裂。这种疲劳开裂源自工作中柔性盘的回转弹性变形过大，且与飞轮齿圈变形能力不协调。究其原因主要应关注驱动盘柔性与同轴度偏差过大的问题。

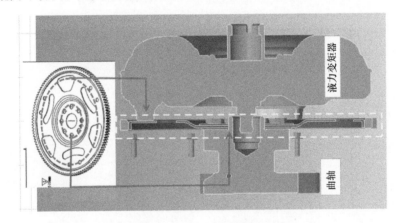

图 8-13　装配关系示意图

图 8-14　开裂位置 1

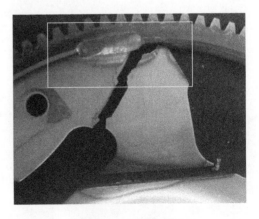

图 8-15　开裂位置 2

8.3.2.5 结构刚度不合理导致开裂

某重型车的转向器托架在道路试验里程 22096km 时发生 4 处开裂，装配关系如图 8-16

所示，开裂件宏观形貌和开裂位置如图 8-17、图 8-18 所示。

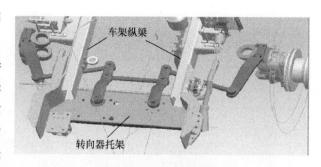

图 8-16 装配示意图

开裂位置 C 与 D 位于转向器托架与车架右纵梁连接的螺栓孔处，开裂位置 A 位于与车架左纵梁连接的螺栓孔处。开裂位置 B 处的裂纹靠近螺栓孔边缘。开裂位置 A、C、D 处均为托架与纵梁的连接处，对断口形貌分析后，发现此 3 处开裂形式相似，取 A 和 B 处进行断口分析，断口形貌如图 8-19、图 8-20 所示。

从断口形貌可以看出，此托架开裂形式为多源双向弯曲疲劳，行驶过程中车架左右纵梁相互扭动产生较大的扭曲形变和载荷，在托架处产生扭矩。

从托架结构分析，零件宽度较大，中间部位刚性大，在工作过程中承受应力的主要部位为两端螺栓孔的位置，造成应力集中而发生疲劳开裂。

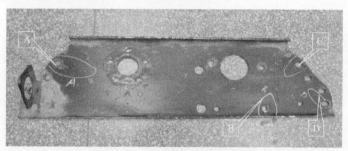

图 8-17 转向器托架宏观形貌

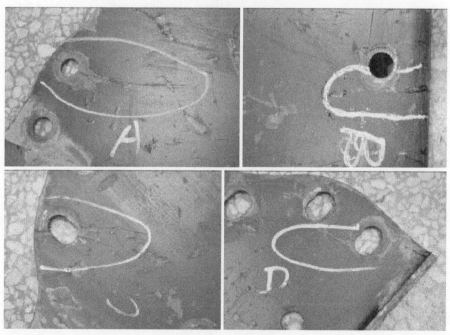

图 8-18 开裂位置

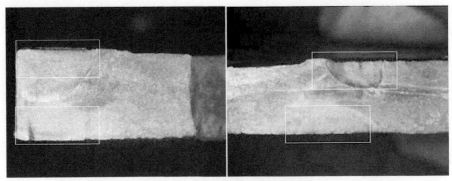

图 8-19　开裂位置 A 断口形貌

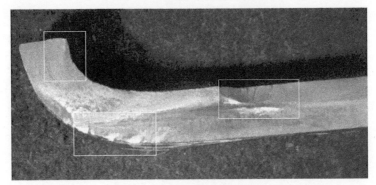

图 8-20　开裂位置 B 断口形貌

8.3.2.6　损伤导致开裂

某牵引车车架纵梁在用户使用过程中螺栓孔处发生开裂，取一段纵梁分析，宏观形貌如图 8-21 所示，设计材料为 500L，厚度 8mm。

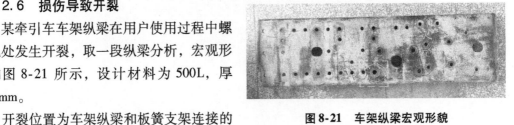

图 8-21　车架纵梁宏观形貌

开裂位置为车架纵梁和板簧支架连接的一处螺栓孔，图 8-22 为纵梁、板簧支架、元宝梁的装配关系。

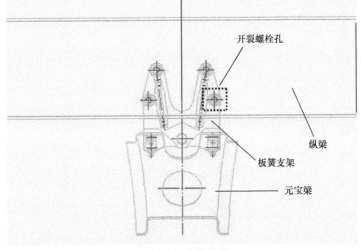

图 8-22　装配关系

纵梁螺栓孔处开裂形貌如图 8-23（外侧表面）和图 8-24（内侧表面）所示，裂纹沿螺栓孔边缘扩展。纵梁内侧表面螺栓孔周围有严重的损伤变形，呈现出六角形压痕形貌。由形貌分析，六角形的损伤倾向于六角螺栓头部对纵梁的冲击造成。可以推断，用户使用过程中，在螺栓与纵梁的配合位置有异常载荷产生。

对断口进行分析（图 8-25），纵梁开裂形式为弯曲疲劳开裂。开裂首先从纵梁的内侧表面发生，与孔周围的损伤有关系。

纵梁失效原因推断为用户使用过程中，在螺栓与纵梁配合面产生异常载荷，使螺栓头部对纵梁螺栓孔周围造成冲击损伤，损伤的发生导致疲劳开裂。

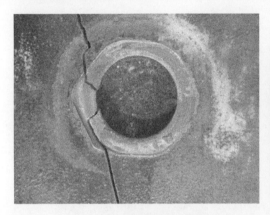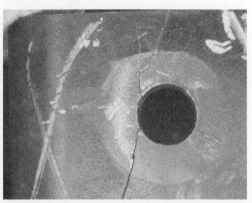

图 8-23　外表面开裂形貌　　　　　图 8-24　内侧表面裂纹形貌

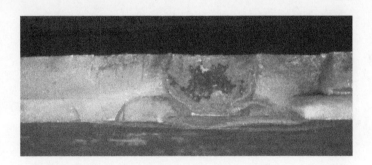

图 8-25　断口形貌

8.3.2.7 "仿形"开裂

在冲压件中，有一类开裂形式相似的零件，代表性的有支架、支撑类零件，连接形式为螺栓连接。这类零件在使用中发生疲劳开裂，开裂位置多出现在螺栓紧固锁紧的部位，裂纹多表现为围绕螺栓垫片分布的特征。

某重型车的转向传动轴支架，试验过程中在螺栓紧固部位发生开裂，宏观形貌如图 8-26所示，装配关系如图 8-27 所示。A 处开裂严重，B 处局部开裂，如图 8-28、图 8-29所示，裂纹形貌呈现出垫片的"仿形"特征，边缘有垫片造成的卡压损伤。

对断口进行分析，断口形貌如图 8-30 所示，断裂形式为弯曲疲劳断裂。疲劳裂纹首先沿垫片造成的圆形卡压损伤轮廓发生并扩展,之后偏离扩展,裂纹形貌与结构及应力分布有关。

螺栓类零件定位、紧固、支撑和稳定各种支架,或类支撑零件,属于典型的圣维南原理结构,结构件上整体的"力矩"最终落实到局部的支撑点上。而且,最大的应力作用在螺母或垫片的边缘处,这就是这种"仿形"疲劳开裂的结构力学条件。而满足疲劳开裂的载荷或变形量过大的外界条件,则是过量"力矩"的存在。锁紧部位局部不均匀分布的应力和过大的结构外载荷力矩,是这种仿形疲劳开裂的核心影响因素。

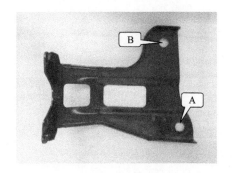

图 8-26　宏观形貌

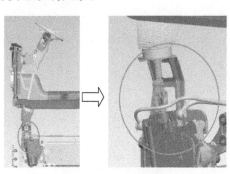

图 8-27　装配关系

图 8-28　连接孔 A 开裂形貌

图 8-29　连接孔 B 开裂形貌

图 8-30　断口形貌

8.3.2.8　变形过大导致开裂

某牵引车散热器侧板在用户使用过程中发生开裂,宏观形貌如图 8-31 所示,开裂部位位于侧板与散热器支撑结构的连接处。散热器侧板裂纹形貌如图8-32所示，该部位位于散热器总成的支撑部位，开裂的位置表现出对该部位几个凸焊螺母及螺孔结构的敏感性。断裂性质属于疲劳开裂，经分析判断，疲劳开裂的初始区域在槽钢翼面边缘的凸焊螺母处，表现出对该部位螺孔结构（边缘过窄）的敏感性。该裂纹向槽底，并沿着槽底圆角扩展。裂纹至槽底部后，结构已经失稳，导致在相关的底平面上两个凸焊螺母的边缘棱角处，陆续发生独立疲劳开裂。这两个疲劳裂纹与水平方向成一定角度，连接后呈棘轮状裂纹。这说明开裂的载荷具有弯曲和扭曲叠加的变形情况。散热器侧板失效原因为车架纵梁发生的扭曲过大。

图8-31　散热器宏观形貌

图8-32　裂纹形貌

第9章

Chapter 9

汽车发动机气门失效分析

9.1 气门的作用

　　内燃发动机工作时，可燃混合气在气缸套、缸盖、活塞和气门等组成的封闭空间（称为燃烧室）中燃烧，零件在高温、高压、燃气腐蚀等十分恶劣的环境下工作。气门是发动机工作过程中密封燃烧室和控制发动机气体交换的密封件，专门负责向发动机内输入可燃混合气或空气，并排出燃烧后的废气（图9-1）。如果说发动机是汽车的心脏，那么气门就是心脏中的心瓣（图9-2）。

图9-1　气门工作位置

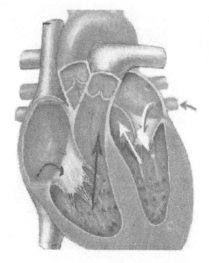

图9-2　气门的作用类似心脏的心瓣

9.2 气门的工作情况

　　气门落座时受到弹簧的预紧力、落座力和燃烧压力，打开时则受到摇臂等的顶推力与侧向力，它们还受到高速燃气的冲刷与腐蚀，并与配件机构中其他零件如：气门座圈、导管、油封、弹簧、锁夹片及摇臂顶和气门旋转机构，因相对运动而互相制约与摩擦。内燃机配气机构结构简图如图9-3所示，气门及其相关件配合关系如图9-4所示。

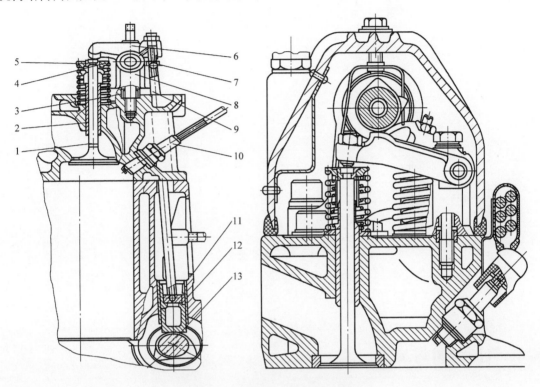

图9-3 内燃机配气机构结构简图
1—气门 2—气门导管 3—气门弹簧 4—气门弹簧座 5—垫片 6—气门摇臂 7—摇臂轴 8—摇臂轴支架
9—气门推杆 10—火花塞 11—挺柱导管体 12—气门挺柱 13—凸轮轴

气门的工作条件恶劣，首先是温度高，进气门的工作温度可达600℃左右；排气门的工作温度可达800℃甚至更高。其次，气门在落座时承受由惯性力引起的冲击交变载荷及弹簧压力。进气门主要承受启闭过程中的反复冲击负荷，以及燃烧压力。排气门除此以外，还承受高温氧化腐蚀气体的高速冲刷及热应力（即气门盘部因温度梯度产生的应力）。这就要求气门：

1）具有合理的外形尺寸，对气流阻力要小，以提高气缸的充气和排气效率，保障发动机的动力性和经济性。

2）具有足够的热强度，在高温下能承受很大的冲击负荷作用。

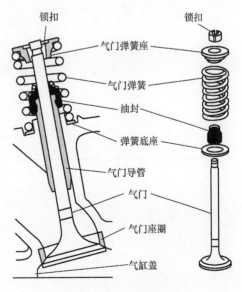

图9-4 气门及其相关件

3）具有良好的耐磨性。

4）具有良好的抗氧化性能。

气门各部位的名称如图 9-5 所示。

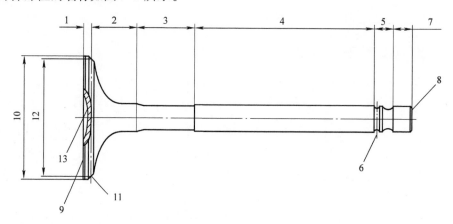

图 9-5 气门各部位名称

1—盘部 2—颈部 3—除积炭凹部 4—杆部 5—锁夹槽部 6—挡圈槽 7—杆端部
8—杆端面 9—盘端面 10—盘外圆 11—盘锥面 12—基准直径 13—底窝

9.3 气门材料与工艺

气门材料主要有以 40Cr 为代表的合金结构钢，以 45Cr9Si3 为代表的马氏体耐热钢，以 21 – 4N 为代表的奥氏体不锈钢，以 Inconel 751 为代表的高温合金。具体见表 9-1。

气门加工的主要工艺为原材料进货检验—下料—摩擦焊接—电镦冲压—热处理—堆焊—探伤—机加工—镀铬/渗氮— 密封检验—最终检验—清洗包装。

表9-1 常用的气门材料

材料种类	材料牌号
结构钢	40Cr、8645H
马氏体钢	45Cr9Si3、42Cr9Si2、40Cr10Si2Mo、51Cr8Si2、80Cr20Si2Ni、85Cr18Mo2V、422S
奥氏体钢	21 – 2N、21 – 4N、21 – 12N、23 – 8N、21 – 4N + WNb、61Cr21Mn10Mo1V1Nb1N
高温合金	Inconel751、Nimonic80、Pyromet31V、Ni30

9.4 失效案例分析

据美国戴维斯 – 汤姆森公司的统计资料，气门损坏除小部分是因气门材质、制造与设计等原因外，绝大部分气门损坏（85%）是由于相关件问题、安装，使用、维护不当或过载造成的。然而，很多服务站的鉴定人员，甚至有些发动机厂的工程师，看到气门有问题，就简单地认为是气门自身的责任。

　　一份完整的失效分析报告必须包括目视观察、放大检查、测量、材料化学成分分析、力学性能测试、金相分析、扫描电镜和能谱分析等。本文主要介绍了气门简单、直接的鉴定分析方法，目的是使用户正确安装、使用与维护气门。

9.4.1　气门受到运动干涉碰撞

　　从图 9-3 所示的内燃机配气机构结构简图可以看出，气门是整个配气机构中最靠近活塞的零件，也可以说整个配气机构都是为气门打开、关闭服务的。配气机构中任何一个零件出了问题，都会反映到气门上。气门发生干涉碰撞通常表现为气门杆根部断裂，首先要看断裂气门的杆部是否还保持平直，如果气门杆部已经弯曲（图 9-6），则可以排除该气门是肇事件。因为气门在正常工作时该部位受到的力仅仅是来自气门弹簧的正向拉应力，其受到的载荷也比较小，这么小的载荷无论如何是不会造成气门杆部弯曲的，也只有受到额外的大能量载荷作用才会导致这样的弯曲。从气门断面往往也可以看到始断区、放射状撕裂棱（图 9-7）、断裂唇（图 9-8）等受到活塞大能量打击的形貌；可以判定应该是撞击到了活塞或者异物。

图 9-6　气门杆部受到大能量打击致弯

图 9-7　气门受到大能量打击断口

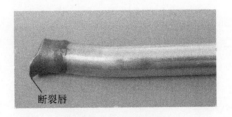

图 9-8　气门断裂唇

　　气门杆部断裂后虽然还保持平直（图 9-9），但断口并不在杆部的垂直面上，而是呈一定的角度，断口的形貌也是呈撕裂棱、小断裂唇状，这也是气门受到活塞大能量打击致断的特征（图 9-10）。

　　气门杆部是平直的，断口与杆部垂直（图 9-11），而且在断口上能明显看到疲劳纹，这也不是气门原因造成的，因为这种疲劳纹的间隔比较宽，证明疲劳扩展速度很快（图 9-12）。这是一种高应力低周疲劳。观察气门锁夹槽有磨损，说明锁夹片与气门锁夹槽

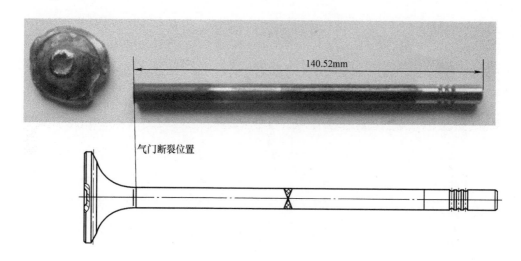

图9-9　气门在杆根部断裂

发生错位（图9-13），气门打开时下止点超过正常范围，活塞顶面能看到有与气门相碰的痕迹（图9-14），证明气门在断裂前经历了与活塞稍大能量反复多次的碰撞。另外一种活塞大能量反复多次碰撞气门的故障，是因为气门杆部与导管由于润滑不良等因素发生卡滞、咬合（图9-15），气门该关闭时不能及时关闭到位。

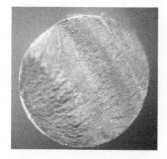

图9-10　大能量打击断口

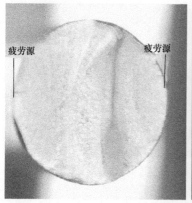

图9-11　杆根断后气门杆部平直

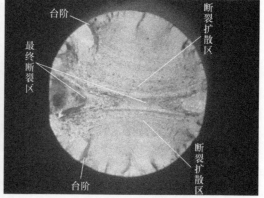

图9-12　高应力低周疲劳断口（多源性疲劳与应力过高有关系）

图9-13　气门锁夹槽磨损

图9-14　活塞顶面与气门相碰痕迹

图9-15　气门杆部与导管咬合痕迹

还有一种干涉断裂发生在气门锁夹槽上。某发动机由于气门弹簧安装位置的原因，在维修发动机，手工安装气门弹簧时，很容易造成安装不到位，使气门锁夹槽受到很大的扭曲力，往往在发动机试机时发生气门锁夹槽位置断裂（图9-16和图9-17），气门杆断口呈典型撕裂型断裂形貌。

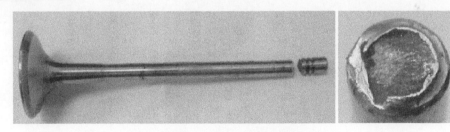

图9-16　气门锁夹槽断裂

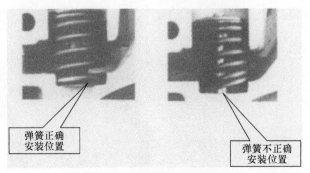

弹簧正确
安装位置

弹簧不正确
安装位置

图9-17　气门弹簧安装不到位

9.4.2 气门受到过热影响断裂

气门锥面延长线与杆根交界处是气门工作时的热点，也是重要的尺寸过渡区，还是主要应力集中处。一般排气门的工作温度为 600~800℃，有的甚至超过 800℃（图 9-18）。在高周拉压交变应力、冲击交变应力、弯曲交变应力、冷热交变应力，以及高温燃气（主要是排气门）的腐蚀与冲刷这几项因素之一，或者所有因素的共同作用下，时有发生断头失效。

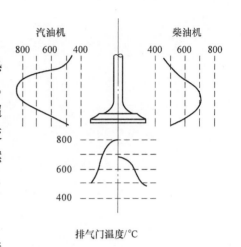

图 9-18 气门工作温度场

9.4.2.1 气门热应力开裂

某工程机械的柴油发动机在用户使用过程中相继有排气门断裂现象发生。气门材料为 21-4NWNb，杆部对焊，盘部堆焊。

排气门断裂均发生在杆部与盘部交接处，如图 9-19 中 1#样品所示。该部位被认为是第二热点区域，断口形态为疲劳断口（图 9-20）。另外，同一缸中的 2#排气门在大体相同的部位周圈上有多处裂纹存在（图 9-21），裂纹剖开后检视，呈现为多个起始于表面的疲劳区（图 9-22），微观断口为沿晶疲劳形态（图 9-23）。

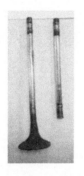

图 9-19 1#样品

图 9-20 断裂断口

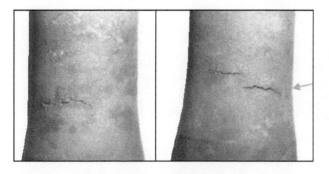

图 9-21 同缸中 2#样品杆部裂纹

图 9-22 裂纹剖开

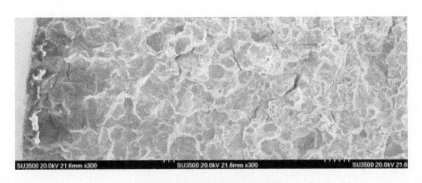

图 9-23　疲劳区域微观断口

　　杆部开裂部位的金相组织，可见表面已经出现了明显的层状析出组织，但并不严重。该部位表面层组织的另一个特征则是以孪晶表现出来的晶粒挤压形变、晶粒间的开裂和脱落，以及开裂晶粒件的圆化损伤等，分别如图 9-24 ~ 图 9-27 所示。

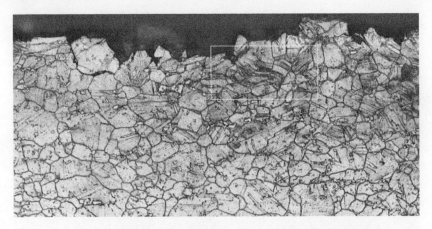

图 9-24　表面层的层状析出组织、晶内的挤压形变及晶粒脱落

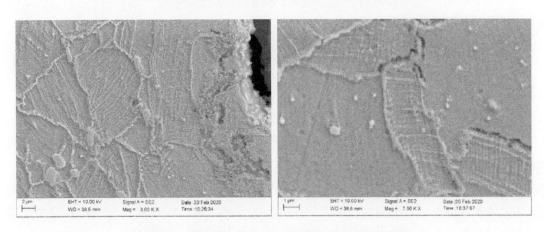

图 9-25　晶粒层状析出组织以及晶粒的挤压形变组织

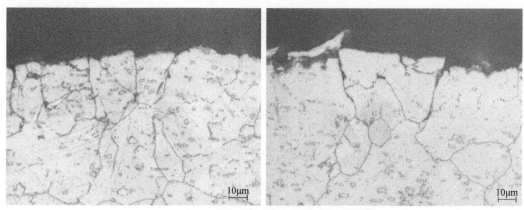

图 9-26　晶界的挤压滑移和晶粒挤出、脱落

图 9-27　晶粒的挤压滑移和晶界损伤、开裂及脱落

上述的各种损伤形式表明，相关排气门的疲劳开裂应该起始于杆部表面层的热损伤，属于热疲劳损伤的极端情况。这种情况被认为是杆部损伤部位多次受到了短时间瞬时的高温热冲击作用，在三五个晶粒的深度范围内产生了高温膨胀、挤压塑性变形、晶界的滑移，以及损伤、开裂及脱落。这种故障应该与工程机械工作中偶有发生的"越障碍性"工况相关，而相关损伤的持续发展诱发了后续的疲劳开裂。

9.4.2.2　气门热疲劳断裂

某增压汽油机在耐久试验过程中，试验进行到 460h 时，发动机出现故障，排气门发生断裂。

排气门断裂在颈部第二热点处，杆部弯曲，如图 9-28 所示。气门断口平直，裂纹源位于表面，属于疲劳断口，断口上有多处撞击的痕迹，如图 9-29 所示，断口附近的杆部表面多处粘附大块的氧化皮，如图 9-30 所示。

将气门断口沿轴向剖开，观察组织变化，可见表面有 $20\mu m$ 左右的灰黑色氧化皮，氧化皮上有许多微小裂纹，有的裂纹已经沿晶界向基体内部扩展，如图 9-31 所示，并且氧化也沿裂纹向里扩展，如图 9-32 所示。次表层有 $50\mu m$ 左右的层状析出组织，如图 9-33 所示，不同于心部组织，说明该气门表面受热严重。

高温的工作环境及腐蚀气氛使气门表面发生氧化，形成一层薄且脆的氧化皮，在冷热循环的工作过程中，气门基体会发生膨胀及收缩，而表面的氧化皮对基体形成约束，由于氧化皮没有弹性，会在内部基体的反复伸缩过程中撕裂，导致气门表层组织随氧化皮的撕裂而开裂，且裂纹沿着晶界向内部扩展，直至断裂。这种故障是由于高温及强腐蚀的工作环境，导致气门表面先发生氧化，而氧化皮对热疲劳更加敏感，进而产生气门热疲劳断裂。

图9-28　排气门断裂

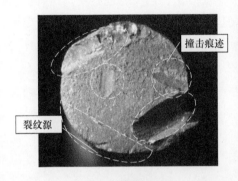

图9-29　疲劳断口

图9-30　杆部表面氧化皮

图9-31　表面氧化皮

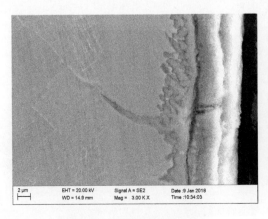

图9-32　氧化沿裂纹扩展

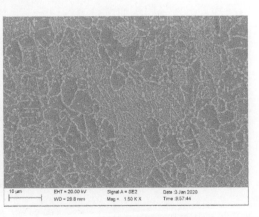

图9-33　次表层层状析出组织

9.4.3 锥面失效

气门在工作过程中所受的热量，约75%是通过盘部与座圈接触而散发的，盘锥面与座圈的配合是气门最主要的配合面，它直接影响到发动机的输出功率，锥面失效也是气门失效的主要模式。

9.4.3.1 锥面磨损

很多人往往直观地认为，气门锥面磨损就是因为锥面的硬度太低了，提高锥面硬度就能解决问题。同样道理，座圈磨损了，就提高座圈的硬度，这样的结果就是气门锥面与座圈都在不断提高硬度，最终把这两个配合副逼到一个狭窄的角落去了。其实关于摩擦磨损，是一个专业的学科，有很多专业书籍介绍，在此就不展开了。首先，要分清楚磨损的模式，是磨粒磨损还是黏着磨损，对磨粒磨损提高硬度是很好的解决办法，但关键还是要找到磨粒磨损的源头。还要考虑接触应力是不是太大了。现在发动机厂做台架试验，考核气门与座圈配合副时，很关注气门下沉量这个指标，重点在材料与硬度、金相等因素，往往忽略气门锥面与座圈工作面的干涉角因素。干涉角越大，初期两者的接触面积就越小，接触应力就越大，所以应该把干涉角控制在合理的范围内。气门头部与座圈的刚性也会影响锥面的磨损，因为发动机燃烧压力使气门锥面与座圈之间产生微窜动，刚性不足会造成这种窜动加剧。对黏着磨损来说，要从金相的角度来分析，两者的金相越接近越容易发生黏着磨损。无论磨粒磨损还是黏着磨损，润滑对降低磨损是至关重要的。气门间隙不当、凸轮轮廓线偏差、气门落座加速度增加、进气洁净度差、油品不合格等因素，都会造成气门锥面磨损。

某天然气发动机在台架试验过程中，试验人员发现漏气超标，拆机检查，发现气门下沉量明显过大，多缸排气门盘锥面磨损严重，见图9-34。

图9-34 排气门盘锥面磨损

有的气门锥面磨损带较窄，锥面有豆粒大小的凹坑；而有的锥面磨损带变宽，整个锥面全部磨损，见图9-35。多个气门盘锥面均有不同程度的凹陷，从与座圈接触的截面图可以清晰看出，气门锥面材料磨损损失，见图9-36。

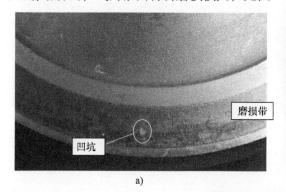

a)

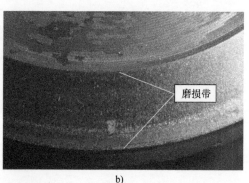

b)

图9-35 排气门磨损面

a）窄磨损带 b）宽磨损带

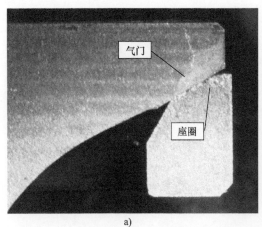 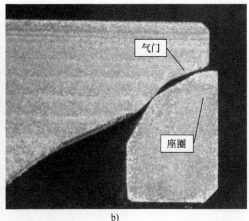

a) b)

图 9-36　气门与座圈接触截面图

a) 新气门　b) 磨损后气门

1#排气门锥面分为四个磨损区域（图 9-37），图 9-38 ~ 图 9-41 分别为不同区域的微观磨损形貌，具体分析如下：

首先定义 B 区域（图 9-39）和 C 区域（图 9-39）的磨损性质。这种磨损属于表面层定向的敲击、碾压变形并剥落性磨损，变形的方向沿径向指向外缘。这两个区域形态大体相同，表面层处于不断的碾压变形、剥落的交替发展过程，其发展的进程或状态较为稳定。

 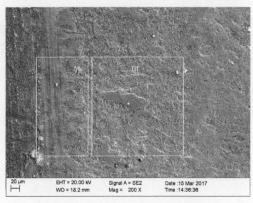

图 9-37　1#排气门锥面磨损区域　　　　**图 9-38　1#排气门 A 区域磨损形貌**

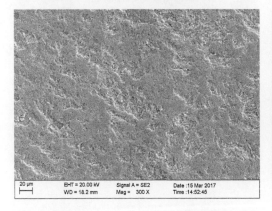 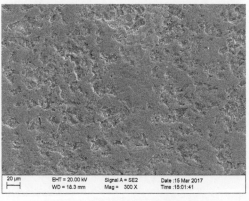

图 9-39　1#排气门 B 区域磨损形貌　　　　**图 9-40　1#排气门 C 区域磨损形貌**

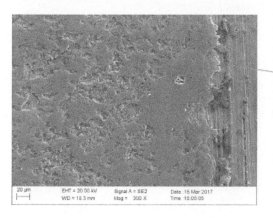

图 9-41　1#排气门 D 区域磨损形貌

A 区域（图9-38）可以分为两个区域，外侧的横向棱线为座圈棱边敲击变形的边缘，其中靠内的边缘处有初始的拉伤痕迹；里侧的剥落区域大部分呈现了剥落状态，表面变形覆盖区较少，说明其处于高应力、快速剥落发展阶段。

而 D 区域（图9-41）为磨损外缘部位，表现出典型的向外侧的敲击、变形、流动、堆积及剥落的形态。

2#排气门的磨损性质基本与1#排气门类似，可以看到气门上物质的剥落与黏附，但除此之外，还可以看到明显的犁沟擦伤磨损，见图9-42。

3#排气门锥面整体磨损形貌见图9-43，可以分为 E、F、G 三个区域，三个区域的磨损形貌见图9-44 ~ 图9-46。由以上几个图可见，锥面呈现大量剥落、黏附，并且出现了犁沟，尤其在 F 区域（图9-45），犁沟的长度较2#排气门锥面上的犁沟要长，这种区域处于磨损的快速发展状态。

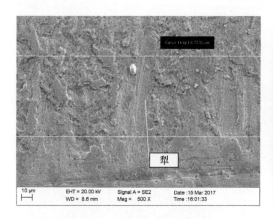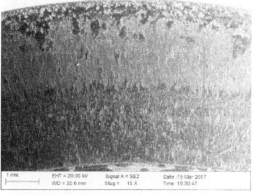

图 9-42　2#排气门磨损形貌　　　　图 9-43　3#排气门锥面整体磨损形貌

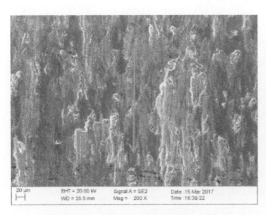

图 9-44　3#排气门 E 区域磨损形貌

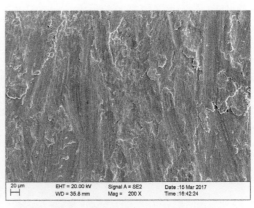

图 9-45　3#排气门 F 区域磨损形貌

从气门微观磨损形貌可以映射磨损过程的一些细节。例如，1#排气门锥面磨损形貌，A 区域外侧被座圈棱边敲击变形的边缘，反映了气门具有摆动不定的特性。另外，从 2#排气门和 3#排气门锥面磨损的微观形貌来看，有明显的犁沟，说明气门与座圈之间有径向运动，从犁沟的长度可以换算出径向运动的距离。3#排气门锥面犁沟的长度较 2#排气门锥面上的犁沟要长，说明 3#排气门与座圈之间的径向运动距离更大，估计气门的单侧摆动量可能接近 0.20mm。

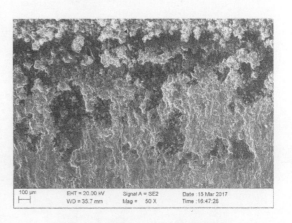

图 9-46　3#排气门 G 区域磨损形貌

气门锥面与座圈产生相对滑移，说明气门导管下端磨损（喇叭状），导管对气门的约束失效。在气门与座圈相对径向运动的过程中，座圈锥面上的棱起到了类似刀的作用，不断对气门锥面进行刮削，加剧气门锥面磨损。除此之外，气门的径向摆动也造成气门与座圈不对中，减少气门与座圈之间的初始接触面积，增加由气门关闭时冲击负荷所产生的变形，增加滑动的距离，从而加快磨损速率。

排气门磨损特征表现为敲击变形、流动、剥落；剥落磨损形式与气门的轴向不稳定状态有关，磨损机理主要为冲击磨损和磨粒磨损。

此故障是由于气门导管下端磨损，导致排气门落座不稳，落座时气门与座圈发生径向运动，从而加剧气门锥面磨损。

图 9-47 是某型号天然气发动机 1000h 试验，可见锥面出现麻点，排气门锥面麻点分布较为均匀，最大麻点的宽度比较接近密封带的宽度，如果遇到更大颗粒造成的麻点，麻点之间连贯起来超过密封带，就会引起漏气。从图 9-48 中可以看到，气门凹坑处保留着渗氮层，而且渗氮层沿着麻坑变形，说明气门锥面麻坑的产生是由于燃烧后颗粒碾压造成；气门锥面

的落座力和速度由气门升程及凸轮轴型线决定，减少气门升程或降缓凸轮轴型线可以减小气门落座时的冲击和速度，进而可以减少颗粒掉下造成碾压麻坑的机会。

图9-47　气门锥面麻点图

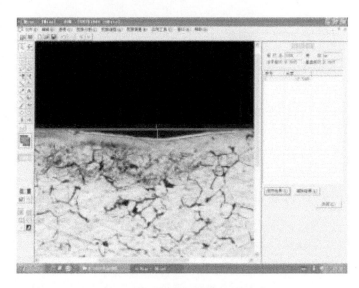

图9-48　渗氮层沿着麻坑变形

9.4.3.2　锥面漏气

锥面漏气（图9-49）往往比锥面磨损的危害更大，因为一旦形成泄漏通道，气缸内的高温高压燃气就会对气门锥面产生烧蚀，气门以及发动机很快就会失效。

图9-49　气门锥面烧蚀

造成气门锥面烧蚀的主要原因有：

1）气门盘锥面与座圈研磨不均。

2）气门杆端与摇臂间隙过小，气门落座后部分脱离阀座或接触不良。

3）气门杆与导管间隙过小，或两者之间的机油中的杂质阻滞，而使气门杆被卡住，使盘锥与座圈留有间隙，高温燃气侵入而造成烧蚀。

4）气门锥面落座不均，单边落座，而且气门在工作过程中没有自转。

5）喷油器漏油、点火提前角过大、发动机长时间高负荷工作导致过热；气门厚度太薄、气门材料高温强度不足。

6）气门盘锥及阀座积炭过多，气门盘锥面或座圈磨损甚至剥落不均，形成一条高温燃气泄漏通道；硬炭粒冲击气门座表面，伤痕日益加深，形成一条高温燃气泄漏通道。

7）堆焊层存在气孔、裂纹、疏松或堆焊严重烧穿；有严重磕碰损伤。

正常情况下，气门锥面与座圈有一个干涉角（图9-50），而且方向为朝着气道方向开口。但由于发动机工作时座圈高温变形，使干涉角反而朝着气缸方向（图9-51），也会造成气门锥面龟裂，并发展成烧蚀（图9-52）。

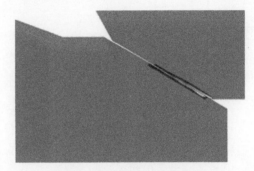

图9-50　正常的干涉角方向

图9-51　错误的干涉角方向

图9-52　锥面龟裂

镍基高温合金由于具有优异的耐高温、抗氧化腐蚀性能，被越来越多的高档发动机气门所采用。但镍基合金对硫腐蚀非常敏感（图9-53），图9-54是某款头部材料为Inconel 751的船用柴油机排气门被硫腐蚀后产生烧蚀的形貌。

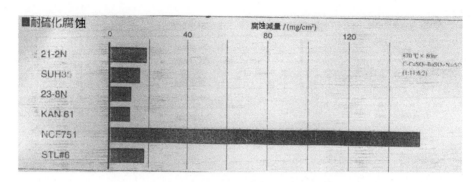

图 9-53　常用气门材料耐硫腐蚀性能

9.4.4　颈部失效

颈部为气门的重要尺寸过渡区，也是主要应力集中处。如前面分析的那样，在高周拉压交变应力、冲击交变应力、弯曲交变应力、冷热交变应力与高温燃气（主要是排气门）的腐蚀与冲刷这几项因素之一，或者所有因素的共同作用下，时有发生断裂失效。

9.4.4.1　偏载受力失效

发动机工作过程中，由于座圈的热变形、座圈、导管磨损，来自摇臂的侧向力等因素，

图 9-54　被硫腐蚀的气门锥面

导致气门锥面不能均匀地落在座圈上，形成单边落座（图 9-55）。从有限元的计算结果看，单边落座使气门头部过渡区位置受到的应力成倍增加（图 9-56）。

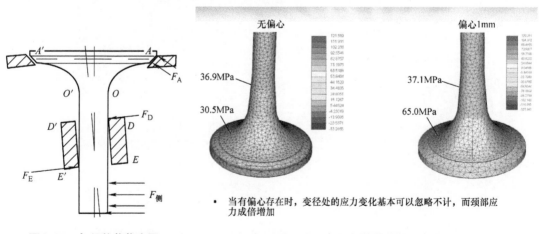

* 当有偏心存在时，变径处的应力变化基本可以忽略不计，而颈部应力成倍增加

图 9-55　气门偏载落座图　　　　　　图 9-56　气门偏载落座时受力变化

图 9-57 是典型的气门偏载受力造成颈部断裂的案例，可以看到杆部有一边受到严重偏磨的痕迹（图 9-58）。而气门的盘锥面有受力不均匀的痕迹（图 9-59），从失效气门的杆端

面可以看到，气门在运行过程中没有自转痕迹（图9-60）。

图9-57　气门颈部偏载受力断裂

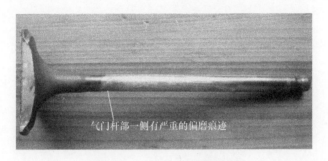

图9-58　气门杆部偏磨痕迹

图9-59　气门锥面偏磨痕迹

图9-60　气门杆端面没有自转

9.4.4.2　气门颈部受力过载失效

某柴油发动机台架试验300h左右，排气门出现断裂。

发动机中一个排气门断裂于盘部与颈部交接处，见图9-61。另外多个排气门在盘部与颈部交接处出现周圈裂纹，见图9-62。图9-61中气门断裂的位置与图9-62中气门周圈裂纹的位置一致，说明两者的失效机理相同，产生周圈裂纹是断裂的前身。

因为该气门经过表面渗氮处理，图9-63可见裂纹内无渗氮层，说明裂纹产生于渗氮工序后，不是加工裂纹，而是在使用过程中产生的。

气门的金相组织为奥氏体，晶粒度4－5级，见

图9-61　气门断裂

图9-64，并且合金碳化物主要沿晶界析出，晶内析出的碳化物较少，见图9-65。

图 9-62　盘部周圈裂纹

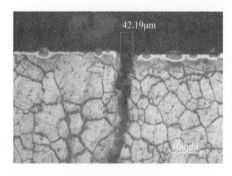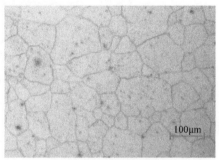

图 9-63　渗氮层　　　　　　　　　　　　图 9-64　金相组织

分析气门的断口，裂纹源起始于盘部表面，起始区呈快速开裂特征，见图 9-66。这暗示气门承受的外力过大。断口微观形貌呈现冰糖状，属于沿晶断口，见图 9-67。这说明气门材料晶粒粗大，强度不足。另外，在晶粒内部可以看到疲劳辉纹，见图 9-68。这证明气门属于疲劳断裂。

这种故障是由于该发动机本身爆发压力过大，而气门由于晶粒粗大，其弯曲疲劳强度和塑性大幅度降低，从而由于强度不足导致机械疲劳。

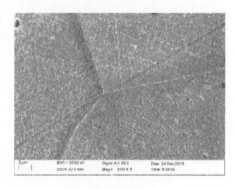

图 9-65　碳化物析出

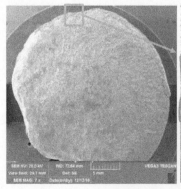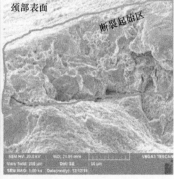

图 9-66　断裂起始区

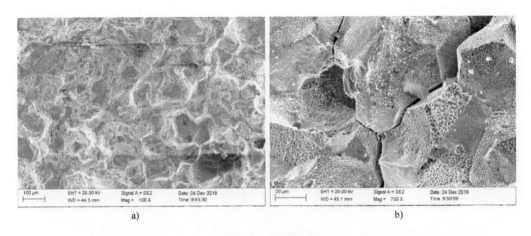

a)

b)

图9-67　沿晶断口

a)　×100　b)　×700

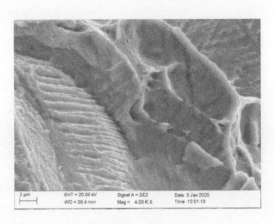

图9-68　疲劳辉纹

9.4.5　气门杆端面磨损

气门摇臂或气门桥通过与气门杆端面接触来打开气门，其失效模式一般为磨损。

图9-69为气门杆端面磨损案例，可以看到气门杆端面、摇臂驱动工作面受到严重的磨损（图9-70~图9-72）。

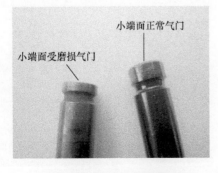

小端面正常气门

小端面受磨损气门

图9-69　气门杆端面磨损

图9-70　杆端面磨损形貌

图 9-71　摇臂驱动面磨损

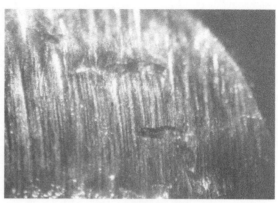

图 9-72　摇臂驱动面磨损形貌

下面对杆端面和摇臂组成的摩擦副磨损面不同区域进行 SEM 分析。

图 9-73 是杆端面磨损后表面的 SEM 低倍形貌，在磨损中心区域相对光滑平整，而边缘区域则含有较多的颗粒，整个磨损面包含较多的磨损条纹。

图 9-74 是磨损面中心区域 SEM 形貌放大，犁沟磨痕清晰可见，磨痕上还分布着白色的颗粒，是典型的磨粒磨损。

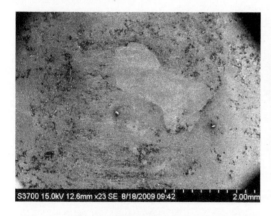

图 9-73　气门杆端面表面磨损 SEM 低倍形貌

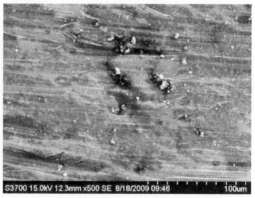

图 9-74　磨损面中心

摇臂磨损面上局部存在疏松崩落和孔洞（图 9-75），整个面上摩擦磨痕清晰可见，即将崩落的颗粒棱角分明，是碳化物颗粒材料特征，以沿晶方式脱落。说明有不少摇臂材料颗粒已经转移至磨损面上，对磨损面形成磨粒磨损。图 9-76 为对白色颗粒进行 SEM 分析的结果，白色颗粒中 Nb 含量高达 81.3%。

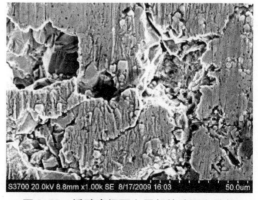

图 9-75　摇臂磨损面上局部的孔洞和疏松

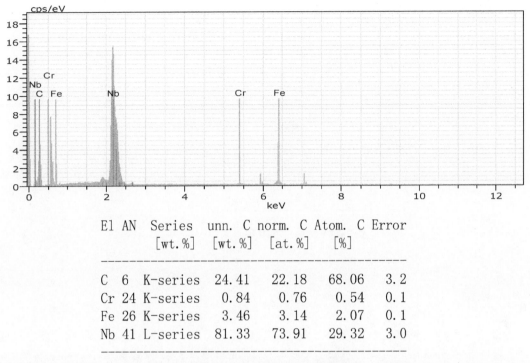

El	AN	Series	unn. C [wt.%]	norm. C [wt.%]	Atom. C [at.%]	Error [%]
C	6	K-series	24.41	22.18	68.06	3.2
Cr	24	K-series	0.84	0.76	0.54	0.1
Fe	26	K-series	3.46	3.14	2.07	0.1
Nb	41	L-series	81.33	73.91	29.32	3.0

Total: 110.03 100.00 100.00

图9-76 白色颗粒EDS能谱

图9-77是摇臂磨损面的EDS能谱图。能谱图显示,摇臂的材料含较高的Nb和Cr,是一种高铌高铬钢,证实白色颗粒是摇臂中以碳化物形式存在的碳化铌。摇臂中含碳量也较高。Nb和Cr是强碳化物形成元素,在钢中通常以碳化物形式存在。脱落的颗粒随着磨损过程周期发展,碳化铌磨粒被越来越多地推向磨损面边缘,形成气门杆端面磨损面边缘看到的白色颗粒。

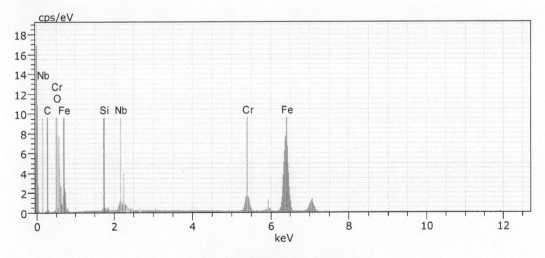

图9-77 摇臂材料的EDS能谱

```
El AN  Series  unn. C norm. C Atom. C Error
               [wt.%]  [wt.%]  [at.%]   [%]
----------------------------------------------------
C   6  K-series   1.34   1.28    5.70    0.3
O   8  K-series   0.79   0.75    2.51    0.3
Si 14  K-series   1.10   1.05    1.99    0.1
Cr 24  K-series   9.88   9.45    9.68    0.3
Fe 26  K-series  82.35  78.71   75.10    2.2
Nb 41  L-series   9.17   8.76    5.03    0.4
----------------------------------------------------

   Total: 104.62  100.00  100.00
```

图 9-77 摇臂材料的 EDS 能谱（续）

9.5 总结

发动机气门的失效模式多种多样，原因错综复杂，涉及气门设计选材、制造、装配和使用等众多方面，积累失效案例及分析经验，可以让气门设计者和制造者关注这些失效问题，尽量避免失效带来的损失。

第10章

汽车用齿轮类零件失效分析

齿轮在汽车上有着广泛的应用，主要应用于变速器、主减速器、发动机轮系、转向器等总成。通常接触到的齿轮类型有圆柱齿轮、螺旋锥齿轮、齿圈、齿条、涡轮蜗杆等，在汽车的行走能力、行走轨迹和速度的提供和控制方面起着关键的作用。

齿轮是汽车传动系统的重要零部件，主要起到传递动力、改变运动速度和方向的作用。齿轮工作条件比较苛刻，轮齿在传递功率和运动过程中，在齿根产生弯曲应力，齿面产生接触应力，齿面间相对滑动摩擦而产生磨损。若齿间存在间隙，在啮合过程中还会产生冲击。因此，要求齿轮不但具有较高的弯曲疲劳和接触疲劳强度，还要具有良好的耐磨性能及抗冲击性能。

汽车齿轮最常见的一种失效形式是疲劳失效，主要包括弯曲疲劳开裂和接触疲劳开裂两大类型，这两种失效经常会交错发生，互相关联，往往具有相同的敏感性要素和可靠性的表现，因此有必要把两种失效形式一并地讨论分析。另外作为齿轮的疲劳失效分析，一般是以变速器、减速器和驱动桥齿轮失效案例为主体，失效形式数量大、种类繁多。而齿轮的疲劳失效往往又与系统内其他相关零部件不同种类的工作异常和失效相伴发生，互相影响，比如各种摩擦磨损问题等，这些都使得齿轮的疲劳分析具有系统性和综合性的技术特征。

10.1 汽车齿轮材料及工艺

汽车齿轮具有高可靠性要求的一类零件，在各种使用工况和可靠性试验中，齿轮的失效也具有多发性和多样性的特征，通常接触到的齿轮失效主要有弯曲疲劳、接触疲劳和摩擦磨损、冲击打齿等。因此，对齿轮的材料、成形及热处理工艺、零件的制造精度及轴齿系统的配合关系及精度、结构强度有着较高的要求。

齿轮的内在质量为性能保证的核心要素之一，这包括齿轮的材料性质和热处理技术。齿轮根据性能的要求可以采用不同的钢铁材料和热处理工艺，如铸铁、调质钢，则采用调质和渗氮、感应淬火等工艺，但对于高强度、长寿命要求的汽车齿轮，还是以低碳合金渗碳钢及渗碳淬火工艺为主。渗碳淬火齿轮具有表面强化性能优良、心部强韧性好、工艺稳定等优势，因而得以广泛应用。为确保齿轮的工艺性能和使用性能，汽车渗碳齿轮钢通常为本质细晶粒钢，并要求有适当的淬透性控制和较高的纯净度等。目前主要应用的钢材种类包括 Cr、Cr－Mn、Cr－Mn－Ti、Cr－Mo 系和 Cr－Ni－Mo 等系列齿轮钢。

齿轮经过渗碳淬火热处理后，可以使齿轮获得良好的接触疲劳、弯曲疲劳、耐磨损和抵抗冲击的性能。同时，要求表面进行良好的强力喷丸处理，这是提高轮齿弯曲疲劳最有效的工艺方法之一。

10.2 齿轮疲劳失效的基本技术特性

汽车齿轮的疲劳损伤或失效主要涉及接触疲劳和弯曲疲劳两大类型。齿轮疲劳损伤的失效分析总体来讲实际上是一种技术分析评价活动，作为一种分析、评价的技术体系，有一些重要的要素需要关注，包括疲劳强度、疲劳应力和性质、寿命的折损率、失效模式等。而且，广义的疲劳失效模式具有多方面、多层次的系统性。

10.2.1 齿轮疲劳失效模式

"模式"是研究自然现象的图式理论和解释方案，同时也是一种思维方式。在疲劳失效分析过程中，失效模式分析则是重中之重的技术或过程。表 10-1 给出了齿轮轮齿的各种疲劳失效和摩擦磨损的一般性模式，并指出了主要的失效形态和影响因素。但实际上构件疲劳失效的"表观表现形式"并非完整的"失效模式"，其应该属于狭义失效模式的范畴。而广义的失效模式应该包括一个完整的零件或系统运行的技术状态、过程规律、失效性质属性。比如从产品可靠性角度看问题，"疲劳寿命预期"是关注点，而从解决问题的角度看问题，"疲劳模式预期"则是关注点。所谓的疲劳模式预期，是指在完整的设计和良好的技术状态下，齿轮工作系统中应该发生什么样的疲劳失效。

对于齿轮来讲，通常在预期之内的失效模式，考虑问题的核心思路应该在疲劳强度和疲劳应力之间的关系方面。对于那些异常的或预期之外的齿轮及其系统的失效模式，则更多地分析和考虑系统的异常因素。而且从目前国内的技术状况讲，齿轮的这种异常失效是占主体地位的，影响因素包括目前的材料工艺、设计制造、试验使用等各个方面。

表 10-1 齿轮轮齿的一般性失效模式

	故障模式特征	举例	损坏形态示意图
表面接触疲劳损伤	麻点疲劳剥落：在轮齿节圆附近，由表面产生裂纹，造成深浅不同的点状或豆状凹坑	承受较高的接触应力的硬齿面齿轮	
	浅层疲劳剥落：在轮齿节圆附近，由内部或表面产生裂纹，造成深浅不同、面积大小不同的片状剥落	承受高接触应力的重载硬齿面齿轮	

（续）

	故障模式特征	举例	损坏形态示意图
表面接触疲劳损伤	硬化层剥落：经表面强化处理的齿轮在较大接触应力作用下，由于应力/强度比值大于0.55，在强化层过渡区产生平行于表面的疲劳裂纹，造成硬化层压碎，大块剥落	承受高接触应力的重载硬齿面（表面经强化处理）齿轮	硬化层深度
弯曲断裂	疲劳断齿：表面硬化（渗碳、碳氮共渗、感应淬火等）齿轮，一般在轮齿承受最大交变弯曲应力的齿根部产生疲劳断裂。断口呈疲劳特征	承受弯曲应力较大的变速器齿轮和最终传动齿轮等	裂纹源 裂纹扩展区 最后断裂区
磨损	磨粒磨损：润滑介质中含有类角硬质颗粒和金属屑粒，犹如刀刃切削轮齿表面，使齿面几何形状发生畸变，严重时会使齿顶变尖，磨得像刀刃一样	在有灰砂环境工作的开式齿轮、矿山机械传动齿轮等	
	胶合磨损：轮齿表面在相对运动时，由于速度大，齿面局部温度升高或低速重载使表面油膜破坏，产生金属局部黏合而又撕裂的现象	高速、重载齿轮，蜗杆等	

　　无论从产品可靠性角度还是从解决问题的角度看问题，"疲劳寿命预期"都是主要的关注点。

10.2.2　弧齿锥齿轮失效分析

10.2.2.1　弧齿锥齿轮简述

　　弧齿锥齿轮结构是一对改变转矩传递方向的齿轮副，结构如图10-1、图10-2所示。它主要应用在驱动桥的主减速器上，轿车主要应用在纵置式发动机的减速器上。主动、从动锥齿面结构为准双曲面型，重合度大，传递转矩的能力较大，但齿面工作的相对滑动量较大，要求使用准双曲线面齿轮油。

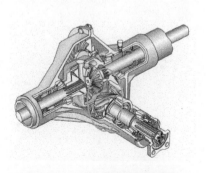

图10-1　主减速器结构示意图

图10-2　主动、从动锥齿轮啮合示意图

除加工制造中的齿轮精度以外，主动、从动锥齿轮轮齿的间隙和接触区域分布，是影响其工作噪声和齿轮寿命的核心因素，也是其接触疲劳和疲劳断齿失效分析中需要关注的核心要素，因为不合理的啮合状态会使其受力状况发生大幅度变化而影响其寿命。图 10-2 示意性地给出了接触区域的位置和形态，以及偏移后的调整方法。实际上接触区域的偏移还与结构支撑能力和载荷的大小有关。

10.2.2.2　弧齿锥齿轮轮齿弯曲疲劳断裂

首先，讨论齿轮弯曲疲劳打齿的失效模式预期问题。其中齿轮轮齿弯曲疲劳断裂形态多种多样，主要与轮齿形状、轮齿的导程角、轮齿的齿高等结构要素有关。齿轮轮齿在良好的受力状态下，其疲劳断齿后，轮齿应该具有相对完整性，这就是轮齿弯曲疲劳断裂的预期失效模式的结构特征之一。换句话说，这种形态表达了轮齿的啮合受力状态良好。

对于驱动桥主动、从动锥齿轮，则涉及"短悬臂梁结构"问题，齿根疲劳裂纹的发生和发展方向发生了变化，近似于台阶结构。此时，轮齿的抗弯能力大幅度提高，同时其剪切力矩也会大幅度提高，带来了剪切疲劳的可能性，这是轮齿疲劳断裂的预期失效模式的另一个结构特征。图 10-3 是主动锥齿轮轮齿疲劳断裂的失效情况，疲劳源发生在轮齿根部，总体上位于轮齿长度方向的中间部位，疲劳断裂的轮齿比较完整，属于预期的失效模式。图 10-4 的疲劳断齿已有偏离弯曲疲劳的倾向，可以看到其疲劳裂纹已经具有向锥台基体方向扩展的特征，依据不同的轮齿结构会有较大的差异，如图 10-5 所示。疲劳裂纹初始会直接向锥台基体深入，这时的轮齿疲劳结构已经偏离了悬臂梁结构，最大正应力方向与载荷方向大体相同，类似于螺栓帽结构，图 10-6 为这种疲劳开裂的纵深扩展疲劳断面。但随着疲劳裂纹的纵深扩展，轮齿的结构会逐步地回归到弯曲结构而转向弯曲疲劳，最终导致一个轮齿片形状断裂。图 10-7 则为最终的悬臂梁弯曲疲劳断裂的疲劳断面。

鉴于上述类型的主减速器主动、从动锥齿轮的疲劳损坏状态，有几个分析要点值得讨论。

其一，对于弧齿锥齿轮，尽管上述轮齿疲劳开裂的形态各异，但其共有的特征是疲劳断齿较为完整。这种类型总体上表达了轮齿的接触区域较为正常，应属于轮齿疲劳的预期模式。在早期疲劳失效的范围内，这种疲劳断齿模式通常说明疲劳应力过大，一般讲是疲劳载荷过大所致。

图 10-3　主动锥齿轮轮齿的弯曲疲劳断裂　　图 10-4　有纵深倾向轮齿的疲劳开裂

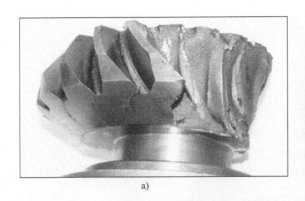

a)　　　　　　　　　　　　　　　b)

图10-5　轮齿疲劳纵深扩展的形态及断齿

a）轮齿疲劳纵深扩展的形态　b）断裂

图10-6　轮齿疲劳纵深扩展的断面

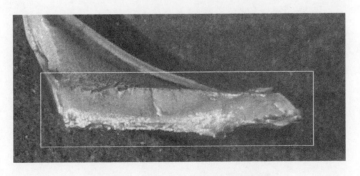

图10-7　对应的最终弯曲疲劳断口

其二，相关各图片中疲劳断齿的形态各异，表达了对齿轮或轮齿的结构形状及尺寸的敏感性。按常规讲，轮齿疲劳属于弯曲疲劳的范畴，但随着其向短悬臂梁结构的变化，第一主应力的方向逐步在发生改变，使其偏离了通常概念上的弯曲结构，影响到疲劳开裂的形式。另外，随着裂纹的深入扩展，轮齿的承载结构同时发生着持续的变化，会影响到后续的开裂模式或裂纹走向。

其三，齿轮的多齿同时疲劳开裂形态，可以等同地理解为轴类件的"多源性旋转弯曲"疲劳开裂，这种开裂形态也表达了对于疲劳应力因素的敏感性，带有开裂的必然性特征。

10.2.2.3　弧齿锥齿轮轮齿的推裂

所谓的推裂，也可以理解为疲劳打齿或疲劳掰裂。这是指轮齿在齿面局部强大推压载荷作用下，发生的一种不具备常规力学结构特性（如弯曲梁）的疲劳开裂，属于非预期失效模式。这类裂纹首先产生在齿顶面或齿顶角处，如图 10-8 所示。然后，多以正齿面斜向劈开式扩展，断口带有明显的从上至下的疲劳贝纹形态，属于典型的高应力低周疲劳现象，缺失的部分应该是碎裂状或片状的疲劳碎块，分别如图 10-9、图 10-10 所示。这种开裂显示出一种硬化层碎裂的性状，因此它应该是在高应力应变状态下硬化层产生的脆性微裂纹，而且应考虑到基体可能会伴有微量的塑性变形。

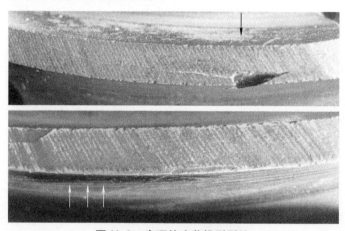

图 10-8　齿顶的疲劳推裂裂纹

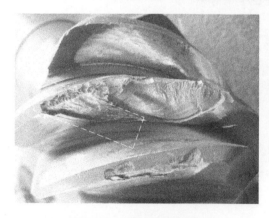

图 10-9　齿顶的疲劳打齿 1

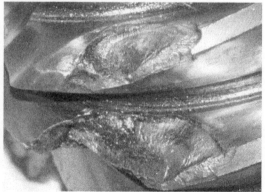

图 10-10　齿顶的疲劳打齿 2

10.2.2.4　弧齿锥齿轮轮齿疲劳压溃

轮齿的疲劳压溃包括两种形式，一种是硬化层压溃，如图 10-11 所示。它的失效特征为齿面硬化层压断，开裂裂纹呈弧形，可以多条并行，为正应力压裂，应不属于接触疲劳，而是与硬化层不足、心部硬度过低有关。另一种典型的形式为轮齿的压溃，如图 10-12 所示，这种情况是在高冲击载荷作用下产生的整齿压溃现象，图中所示的齿轮损坏与发动机辅助制动有关，载荷来自于背齿面，总体属于剪切疲劳开裂的性质，轮齿的损伤带有粉碎性的性质。

图 10-11　硬化层压溃　　　　　　　　　　图 10-12　轮齿压溃

10.2.2.5　弧齿锥齿轮轮齿表面拉伤与剥落

弧齿锥齿轮的节圆位置位于靠近主动齿轮的齿根、从动齿轮的齿顶区域，因此啮合过程中相对滑动的趋势较大，这对齿轮油的性能提出了更高的要求，同时也使得表面拉伤成为弧齿锥齿轮的常见失效形式之一。表面拉伤的性质是表面油膜破坏，金属之间的接触、碾压、咬合的损伤形式。而实际上弧齿锥齿轮的各种表面剥落（接触疲劳），大多与这种先期的表面拉伤有关，如图 10-13 所示。而无论是油膜破坏还是表面拉伤和局部的剥落，均与表面局部的压应力过高、啮合不良有关。

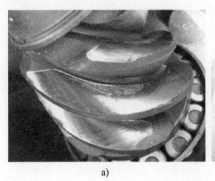
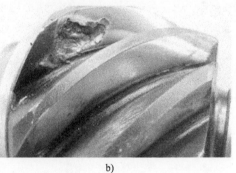

a)　　　　　　　　　　　　　　　　　b)

图 10-13　齿面拉伤与剥落

a）齿面拉伤　b）齿面剥落

10.2.3　圆柱斜齿轮疲劳断裂

10.2.3.1　概况

圆柱斜齿轮是汽车上应用最广泛的齿轮，它具有轮齿啮合的重合度大，承载能力强，噪声小等特点。这种齿轮以变速器齿轮为代表,在驱动桥的一些减速齿轮上也有应用。斜齿轮的各种疲劳损伤是非常常见的,其影响因素具有多样性和复杂性,主要分为材料强度因素和结构应力因素两大类型。在各种失效分析中,同样要考虑齿轮的磨损率问题和失效模式预期问题。

10.2.3.2 圆柱斜齿轮轮齿的弯曲疲劳断裂

斜齿轮的疲劳失效及其影响因素同样具有多样性,因此在失效分析过程中也同样关注斜齿轮的疲劳失效模式预期问题。图 10-14 为斜齿轮轮齿的典型弯曲疲劳断口之一,疲劳源位于轮齿根部中心部位,轮齿断裂得较为完整,可以认为工作中其齿面啮合的应力分布较为合理,也可以认为属于理想或预期的轮齿疲劳断裂模式。这种情况下若属于早期疲劳,则应从材料强度、表面状态、齿根的结构情况,以及工作载荷等方面影响因素来考虑。可以把这种模式称为齿轮轮齿的弯曲疲劳断裂失效。

由于轮齿齿面的不均匀啮合问题所带来的轮齿断齿失效,是日常最常见的轮齿疲劳失效模式。它是一种带有结构性质的齿面异常啮合形式,属于非理想或非预期的轮齿失效模式,经常出现在变速器的可靠性强化台架试验中(图 10-15)。这种不均匀的啮合形式最初以齿面的不均匀接触和摩擦痕迹,以及表面的拉伤和剥落的形式表现出来,其不均匀性通常是一端较重,向另一端逐步减弱,所表达出来的齿面接触应力的不均匀性,近似于线性变化或分布。它所带来的轮齿纵向的载荷分布不均,还会导致轮齿的半齿疲劳断裂,简称为“疲劳打齿”。之所以称为“疲劳打齿”,是因为这种失效模式有别于轮齿的弯曲疲劳断裂。这种疲劳断齿有两种表现形式:一种是起源于节圆处接触疲劳损伤部位的疲劳断齿(常伴有齿面压溃的情况),表现出对表面损伤应力集中的敏感性,如图 10-16 所示;另一种是产生于齿根处的疲劳断齿,表现出对于某种状态引起的局部工作应力过高的敏感性,如图 10-17 所示。“疲劳打齿”主要与打齿过程中的结构形态演变有关,与应力大小没有本质的关系。

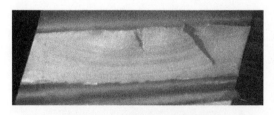

图 10-14 轮齿弯曲疲劳断裂

图 10-15 轮齿啮合偏载,一侧局部疲劳剥落

图 10-16 表面损伤应力集中疲劳打齿失效

图 10-17 局部工作应力过高,半齿压溃失效

　　这种齿面载荷偏置的程度是相对的，可以用啮合印记的方法来评价及调整。但实际上因台架的频次和配对的齿轮副的数量较大，完全靠这种调整很难做到，况且有一些齿面的偏载是动态或发展的，再有目前我们还不能用定量的方式来描述偏载。因此还需要对偏载影响因素的规律性进行分析，以便采取预防性的措施。

　　实际上，在长时间关注偏载问题的过程中，主要关注的是配副齿轮的齿形、齿向误差问题，尽管一直没有得到数据的支撑，但是不可否认，配副齿轮的齿形、齿向误差问题是导致齿轮偏载的重要因素之一。除此之外，偏载也与某些结构上的因素关系较为密切，规律性很强，这是经常被忽略的因素之一，它导致我们在分析过程中只关注零件，而不关注系统，最终导致分析方向的偏离。它主要涉及的是结构稳定性问题，如齿轮-同步器的结构稳定性问题，齿轮-轴承的结构稳定性问题等。

　　某变速器四档主动齿轮偏侧接触疲劳和疲劳打齿（图10-18），从动齿轮偏侧接触疲劳、压溃。主动、从动齿轮均存在严重的偏载问题，偏侧接触的方位一致，指向四档同步器一侧（图10-19、图10-20）。齿轮内孔和轴颈表面出现滚针型磨损（图10-21），滚针压印呈锥形（图10-22），大头背离四档同步器。同步器齿毂花键表面严重磨损（图10-23）。这些损伤的形态和方位关系表达了四档主动、从动齿轮在运行过程中发生了倾斜，改变了配副齿轮齿侧间隙，引起偏载、齿面剥落、压溃，甚至疲劳失效。而究其原因，与同步器齿毂花键严重磨损有关，它导致整个"齿轮-同步器"结构失稳。该种问题被定义为齿轮同步器结构的不稳定问题，属于轴、齿及同步器之间结构性和系统性的问题。

图10-18　某变速器四档配副齿轮疲劳失效

图10-19　从动齿偏侧接触疲劳

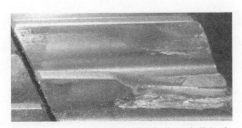
图10-20　主动齿偏斜接触疲劳和疲劳打齿

图10-21　齿轮内孔表面的滚针压印

图 10-22　轴颈上的滚针压印

图 10-23　齿毂花键摩擦磨损

当"齿轮－同步器"结构进入某种不稳定的配合状态后，首先出现的是相关部位的摩擦磨损，而且随着磨损量的增加，稳定性会趋于恶化，同时也给各个定位约束部位、结构或零件带来了附加弯矩的作用，导致疲劳开裂现象。齿轮倾斜问题与圆柱斜齿轮齿面受力状态有关。圆柱斜齿轮齿面的啮合推力可以分解为三个方向的作用力。首先考虑斜齿面，其啮合推力分为切向力和轴向力，两个力的分配与导程角有关。另外，考虑渐开线曲面，啮合力分为切向力和径向力，力的分配与压力角有关。其中，导致齿轮倾斜的载荷主要是齿轮的切向力。

10.2.3.3　圆柱斜齿轮轮齿的接触疲劳失效

齿轮在啮合过程中，相互接触的齿面受到周期性变化的赫兹接触应力的作用。当齿面接触应力超过材料的接触疲劳极限时，在多次循环重复的载荷作用下，表面或次表面产生裂纹并进一步扩展，使齿面金属脱落而形成点蚀及剥落，最终导致齿面接触疲劳失效。齿面接触疲劳失效后，齿廓形状遭破坏，传动的平稳性受影响，并产生振动与噪声，齿轮不能正常工作而使传动失效。通常情况下，疲劳点蚀首先出现在齿面节线附近的齿根部分，这是因为节线附近齿面相对滑动速度小，油膜不易形成，摩擦力较大，且节线处同时参与啮合的轮齿对数少，接触应力大。

关于圆柱斜齿轮接触疲劳问题，作者认为"偏载接触"是现阶段最典型的疲劳失效潜在要素之一，而齿面拉伤及微点蚀则是其初始的失效特征。综合来看，能够完全地调整和控制"偏载接触"可能不现实。

以往我们常常关注由于接触疲劳而产生的点蚀和剥落，微点蚀并没有被认为是解决失效的主要难题。然而，随着钢材品质改善以及润滑油性能的提升，裂纹萌生的位置逐渐从次表面向表面过渡，微点蚀则成为重点需要关注的问题。在显微镜下观察，微点蚀是由齿轮表面大量小而浅的小坑组成，这些小而浅的坑被称为"微坑"，其深度、长度和宽度通常在十几微米。随着微坑的增加，齿轮表面产生了大的损坏区域，这些区域看起来似乎被污染和腐蚀，暗淡呈灰色。微点蚀是一个复杂的现象，润滑油膜的厚度、表面粗糙度、润滑油杂质、温度、载荷、材料硬度、齿轮间的滑移、速度及材料缺陷等诸多因素，都是造成微点蚀的原因。对于变速器圆柱斜齿轮，我们特别要关注表面拉伤和齿面接触应力分布不均等因素引起的微点蚀。

1. 案例1

某重型牵引车在高环路可靠性试验中，行驶约15000km时变速器六档出现异响，拆检后发现中间轴六档齿轮上10个轮齿损坏，如图10-24所示。很明显这是一种齿面偏载的轮齿失效形式，偏载导致了齿轮齿面接触疲劳、断齿和压溃，这种齿轮的断齿形式带有碎裂的性质，如图10-25所示。轮齿偏载的方向是对应从动齿轮的同步器一侧，应该与从动齿轮及同步器系统运行的不稳定性有关。

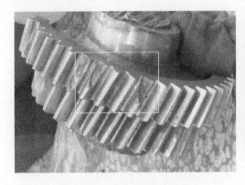

图10-24 齿轮的疲劳打齿

图10-25 轮齿疲劳压溃及打齿

2. 案例2

某变速器主动齿轮在台架试验中运行了7个循环，出现疲劳断齿失效。齿轮两端安装有锥轴承。图10-26所示为主动轮的输入端接触情况，图10-27为该齿轮输出端的接触情况，可见轮齿啮合接触偏向输出端和齿根，且齿根处存在明显"抠齿根"现象，这种"抠齿根"是否是某种干涉所引起的

图10-26 主动轮的输入端接触情况

尚不清楚，但在各种齿轮的偏载接触中是一个较常见的问题。图10-28为节圆以下齿面啮合的疲劳麻点损伤，图10-29和图10-30分别为齿根和齿顶的接触擦伤的情况。

图10-27 齿轮输出端的接触情况

图10-28 节圆以下齿面啮合的疲劳麻点损伤

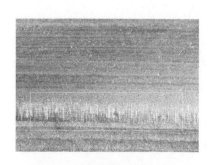

图 10-29　齿根接触擦伤的情况　　　　图 10-30　齿顶的接触擦伤的情况

在电镜下观察齿面的接触疲劳情况，"麻点"属于微点蚀范畴，见图 10-31。其中图 10-31 中的横线大体相当于齿轮的节圆位置，可见节圆上下的表面碾压拉伤的方向正好相反。对于主动齿轮来讲，节圆以上向上拉，见图 10-32，节圆以下向下拉，见图 10-33。而对于从动轮来讲，碾压拉伤的方向与其反向。这表示齿轮啮合表面是有一定滑动和相对滑移摩擦的方向，在节圆处为零。从这些表面疲劳损伤的形态看，很明显初期的微点蚀剥落损伤属于表面摩擦碾压、形变、脱落的性

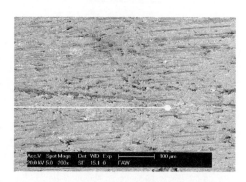

图 10-31　齿轮的节圆位置及表面摩擦方向

质，与啮合过程中的相对滑动、碾压载荷及工作频次等因素有关。最终可以发展到大块的疲劳剥落。

在主动齿轮热处理质量符合技术要求的前提下，综合分析，其疲劳断齿失效原因与配副齿轮的偏载接触有关。

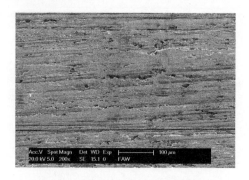

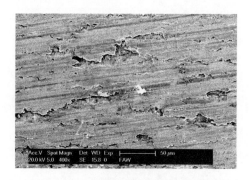

图 10-32　齿面节圆碾压拉伤的方向　　　　图 10-33　节圆以下的碾压损伤形态

10.2.3.4　圆柱斜齿轮轮齿的延迟开裂

零部件的延迟开裂问题，通常首先是从高强度螺栓遇到和提出的。但实际日常所接触到

的延迟开裂的汽车零件远不止高强度螺栓一种。对于齿轮类零件，为了保证零件具有足够的弯曲和接触强度、足够的韧性及表面耐磨性，常采用渗碳淬火工艺，而表面渗碳淬火后的高碳马氏体具有极大的延迟开裂倾向，易发生延迟开裂现象。

零部件的延迟开裂需要两大条件。首先是必要条件，指组织和硬度条件，渗碳淬火后的高碳马氏体具有极高的延迟开裂倾向；其次是充分条件，指具有足够的、持续的应力，这包括过大的装配应力，以及尖角和裂纹产生的应力集中。这种延迟开裂的时间应该在数小时至数十小时之间，均是早期开裂，一般在后续装配和总成试验中即可发现，在用户的手中行驶里程也很少，通常是因为开裂后的齿轮轮齿周节公差变化引起啮合不良，引起噪声异常或齿轮打滑，以及裂纹两侧的轮齿打齿或早期疲劳，才被发现。但我们也发现一个例外，即乘用车变速器轴向定位端面在使用过程中的摩擦磨损裂纹导致的齿轮延迟开裂，所行驶的里程则取决于异常磨损和产生磨损裂纹的里程。

1. 磨削裂纹类型

中间轴齿轮轴向定位端面磨热裂纹引起齿轮的延迟开裂是最常见的，见图 10-34 所示。中间轴齿轮通常采用过盈配合的方式装配到中间轴上，如果齿轮加工过程中轴向定位端面在磨削过程中产生磨热裂纹，则装配后的过盈膨胀应力会使磨损裂纹扩展产生延迟开裂，原因是磨损裂纹产生的应力集中。这类开裂断口的特征是裂纹源起始于定位端面的工艺磨削裂纹，如图 10-35 所示。

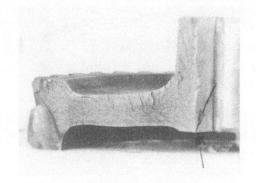

图10-34　磨削裂纹及齿轮开裂　　　　图10-35　定位端面磨损裂纹的延迟开裂断口

使用中，这类齿轮端面因摩擦磨损引起的磨损裂纹也可以导致相同的延迟开裂，但比较少见，且只发生在轿车的变速器上。这与主动、从动齿轮在输出轴、输入轴上的交叉分布有关。

2. 过盈量胀裂类型

这类延迟开裂最典型的是发生在齿轮键槽的根部尖角处，如图 10-36 所示，其裂纹源起始于整个尖角处，见图 10-37 所示。其原因主要是键的过盈量太大，尖角过小也应在考虑之中。

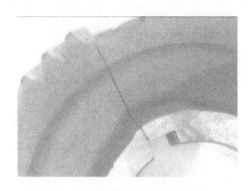

图 10-36 键槽处起源的齿轮开裂

图 10-37 键槽处开裂的断口

另一类比较少见的开裂，其裂纹源发生在齿根部，这类齿轮的结构特点是齿轮轮毂为薄壁结构，过盈配合挤胀的应力可以直接作用到齿根处，分别见图 10-38、图 10-39 所示，其原因是轴与孔之间的过盈量太大。

图 10-38 薄壁轮毂齿轮延迟开裂

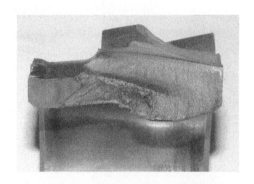

图 10-39 薄壁轮毂齿根处开裂的断口

3. 尾部螺纹型

这类零件的结构特点是在零件轴杆部位的尾部有螺纹结构，为了保证零部件有足够的弯曲、扭转强度、接触疲劳强度，以及抗摩擦磨损性能，采用了渗碳淬火工艺。如果不采取相应的措施，尾部螺纹部分在螺栓结构中将相当于"10.9 级"以上的高强度螺栓，具有极高的延迟开裂倾向，其延迟开裂将成为一种较为常见的失效形式，开裂主要发生在过渡圆角及螺纹第一扣处。

针对这类零件延迟开裂分析的主要思路和要点是：

1）与其他类零件相同，分析的第一要素是组织（硬度）敏感性，应按相应的标准进行检验分析。它产生的原因主要是防渗效果不良和局部退火不良，关注的要点是硬度不能高于相关的技术要求，这是引起延迟开裂的"必要条件"。

2）其次是延迟开裂的应力要素，这是延迟开裂"充分要素"。该要素包括装配扭矩过高和过渡圆角太小（应力集中）两大方面。对于尺寸相对较大的尾部螺纹，装配应力一般不易太高，这会减轻延迟开裂的敏感性。

3）宏观断口为脆性断口，通常可见明显的裂纹源区和撕裂棱，微观断口为典型的沿晶或带有沿晶倾向的断口。

4）关于渗碳增氢的问题，是一个不可规避的要素，故通常不做这方面的考虑。

案例

某变速器输出轴在装配过程中断裂（图 10-40），断裂发生在粗牙花键的台肩根部，开裂部位和断口见图 10-41，为延迟开裂。该件的结构特点是凸缘及相关零件的锁紧载荷作用在粗牙花键台肩的根部，等同于断在螺纹的圆角处。这种情况首先是考虑断裂部位的圆角大小，圆角应该尽可能地加大，以缓解应力集中的作用。再者，由于特殊的结构特性，必须考虑该部位的涂层防渗的作用，用降低局部碳量、降低硬度的方法减低延迟开裂的敏感性。还有就是关注装配扭矩的控制，不能过大。

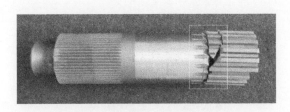

图 10-40　变速器副箱输出轴延迟断裂

图 10-41　副箱输出轴延迟断裂断口

10.2.4　齿轮齿毂疲劳开裂问题

汽车齿轮的齿毂结构是多种多样的，工作中主要起到传递转矩的作用，要求有足够的刚性和结构强度，同时也要与相关的齿轮轴有良好的配合。

1. 案例 1

某变速器的可靠性对标试验中，有两台变速器的中间轴焊接齿轮的齿毂发生了周圈性疲劳开裂失效，分别见图 10-42、图 10-43、图 10-44 所示。开裂沿齿毂试验焊接区外缘展开，疲劳源位于齿毂外侧，初始疲劳源部位呈棘轮状，分别见图 10-45、图 10-46 所示。从疲劳断口的扩展方向看，疲劳开裂主要是由弧齿锥齿轮的轴向分力作用主导，即侧向载荷引发的齿毂弯曲疲劳开裂。但从棘轮状疲劳源的形态分析，应该也包括轮毂扭转力矩剪切力的正应力作用。这种开裂的主要问题是齿毂的结构强度不足，应该采取增加截面尺寸的方法解决问题。

图 10-42　焊接轮齿毂开裂

图 10-43　焊接轮齿毂开裂

图 10-44　焊接轮齿毂开裂

图 10-45　焊接轮齿毂开裂

图 10-46　焊接轮齿毂开裂

2. 案例 2

某轻型车变速器在可靠性试验中，进行到第 9 个循环时，五速从动齿轮发生了齿毂疲劳开裂，如图 10-47 所示。由图可见共有两处齿毂沿着齿根开裂，导致齿轮缺失一段。该齿轮总成的结构特征为从动齿轮为薄壁齿毂结构，齿轮与同步锥用电子束焊接工艺焊接在一起，具体如图 10-48 所示，其中焊缝深度要求不低于 5.0mm。工作中从动齿轮通过同步锥的接合齿连接同步器，将扭矩传递给输出轴。

图 10-47　焊接轮齿毂开裂形态

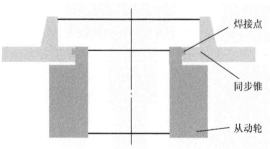

焊接点

同步锥

从动轮

图 10-48　齿轮同步锥结构

从同步锥焊缝一侧（图 10-49、图 10-50）观察，可见同步锥焊缝周圈大部分已经开裂，焊缝边缘甩出"油渍"也是焊缝开裂挤压润滑油的印迹（图 10-51）。圈定部分齿毂和同步锥边缘均有较为复杂的疲劳开裂，应是由焊缝的开裂向齿毂和同步锥疲劳开裂转换的部位，均带有扭转疲劳开裂的性质（图 10-52）。另外，齿轮内圈有明显的滚针轴承压印情况。

图 10-49　齿毂、焊缝及同步锥开裂

图 10-50　同步锥焊缝开裂

　　该齿轮齿毂的疲劳开裂源于同步锥焊缝的疲劳开裂，如图 10-53、图 10-54 所示。分析认为焊接电子束与齿毂 – 同步锥配合面发生了倾斜，导致焊接深度和结构不足，是疲劳开裂的主要原因。另外，齿轮内圈严重的滚针轴承压印，说明齿轮的工作状态不稳，其旋转晃动的载荷是引起焊缝疲劳开裂的主要力学条件。

图 10-51　焊缝疲劳开裂裂纹

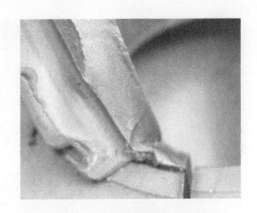

图 10-52　焊缝裂纹转向齿毂开裂

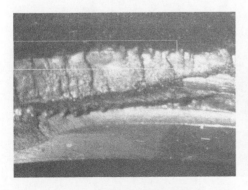

图 10-53　多源性疲劳裂纹源

图 10-54　电子束焊接熔融孔洞

3. 案例3

某驱动桥轮边减速齿轮在路试过程中发生了碎裂失效，如图10-55所示。该齿轮为薄壁式齿毂，内侧花键与半轴配合。齿轮的断口总体上为脆性断裂，但其中有两个断口，在靠齿毂的一侧端面花键根部发现有较小的三角形疲劳开裂区域，分别如图10-56、图10-57和图10-58所示。另外，该侧其他花键根部也发现一些疲劳微裂纹，分别如图10-59、图10-60所示。在与裂纹邻近或对应的花键端头的工作面处，均有明显的接触和擦伤痕迹，这些痕迹表明了工作中花键配合的端头局部发生了相对滑动位移，如图10-61、图10-62所示。

综上所述，该齿轮齿毂的碎裂失效性质为高应力的疲劳开裂。其原因应该是高载荷条件下，齿轮与半轴花键配合的端头部位发生了相对位移。该位移，特别是相对于这种锥台形的花键，会在其根部产生疲劳性的弯曲载荷，导致花键疲劳开裂。由于该花键属于短悬臂梁结构，故疲劳裂纹向齿毂的纵深发展。实际上该齿轮轮齿齿面有较明显的偏斜接触，疲劳开裂端与齿面接触较重的一端相对应，因此应考虑齿面偏载对于花键啮合下沉、滑移现象的作用，这种情况将带来较大的脉动性疲劳载荷。但是否可以说是花键配合间隙设计不太合理等问题，还不能定论，该齿轮问题也应该属于锥轴承问题。

图10-55　减速齿轮碎裂情况

图10-56　疲劳断口及裂纹源区域

图 10-57　疲劳开裂区

图 10-58　疲劳开裂区

图 10-59　花键端头疲劳裂纹

图 10-60　花键端头根部疲劳裂纹

图 10-61　花键的接触痕迹

图 10-62　花键端头的摩擦磨损情况

4. 案例 4

某工程车驱动桥差速器行星齿轮使用中发生碎裂，如图 10-63 所示，累计工作时间 2418h。该行星轮开裂性质为高应力疲劳开裂，其疲劳裂纹分为两类，分别分布在内圈和齿根部位，如图 10-64 所示。首先是断口，在内孔与球断面相交尖角处有明显的三角形疲劳开裂区，占整个端面面积的 10% ~ 15% 左右，如图 10-65 和图 10-66 所示。探伤发现内孔边缘及油孔处还有多条裂纹，如图 10-67 所示，尚不能确定是否同样为疲劳裂纹，但疲劳裂纹性质的可能性极大。其次，无论是从断口上，还是在探伤中，齿轮轮齿的两侧根部同时存在较多的疲劳裂纹，分别如图 10-68、图 10-69 和图 10-70 所示。特别是从断口上观察，该疲劳裂纹的特点是沿齿根齿长方向分布，向内扩张的趋势不显著。比照常规的齿根疲劳裂纹扩展的典型弧形形态有一定的差异。

图 10-63　行星轮碎裂

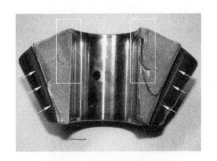

图 10-64　齿轮的断口形态

图 10-65　断口疲劳

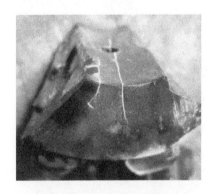

图 10-66　内孔的裂纹

图 10-67　齿根的疲劳裂纹

图 10-68　齿根的疲劳断口

图 10-69　齿根多源性疲劳区域分布形态

　　为此，从这两类裂纹的开裂和分布情况综合考虑，可以认为该齿轮的疲劳开裂应该属于齿毂失圆性质的疲劳开裂，失圆的挤压与工作载荷有关，也与齿毂的结构刚性较为薄弱有关，特别是可以感觉到轮齿之间的齿槽较宽，对齿毂的挤压失圆刚性会有影响，但还不清楚工程车的这种设计是否有其特殊的用意。再有，从图 10-71 所显示的行星轮齿顶接触情况和半轴轮齿面剥落情况看，工作应力较大，而且行星轮齿顶圆弧较大，会产生较大的径向压力。据了解该驱动桥为进口 DANA 桥，看来是驱动桥与整车的匹配方面可能有一定问题。

图 10-70　行星轮齿顶接触情况　　　　图 10-71　半轴轮轮齿齿面剥落情况

5. 案例 5

　　某变速器高档位从动齿轮使用中发生了齿毂多处疲劳开裂的情况，如图 10-72 所示。该齿轮的两侧端面分别产生了多条的疲劳裂纹，图 10-73 所示为接合齿花键根部的疲劳裂纹，图 10-74 为疲劳源始于另一侧端面的疲劳断口。经分析确认，该齿轮在工作中两侧端面均发生了明显的摩擦磨损损伤，并在断面上引发了大量的磨损热裂纹，如图 10-75 所示，疲劳开裂则是由磨损热裂纹引起的。接合齿端面的疲劳开裂表现出对花键工作应力的敏感性，另一侧断面的疲劳开裂则表现出对齿轮轮齿工作载荷的敏感性。

　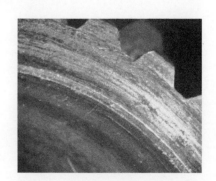

图 10-72　齿轮齿毂疲劳开裂　　　　图 10-73　接合齿花键根部的疲劳裂纹

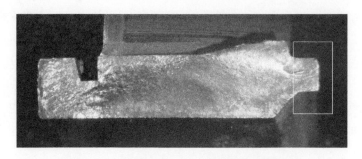

图 10-74　疲劳源始于另一侧端面的疲劳断口

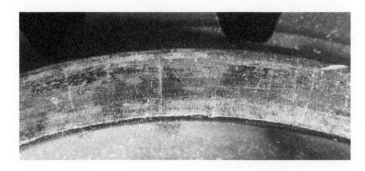

图 10-75　齿轮端面异常磨损及磨损热裂纹

第11章

汽车发动机活塞失效分析

11.1 概述

活塞是内燃机的核心部件。活塞的主要作用是与缸盖、缸体共同组成燃烧室，承受气缸中的燃烧压力，并通过活塞销和连杆将力传给曲轴。

活塞的结构主要分为3个部分：顶部、头部及裙部。活塞顶部是燃烧室的组成部分，根据需要设计成不同结构。活塞头部安装活塞环，以防止高温、高压燃气窜入曲轴箱，同时阻止机油窜入燃烧室；活塞顶部所吸收的热量大部分也要通过活塞头部传给气缸。活塞环槽以下的部分称为活塞裙部，其作用是引导活塞在气缸中做往复运动，并承受侧向压力。

活塞的工况十分恶劣，受到高压燃气压力、侧向压力和摩擦力等交变载荷作用，易产生机械应力。随着发动机性能不断提升，活塞面临着日益提高的热负荷与机械负荷的共同作用，是发动机中故障较多的部件。判断活塞的失效原因，必须综合考虑材料、结构、使用工况等多种因素，并观察与活塞相配合部件的损伤情况，综合分析。

本章简述了活塞失效的几种模式，并浅析了发生失效的原因。

11.2 活塞失效的主要模式

11.2.1 疲劳开裂

疲劳开裂是活塞发生失效的主要特征，多见于活塞的顶部及头部。导致疲劳开裂的应力主要为异常的热应力及机械应力，产生上述异常应力的原因可能为过高的热负荷、冷却不良、铸造缺陷等因素，也有可能因活塞环等部件的损坏而导致活塞开裂。

11.2.1.1 工作温度过高导致热疲劳开裂

图 11-1 为活塞顶部穿孔的典型形貌，图 11-2 为穿孔活塞的截面形貌，疲劳源位置靠近燃烧室。

图 11-1　活塞顶部穿孔形貌

图 11-2　穿孔活塞截面形貌

图 11-3 为穿孔活塞顶部组织，金相组织中共晶硅长大、边角出现多边化、有少量过烧三角，属轻微过烧组织。经检验，该活塞硬度偏低，结合过烧组织特征，表明活塞的工作温度偏高，开裂原因属于典型的"热疲劳"开裂。

当所受热负荷异常升高时，活塞顶部可出现严重掉块甚至烧蚀等现象。图 11-4 为某失效活塞顶部形貌，由图可见，活塞顶部严重烧熔。产生上述现象的主要原因为燃油量过大，导致点火后火焰多，能量过大，使燃烧室附近的温度急剧升高。喷油量大的原因主要为喷油器漏油、燃油雾化效果不良或者过早喷射。

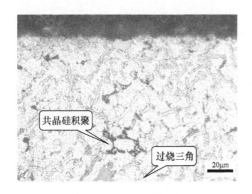

图 11-3　活塞过烧组织

图 11-4　活塞顶部烧熔形貌

活塞工作温度过高还可能导致活塞膨胀变形，继而使活塞及与之配合的零件发生失效。图 11-5 为某活塞顶部形貌，可以发现活塞顶部发生严重变形。该活塞镶圈已脱离基体，镶圈外圆已经大于活塞铝合金基体外圆约 0.1mm，图 11-6 为与活塞配合的缸套内表面裂纹情况。经分析，活塞和缸套的疲劳开裂载荷主要是由于温度过高、活塞膨胀量过大引起的膨胀张力和摩擦力过大导致的。由于铝和钢的热膨胀系数不同，在铝还处在弹性变形阶段时，钢镶圈已发生塑性变形，经过多次的往复膨胀，导致镶圈与活塞分离。对于活塞而言，由于钢镶圈的脱离会在其根部构成应力集中，从而引起该部位的疲劳开裂。

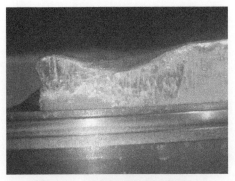
图 11-5　活塞顶部变形损伤情况

图 11-6　缸套内表面裂纹形貌

11.2.1.2　冷却不良导致的热疲劳开裂

冷却系统的问题也会导致活塞承受过高的热负荷。图 11-7 为活塞顶部穿孔形貌，疲劳源位于冷却油道与油环槽之间，如图 11-8 中标记所示。

图 11-7　活塞顶部穿孔形貌

图 11-8　活塞疲劳源区域

将活塞沿平行于销孔的方向剖开，测试不同区域的硬度，测得冷却油道附近的硬度与头环环岸处相近，表明活塞冷却不良。上述结果见图 11-9 和表 11-1。活塞冷却油道位置结构薄弱，易于引起热负荷和机械应力集中，设计中需优化冷却油道结构，并保证机油洁净。

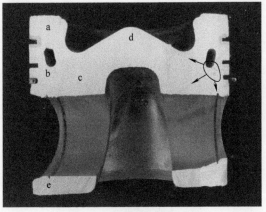
图 11-9　活塞硬度测试位置

表 11-1　活塞各部位残余硬度

测试位置	a	b	c	d	e
硬度/HBW	101	105	120	90	138

11.2.1.3　异常爆燃引起的热疲劳开裂

图 11-10 为某活塞开裂宏观形貌，活塞失效性质为疲劳开裂，失效活塞的疲劳源区位于头环环岸与头环环槽的交界处，如图 11-11 所示。活塞头环环槽下沿形貌如图 11-12 所示，头环环岸下沿处有一定程度的"气蚀"痕迹，如图 11-13 所示。

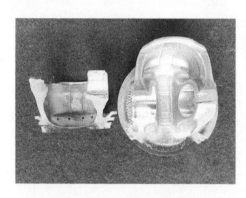

图 11-10　某活塞开裂形貌

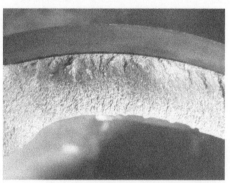

图 11-11　活塞头环环槽上沿形貌

图 11-12　活塞头环环槽下沿形貌

图 11-13　活塞头环环岸形貌

经测试，该活塞硬度偏低，组织中有明显过热特征。活塞发生开裂的原因主要由于发动机的异常工况，比如爆燃，引起头环环槽局部"窜气"，在环槽内产生一定程度的爆压，导致活塞承受异常的热应力，最终发生热疲劳开裂。后续经查验，发现产生异常爆燃的原因为点火异常，导致在头环环槽处提前点火。

11.2.1.4　由铸造缺陷导致的疲劳开裂

如果活塞内部存在铸造缺陷，在缺陷区域易于形成机械应力集中，并逐渐形成疲劳源。图 11-14 为某活塞顶部穿孔、掉块形貌，穿孔处裂纹延伸至销孔，并在销孔内沿轴向扩展，如图 11-15 所示。活塞断口为疲劳断口，疲劳裂纹源位于靠近活塞销孔表面的缺陷处，如

图 11-16 所示，扫描电镜观察结果显示，该缺陷为铸造缺陷，如图 11-17 所示。

图 11-14　某活塞顶部穿孔、掉块形貌

图 11-15　活塞销孔处裂纹形貌

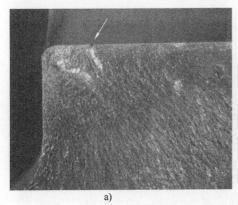

a)

b)

图 11-16　销孔附近的裂纹源形貌

a) 疲劳源位置　b) 放大后的疲劳源区域

11.2.2　活塞拉缸

　　活塞的拉缸一般发生在裙部或环岸处，产生拉缸的主要原因为润滑效果不良，或活塞环槽内异物塞积。图 11-18 为某活塞裙部在扫描电镜下的磨损形貌，磨损表面可见犁沟状磨痕，并有明显的材料"冷焊"现象，磨损形式以磨粒磨损和黏着磨损为主。图 11-19 为与活塞同一缸的缸体内表面形貌，缸体内表面发生明显刮伤。检查该缸内残余油泥，发现 Fe 含量偏高。经分析，故障车在黑河进行寒区试验，黑河地区冬季气候寒冷，

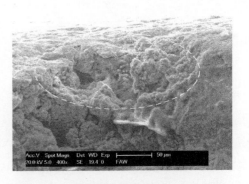

图 11-17　裂纹源区域铸造缺陷 SEM 形貌

发动机经常在低温条件下冷起动，机油黏度较大，不容易在缸壁工作面形成油膜，导致磨损

加大。机油中的杂质元素除磨损形成的磨屑外，有可能源自空气滤清器工作不良导致机油中进入杂质，杂质会作为磨粒磨损缸壁表面，长时间的磨粒磨损使得活塞裙部出现冷焊现象，进而整个系统的工作环境进一步恶化，最终导致拉缸。图11-20为活塞头部形貌，可见活塞头部及燃烧室表面有大量沉积物。图11-21为活塞裙部形貌，可见裙部严重拉伤。

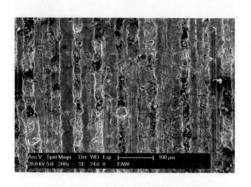

图11-18　活塞裙部SEM形貌

图11-19　缸体内表面形貌

图11-20　活塞头部沉积物形貌

图11-21　活塞裙部拉伤形貌

经分析，活塞燃烧室异物较多，能谱分析显示燃烧室异物主要来源为机油燃烧的沉积物。沉积物从燃烧室扩散至活塞顶部。活塞做往复运动时，部分沉积物在活塞与缸体之间塞积，形成磨粒，刮擦活塞裙部，导致活塞拉伤。

11.2.3　由活塞环等配件故障导致的失效

活塞环装配于活塞环槽内，工作时，活塞环既随活塞做上下往复运动，自身也在环槽内做旋转及轴向运动。因此，活塞环出现异常问题可能导致活塞失效。图11-22为某活塞顶部形貌，可见活塞环岸严重掉块，与该活塞配合的头道环断裂，活塞环端面积炭严重，如图11-23所示。活塞失效的原因主要考虑活塞环发生弯曲疲劳断裂（与积炭有关），进而产生窜气。高温气体使活塞顶部及环岸局部区域的材料烧蚀、脱落。

图11-24为某活塞销孔断裂形貌，该活塞断口低倍形貌如图11-25所示，断口整体低倍形貌中疲劳源、疲劳辉纹、疲劳扩展方向均明显体现。疲劳源位于活塞销卡环装卸缺口处。

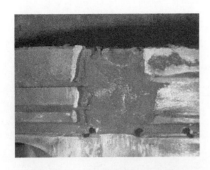

图 11-22　活塞顶部掉块形貌

图 11-23　活塞环端面积炭形貌

图 11-24　某活塞销孔断裂形貌

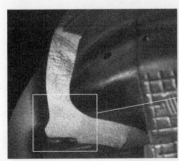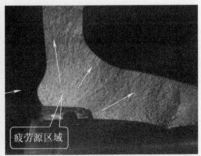

图 11-25　活塞销孔疲劳断口低倍形貌

　　扫描电镜下观察销孔内磨损形貌，出现黏着、点蚀、局部疲劳剥落及异物镶嵌等特征，异物镶嵌 SEM 形貌如图 11-26 所示，能谱分析结果表明镶嵌异物为铁质材料，异物可能来源于活塞环的剥落材料。

　　头道活塞环端面形貌如图 11-27 所示，经检查，头道环局部磨损比较严重，显示周向受力不均匀，且有多处明显的剥落损伤，活塞环上可见多个异物附着，能谱分析显示附着物元素以 Al、Si、O 为主。

　　头道环金相组织如图 11-28 所示，可见活塞环表面渗氮层内存在明显裂纹，裂纹深度约 50μm，贯穿整个渗氮层。该裂纹与活塞环表面剥落现象相关。

图 11-26　活塞销孔内异物镶嵌

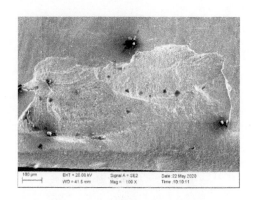

图 11-27　头道活塞环损伤形貌

活塞发生失效的主要原因为活塞环出现渗氮层开裂的问题，剥落的渗氮层形成硬质磨粒，造成活塞销孔异常磨损，使得活塞运转不良，导致销孔附近承受了异常的载荷而发生疲劳开裂。

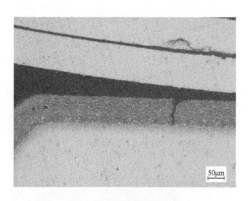

图 11-28　头道环表面氮化层裂纹

11.2.4　活塞销孔及裙部开裂

某活塞销孔开裂形貌见图 11-29，加强筋断裂一侧的销孔外侧有材料受敲击脱落、掉块，材料脱落延伸至卡环槽的边缘，见图 11-30a。活塞另一侧销孔内侧有被撞击的痕迹，材料被挤压，发生剥落，见图 11-30b。

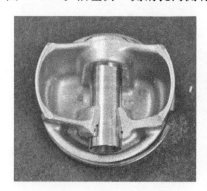

图 11-29　活塞销孔开裂形貌

a)　　　　　　　　　　b)

图 11-30　销孔附近形貌

该活塞销卡环发生变形并有较严重的磨损痕迹。由于卡环松动可能导致活塞销沿轴向出现窜动。径向载荷使窜动的活塞销冲击销孔，导致材料脱落。在活塞销窜动过程中，活塞销与活塞相对结构失稳，导致异常应力集中最终使活塞在销孔附近开裂。

图 11-31 为某活塞裙部开裂形貌。开裂发生在主冲击面一侧的冷却油管避让开口处。凹槽内外两侧均有机加工余留的尖角，裂纹性质应为疲劳开裂，裂纹走向与活塞壁呈 45°角。

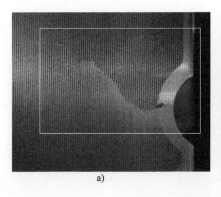
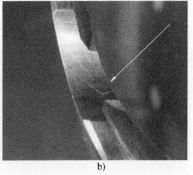

a)　　　　　　　　　　　　　　b)

图 11-31　某活塞裙部开裂形貌

a）裙部外圆处　b）凹槽底部

该活塞断口低倍形貌如图 11-32 所示。裂纹从裙部开口槽的外圆面萌生，沿活塞轴向扩展。断口表面由压应力区及剪切应力区组成。

图 11-32　断口形貌

活塞裙部冷却油管避让开口机械加工凹槽的尖角，对疲劳裂纹源萌生有较强的敏感性，活塞裙部开裂性质为疲劳开裂。从结构上讲，由于活塞边缘处冷却油管避让开口的存在，割裂了该部位裙部结构的连续性，因此导致活塞裙部敲击过程中，在开口的底部产生的剪切应力应变，衍生正应力场，引发了疲劳开裂。

11.3　小结

以上是活塞的主要失效模式及问题分析。在解决发动机失效问题时，应具体问题具体分析。在开发试验阶段，由于发动机工作条件苛刻，必然会出现复杂的失效现象。一旦发现问题，应做到及时分析，及时解决，直至验证通过。活塞是发动机工作的核心部件，活塞的各种失效模式往往是发动机各系统中运行故障的不同体现，因此在工程实践中对各种失效模式的积累和分析，是发动机设计和改进的重要基础工作。

第12章
典型钢铁材料缺陷分析

Chapter 12

汽车的发展朝着高功率输出、轻量化、高性能、长寿命等方向发展。因此，对汽车零部件用钢也提出了更高的要求，汽车零部件主要有齿轮、曲轴、连杆、传动轴、板簧和扭力杆等，主要使用渗碳钢和调质钢。

汽车零部件的生产过程为：冶炼 – 压力加工 – 车削加工 – 热处理 – 精机加工等环节。一般而言，冶炼及压力加工在钢厂完成，车削加工、热处理和精加工等环节在相应的零部件生产厂完成。随着汽车行业技术的发展，零部件生产广泛采用数控机床、感应加热、楔横轧和圆角淬火等技术，对钢铁材料质量提出了更高的要求。发纹、撕裂、孔洞和磁痕等缺陷时常出现。本章主要介绍与机械失效可能相关的钢铁材料缺陷检验方法，包括冶炼、热加工、热处理及运行中出现的缺陷鉴别方法、表征技术、检验标准和控制措施。

12.1 金属材料缺陷与失效的关系

金属具有晶体特征，实际上金属原子不能完全处于理想的点阵位置，存在点缺陷（空位、间隙原子和置换原子）、线缺陷（位错）和面缺陷（晶界和层错等）。晶体缺陷是偏离理想状态的一种存在形式。例如，一般金属都具有多晶形态，合金化和各种强韧化是利用晶体缺陷达到需要的性能，缺陷不一定就是有害的。同样，金属材料在微观和宏观层面也不可避免地存在不良状态，称为缺陷。它泛指偏离理想状态的一种存在形式。钢的理论切变强度为 11000MPa，实际钢的切变强度只有 29MPa，所以说完美无缺陷的晶体是不存在的，无缺陷的钢是不存在的。

金属材料普遍存在缺陷，既可以利用其有益的作用，也需要控制其危害。例如，细小的非金属夹杂物可以细化晶粒度，粗大的夹杂物则可能导致早期失效。因此，需要了解金属材料的缺陷，制定合理的技术指标和判据，防止其成为失效的主要原因。

从质量控制角度，生产的材料或者零部件不符合技术规范称为废次品，对废次品进行分析称为质量分析。对机械运行中出现的故障进行分析称为故障分析或失效分析。本章中的金属材料缺陷分析属于质量分析。

　　金属缺陷严重程度取决于制造过程。冶金厂家依据双方签订的技术协议组织生产，不同技术要求需要采用不同的设备及工艺，以达到对金属材料缺陷的可控水平。例如，曲轴成品磁粉探伤，只要发纹不是出现在关键部位，允许有一定尺寸的发纹存在。发纹是电炉钢不可避免的缺陷，电渣钢无发纹。考虑经济成本，曲轴可以采用电炉钢生产，可能有一定概率的发纹废品发生，没有必要采用电渣钢生产。但是，对于航天航空的关键部件，规定使用电渣钢生产，从根本上避免发纹的存在。所以，签订技术标准的前期技术探讨至关重要，双方需要识别出所需控制的技术指标，签订清楚的检验项目，采用明确的试验方法、标准、控制指标（合格界限）和判定方法。进行材料的出厂和入厂检验，这是对材质控制的第一道关卡。

　　按照签订的技术规范，可能允许存在一定程度的缺陷。缺陷不一定都有害，有缺陷不一定不合格，更不一定就是机械失效的唯一原因。离开具体机械，无从谈"早期失去功能"，无从谈"失效"。需要在具体的失效分析事例中，确定一定严重程度的缺陷是否是造成机械失效的主要原因。缺陷分析和废品分析只是失效分析的很小一部分，找到缺陷，需要结合零部件工作状态，装配及受力情况等因素，确定其缺陷在失效中的作用和贡献程度，缺陷是否是在正常范围内，是否是造成失效的主要原因。不能脱离具体事件单纯从材料找原因，把失效分析变成就是找材料缺陷，一旦发现缺陷就万事大吉，确定为失效原因。例如，只要裂纹源或者裂纹中有非金属夹杂物就确定其是失效原因。高强钢的疲劳裂纹一定起源于非金属夹杂物，这是因为非金属夹杂物是薄弱环节，无论其大小一定在其部位开裂，检测基体最大非金属夹杂物的一种方法就是疲劳断口法。失效分析离不开具体受力和变形方式，同样的缺陷在不同加工方式中允许极限值不同。例如，同样大小的非金属夹杂物，轧制棒材没有问题，穿管则可能分层甚至开裂。只看材料缺陷就确定为失效原因往往偏离根本原因，误导问题的解决。例如，仅以非金属夹杂物的控制来提高高强钢的疲劳寿命的方向就错了。非金属夹杂物大到一定程度，超出正常范围，如肉眼可见，就会成为造成断裂的原因。例如，图12-1所示的齿轮疲劳断口，断齿疲劳裂纹源都有非金属夹杂物。图12-1a中断口非金属夹杂物只有在2000×下才能观察到，早期疲劳失效的原因不一定是非金属夹杂物；图12-1b中非金属夹杂物在100×下聚集严重，非金属夹杂物成分显示为结晶器保护渣卷入，这种异常大型夹杂物肯定是早期疲劳失效的原因。

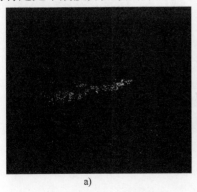 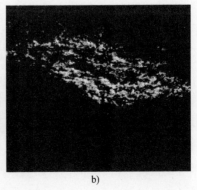

a)　　　　　　　　　　　　　b)

图 12-1　齿轮疲劳断口

a) 2000×　b) 100×

金属材料缺陷分析既用于钢材生产制造过程的质量控制和成品交货的质量判据，也用于零部件出现废品时的相关检测，还会用于机械使用环节或者产品台架试验中，发生早期失效的材质分析。所以，在签订金属材料技术条件时，需要探讨可能的失效形式，建立早期失效模型，确定技术指标，合理控制钢材质量，防止因缺陷引发早期失效。

机械设计主要依据力学性能指标，并且有一定的安全系数。力学性能采用标准试验方法，使用宏观试样测定。如前所述，金属材料都有缺陷，所以，测定力学性能的材料中包容了一定程度的缺陷。正常程度的缺陷，一般不是造成失效的根本原因。对失效件的缺陷分析必须按照所签订的技术规范确定缺陷允许程度，不能超出工程技术要求。

金属材料缺陷分析可以为使用过程出现的失效提供判据。对失效件进行分析，对可能涉及缺陷查找技术质证，即证据，如同破案中的疑罪从无，必须技术质证可见可查，而不是推测有某种缺陷，想象出原因。发现的缺陷需要依据技术条件所签订的试验方法标准进行检测，合格与否是确定失效主要原因的重要依据。但是，金属材料的质量检测，不等同于失效分析，不合格不一定就是失效的原因，合格也不一定与失效无关。即使没有签订相关检验指标，每种生产工艺，都对应一定的质量水平，需要根据经验确定是否为异常缺陷，或者异常程度的缺陷。例如，发纹是电炉钢不可避免的缺陷，特别是采用数控车床精加工的表面，可能出现肉眼可见隐约的痕迹线，往往被零件生产厂家误认为裂纹，引起争议。需要冶炼厂家控制发纹出现率在正常范围，数值由双方根据经验共同确定，实质是控制非金属夹杂物水平。电渣钢和真空感应真空自耗钢不应该出现发纹，出现发纹是异常缺陷。异常缺陷往往是造成失效的主要原因。这是因为机械设计使用正常水平的材料测定，对应常规的材料质量水平，超过正常范畴的缺陷是设计无法预测的，可能造成失效。如图 12-2 所示的扭力轴疲劳断裂，疲劳裂纹源存在肉眼可见的夹杂物，分析成分为氟化钙和氧化铝。与电渣渣系成分相同，可以确定这种异常夹杂物是造成疲劳开裂的主要原因。所以，失效分析必须依据程序规则，确定分析对象，判断失效模式，研究失效机理，分析失效原因，涉及的金属材料缺陷分析仅是失效分析过程中的一个环节，依据金属材料缺陷严重程度和存在部位，确认其对失效的影响，制定切实可行的控制和预防措施。

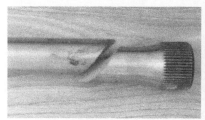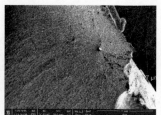

图 12-2　扭力轴疲劳裂纹源

零部件的失效表现为变形、断裂、磨损和腐蚀，显现在材料上失效抗力不足。但是，造成失效的本质原因却是多种多样的，既有可能是材料本身的原因，也有可能是设计、选材、工艺、使用环境等方面的原因。从材料质量及缺陷角度，造成废品或者零部件早期失效的原因大致如下。

1）制造过程和使用过程常见各种表面裂纹和内部裂纹，制造过程产生的裂纹称为工艺裂纹，主要是铸造、锻造、轧制、焊结、冷变形、热处理及磨削加工等加工制造过程产生的裂纹，破坏金属连续性，诱发应力集中，往往是零件的断裂源。使用裂纹主要有应力腐蚀裂纹（包括氢脆裂纹）、晶间腐蚀裂纹、疲劳裂纹、蠕变裂纹和韧性撕裂等。

2）因特殊组织结构状态造成晶界等部位弱化，成为薄弱环节，促使发生脆性失效，例如：

① 粗晶组织带来的脆性：细化晶粒，可以同时提高钢的强度、塑性和韧性，重要零部件在技术指标中规定允许的晶粒度级别，可以通过金相检验测定。

② 由于脆性相沿晶界沉淀析出，形成连续或接近连续的薄膜而带来的脆性。例如，轴承钢类的过共析钢需要检验网状碳化物。

③ 低熔点物质析出造成的脆性：例如锰硫比低，生成 FeS，热加工产生热裂，分析会发现裂纹末端及附近有浅黄色的硫化铁存在；铜含量过高或者异常原因造成渗铜，产生沿晶铜网，造成裂纹。也可以通过金相检验分析金黄色的沿晶铜网。

④ 有害微量元素（硫、磷、铅、锡、砷、铋、锑等）在晶界偏聚富集所造成的脆性，可以通过化学成分分析确定微量元素含量是否超标，深入机理研究需要做俄歇电镜分析。例如，磷含量过高或者偏聚，生成 Fe_3P，会造成冷脆。

⑤ 组织中出现粗大的脆性相。例如，钢中的石墨异常（黑脆），粗大的 σ 相，可以通过金相检验发现有害相。

⑥ 在不当温度区间回火会产生的低温、高温回火脆性，可以通过冲击试验确认。

3）存在各种降低钢材强韧性的内部缺陷，如粗大的非金属夹杂物、显微孔隙、白点和气泡缺陷，见本章后续的专项分析。

4）存在表面或者表层缺陷。例如，脱碳层、表面软点、磨削烧伤、表面脆性、划痕、结疤等，可能成为疲劳裂纹源，需要对失效件解剖分析确认。

5）各种影响强韧性的不利组织因素：连续的铁素体网会降低材料的韧性，淬火组织中存在粗大上贝氏体组织会使材料变脆等，需要进行金相组织分析。

材质缺陷对失效的作用是通过对性能的影响体现的，即抵抗失效的能力。性能与失效直接相关。所以，失效分析需要围绕"材料成分—组织结构—性能"的主线展开，需要注重材料缺陷对性能的影响，以其为最终判据。金相分析是为宏观性能研究服务的，缺陷分析要从宏观到微观。不允许存在的宏观缺陷影响较大，会造成加工过程中出现废品，机械装配、试车或者刚刚运行时的早期失效。微观缺陷的危害往往是降低试样寿命。应注重宏观分析，选定关注点，再按照需求逐步进行光学金相到电子金相的深入分析，切记只见"树木，不见森林，管中窥豹，以偏概全"。

12.2 钢铁材料的缺陷检验方法

金属材料缺陷空间形貌可能以点缺陷在钢中偶然、孤立地存在。例如，钢中非金属夹杂物，过共析钢的液析；也可能以线缺陷形式，在钢中以条带状形式连续存在，例如，合金元素的偏析条带、亚共析钢的带状组织，过共析钢带状碳化物；还可能以面缺陷形式，在钢中以网络状或者界面形式连续存在，例如，钢的晶界、相界、网状碳化物、共晶碳化物不均匀性和脱碳层。

金属材料不透明，无法直接观察到立体缺陷，需要加工成平面试样，使其暴露在检测、检验面上，检测缺陷的平面特征，必要时以体视学诠释出三维空间形貌。例如，晶粒度测定方法。对偶尔孤立存在的非金属夹杂物，磨面出现非金属夹杂物偶然性大，检测时需要考虑发现概率，表征技术需要运用统计知识，业界已经建立了金相、低倍、发蓝断口和磁粉等多种试验方法标准。近年，发展出了扫描电镜全自动非金属夹杂物的统计分析技术和极值分析方法。以条带形式出现的线缺陷，需要注意磨面平行于变形方向，否则无法观察到其主要特征。

受检测能力和经济条件限制，某些项目不能直接检出。例如，合金元素的偏析，脱碳层的深度，借助金相分析技术，可以通过带状组织和脱碳层组织变化直观观测，不必使用电子探针等微区元素分析直接检测。同一检验项目建立了多种试验方法供选择，需要清楚缺陷的实质，掌握多种检测技能，综合运用各种技术手段，检测出冶金缺陷。缺陷分析的终极目的是确定其对性能的影响，缺陷影响程度的评判以力学性能为准，此项规定对解决宏观缺陷检测争议尤为有效，认识金属缺陷的实质，掌握表征技术，正确地运用检测方法和标准，评定严重程度，评判影响和危害，做好对材料缺陷分析是做好失效分析的基础。

宏观缺陷可以采用酸浸低倍、断口法、塔形发纹检验和硫印方法来识别。微观缺陷采用金相分析方法，依据不同缺陷特点，采用标准评级图法（比较法）、定量法和扫描电镜等不同的检验方法。不连续缺陷或者表面缺陷，还可以采用超声波、磁粉和射线等无损探伤的方法，发现、检测和判定缺陷，必要时对存疑点定位、解剖，使用宏观和微观相结合的检测技术分析缺陷。

酸浸低倍法是最常用的宏观组织缺陷检验方法。以电化学原理进行腐蚀，显现出金属材料结构、偏析和连贯性差异。对难以区分和确定属性的缺陷，可以解剖，借助金相显微镜或者扫描电镜，确定其属性。钢材的主要宏观缺陷有一般疏松、中心疏松、锭型偏析、中心偏析、斑点状偏析、帽口偏析、锭尾偏析、缩孔残余、内裂、轴心晶间裂纹、白点、皮下和内部气泡、发纹、肉眼可见的非金属夹杂物、异金属夹杂、翻皮等。其中缩孔残余、气泡、裂纹、翻皮、白点、晶间裂纹、肉眼可见的非金属夹杂物和异金属夹杂，属于不允许存在的缺陷，其他缺陷允许一定程度的存在，特别是一般疏松、锭形偏析和中心疏松为钢材不可避免的缺陷，技术条件规定了允许存在的级别。电渣钢和双真空钢等重熔钢材致密性好，酸蚀低倍图像主要存在偏析类缺陷，表现为黑斑、白斑、径向评定和环形偏析。重熔钢与转炉、电炉钢的低倍图像组织有明显差异，可以作为鉴定冶炼方法的一种辅助手段。钢材宏观缺陷示意图如图12-3所示。

需要注意区分铸态缩松和钢材疏松的不同，铸态缩松是材料凝固收缩造成的微孔，不酸蚀也存在，微观可见。钢材疏松是基体局部电位不同，选择性腐蚀出的枝晶组织和琢蚀掉非金属夹杂物和低熔点相，形成的凹坑和孔隙，是金属基体被酸琢蚀出的海绵状图像。经过压力加工，钢材基体连续致密，不酸蚀不存在微观孔隙。

低倍检验以目视为限，允许不超过 10 倍放大观察以确定缺陷类别，评级时需将观察的图像放大或者缩小到与标准图谱实际尺寸相同。国内外试验方法的标准如下：

1）GB/T 226—2015《钢的低倍组织及缺陷酸蚀检验法》。

2）GB/T 1979—2001《结构钢低倍组织缺陷评级图》。

3）GJB 9443—2018《重熔钢棒、钢坯低倍浸蚀及评定方法》。

4）ANSI/ASTM E340－2000《金属及合金宏观浸蚀标准方法》。

5）ANSI/ASTM E381《钢棒、钢坯、初轧坯及锻件宏观浸蚀标准方法》。

6）ANSI/ASTM A561－71《工具钢棒材酸浸低倍试验推荐方法》。

7）ANSI/ASTM A604《自耗电极重熔的钢棒和钢坯酸浸低倍试验方法》。

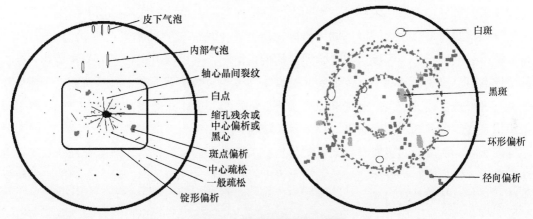

图 12-3　钢材宏观缺陷示意图

断口形貌可以真实记录断裂过程中，材料抵抗外力作用时裂纹萌生和扩展过程的痕迹。裂纹在一定空间中萌生，沿薄弱环节扩展，形成凹凸不平的三维立体形貌的断口。断口形貌不仅与外加载荷等条件有关，也与材料内在因素有关。因而，对断口进行分析，可以得到有关零件使用条件和失效特点的信息，了解断口附近的材料性状，进而判明断裂源、裂纹扩展方向和断裂顺序，确定断裂性质、找出断裂的主要原因，提出防止断裂的有效途径。对金属材料成分、组织结构、断口和性能之间关系的研究，有助于提升对断裂机理的认识，探索出提高材料强韧性的途径。

由于断口特征对冶金过程、热加工和热处理等较为敏感，因此生产检验中常用断口分析作为检验材质的手段。按照试验方法标准，用锤击等方法将加工后的试样打断，用目视法或用 10 倍放大镜检查断口，观察断口的形貌特征，确定钢材的断口组织及缺陷类型，评价钢材质量。

正常断口组织为纤维状断口（结构钢的热轧材质或者调质态）、结晶状断口（高碳钢的热轧材质或者退火材质）和瓷状断口（淬火或者淬火加低温回火）。

常见的缺陷有：台状断口、撕痕状断口、层状断口、白点断口、气泡断口、缩孔残余断口、非金属夹杂断口、异金属断口、黑脆断口、石状断口、萘状断口和内裂断口。

断口组织检验一般采用的标准包括：GB 1814—1979《钢材断口检验法》、GB/T 37598—2019《钢中非金属夹杂物的检验 发蓝断口法》、GB/T 14999.3—2012《高温合金试

验方法 第 3 部分 棒材纵向断口检验》。

断口特征千差万别，有时很难确定断口类型，需要根据断口产生原因，使用扫描电镜对微观断口进行分析，以确定属性。宏观断口的微观特征，早期冶金技术人员已经进行了深入研究，可详见相关参考文献。

对不易确定的类型的缺陷断口以力学性能合格与否作为验收准则，这是解决评定难题的有效手段。

钢的显微检验主要是鉴别钢的冶金质量和热加工、热处理工艺是否符合产品的质量要求。对检验中发现的金相组织缺陷加以鉴定和分析后，可对钢的冶炼、热加工和热处理工艺提出改进措施。非金属夹杂物是孤立的点缺陷，发现非金属夹杂物是表征技术的关键点，适用不同需求，有发蓝断口、磁粉法、金相标准评级图法、极值分析法和扫描电镜法等多种方法，不同的检测概率决定应该以不同的指标来表征非金属夹杂物的水平。带状组织的评定，直接观测组织结构条带，间接反映合金元素的偏析情况，偏析与组织状态的关联是其表征技术的关键点。晶界是面缺陷，立体形貌无法直接在金相显微镜下观察，以平面形貌诠释立体特征是其表征技术的关键点，有标准评级图法、截点法和面积法等多种检测方法。脱碳层以显微组织碳含量差异揭示脱碳深度，以碳含量法验证金相法测定准确性，以硬度法反映对最终性能的影响。所以，对金属材料缺陷的分析，关键是掌握表征技术，熟悉各种缺陷的试验方法标准，评定原则，准确评定缺陷的严重程度，评估其危害。同时，建立每种缺陷的科学评定体系，满足不同分析目的。

金相检验基础标准为 GB/T 13298—2015《金属显微组织检验方法》。标准中规定了试样制备、组织显示和检验的操作方法。常规检验项目和缺陷特征如图 12-4 和表 12-1 所示。

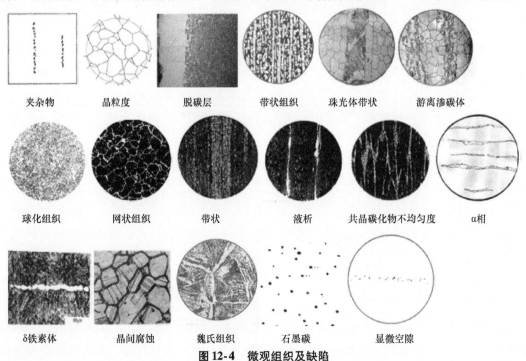

| 夹杂物 | 晶粒度 | 脱碳层 | 带状组织 | 珠光体带状 | 游离渗碳体 |

| 球化组织 | 网状组织 | 带状 | 液析 | 共晶碳化物不均匀度 | α相 |

| δ铁素体 | 晶间腐蚀 | 魏氏组织 | 石墨碳 | 显微空隙 |

图 12-4　微观组织及缺陷

表 12-1 金相试验方法标准

项目	标准代号	标准名称
钢中非金属夹杂物	GB/T 10561—2005	钢中非金属夹杂物含量的测定标准评级图显微检验法
	GB/T 30834—2014	钢中非金属夹杂物的评定和统计 扫描电镜法
	GB/T 15711—2018	钢中非金属夹杂物的检验 塔形发纹酸浸法
	GB/T 37598—2019	钢中非金属夹杂物检验方法 发蓝断口法
	GB/T 10121—2008	钢材塔形发纹的磁粉检验方法
晶粒度	GB/T 6394—2017	金属平均晶粒度测定方法
	GB/T 4335—2013	低碳钢冷轧薄板铁素体晶粒度测定法
	GB/T 24177—2009	双重晶粒度表征与测定方法
	YB/T 4290—2012	金相检测面上最大晶粒尺寸级别（ALA 晶粒度）测定方法
	GB/T 36165—2018	金属平均晶粒度的测定 电子背散衍射（EBSD）法
脱碳层深度	GB/T 224—2019	钢的脱碳层深度测定法
带状组织	GB/T 13299—1991	钢的显微组织评定方法
	GB/T 34474—2017	钢中带状组织的评定
游离渗碳体	GB/T 13299—1991	钢的显微组织评定方法
珠光体带	GB/T 13299—1991	钢的显微组织评定方法
魏氏组织	GB/T 13299—1991	钢的显微组织评定方法
球化组织	GB/T 18254—2016	高碳铬轴承钢
	GB/T 1299—2014	工模具钢
网状碳化物	GB/T 18254—2016	高碳铬轴承钢
	GB/T 1299—2014	工模具钢
带状	GB/T 18254—2016	高碳铬轴承钢
液析	GB/T 18254—2016	高碳铬轴承钢
共晶碳化物不均匀度	GB/T 14979—1994	钢的共晶碳化物不均匀度评定法
石墨碳	GB/T 13302—1991	钢中石墨碳显微评定方法
α 相	GB/T 13305—2008	不锈钢中 α - 相面积含量金相测定法
不锈钢的自由铁素体	YB/T4402—2014	马氏体不锈钢中 δ 铁素体含量金相测定法
晶间腐蚀	GB/T 4334—2020	金属和合金的腐蚀 奥氏体及铁素体 - 奥氏体（双相）不锈钢晶间腐蚀试验方法
显微孔隙	GB/T 18254—2016	高碳铬轴承钢

12.2.1 钢中非金属夹杂物

钢中非金属夹杂物分为内生夹杂物和外来夹杂物。内生的非金属夹杂物在钢中不可避免地存在。钢中非金属夹杂物是随机分布的，存在部位有很大的偶然性。根据不同应用需要，非金属夹杂物需要控制在不同水平。内生夹杂物生成具有规律性，采用显微检验方法，可以表征出非金属夹杂物的质量水平。增加检验面积，增加发现较大夹杂物的可能性，宏观检验方法可以有效控制高端钢材中的大型夹杂物。外来夹杂物是异常原因造成的，具有偶然性，一般比较粗大。无损探伤可以有效发现外来夹杂物。

超声波探伤是发现内部大型外来夹杂物最有效的手段，一般可以检测出毫米级长度的非金属夹杂物，高频超声波探伤可以有效发现更小的夹杂物。磁粉探伤检测表面及皮下缺陷，两者配合，可以检验钢材全截面通长的大型非金属夹杂物。对夹杂物精确定位，取样进行金相分析，成为非金属夹杂物研究的有效手段。

宏观检验方法对显示大型夹杂物非常有效。酸浸低倍、断口、发蓝断口、塔形和磁粉发纹检验方法，有不同的检出界限和表征方法，合格限值与检验面积相关，适用于不同档次非金属夹杂物控制的需求。

显微镜检验法可以测出夹杂物的特性，如尺寸、类型和数量，发现极细小的夹杂物。显微镜法的缺点是评级视场太小（$0.50mm^2$），限制了检验面积，检验结果的偶然性大。主要方法有金相法（标准评级图法）、图像分析仪法、扫描电镜法和极值分析方法，不同的检验方法的评定和表征方法不同，评级原则和标准评级图谱也不同，根据检验目的，需要选择不同的方法，不同方法检测的夹杂物结果不能直接比较。

各种非金属夹杂物控制指标和使用的检验方法有关，取决于检测出非金属夹杂物的概率。金相法检验面积较小，发现较大非金属夹杂物的可能性小，控制指标严格，才能有效地控制钢中非金属夹杂物水平。检验面积大，发现较大非金属夹杂物的可能性大，非金属夹杂物的控制指标数值相对大，所以，同一技术条件中，金相法允许的非金属夹杂物尺寸相对较小，断口法和塔形发纹法允许的非金属夹杂物的尺寸相对较大。极值分析方法，测定最大非金属夹杂物尺寸，增加检验次数，采用高概率可以推算出的钢中最大夹杂物尺寸。

由上可见，对于钢材非金属夹杂物的控制，我们没有很好的手段直接测定最大的非金属夹杂物，只能控制夹杂物水平，间接控制钢中的最大非金属夹杂物。必须按照规定的方法，在规定的部位，按照规定的数量进行非金属夹杂物的检验，这样所检验出的非金属夹杂物，可以作为判定依据。

制定钢材非金属夹杂物检验的技术指标，需要考虑检验部位的代表性和显现夹杂物的检验尺寸效应，最大限度地降低检验结果的偶然性。取样数量、检验方法、判定方法与检验结果同样重要。例如，非金属夹杂物规定在易于出现的钢锭头部尾部取样，可以有效控制夹杂物。增加检验试样的数量，以各试样夹杂物检验结果的平均值为判据，可以更好体现整体夹杂物水平。是否不允许重试，应对应夹杂物的水平不同而确定。分析人员需要具有对非金属夹杂物检验结果的解读能力，不能只关注夹杂物的级别。

对于同一批次的钢材而言，供方在钢材出厂之前，按照产品标准规定的取样数量、检验部位和方法进行夹杂物检验，其检验结果应满足产品标准规定。需方在钢材入厂后同样进行夹杂物检验，其检验结果也满足产品标准规定，即可确定该批次钢材夹杂物检验合格。由于非金属夹杂物存在的偶然性，按照标准规范检验合格的钢材，代表非金属夹杂物的水平满足标准规定，不代表钢中所有部位的非金属夹杂物都在规定级别之内，同一标准不同夹杂物方法，允许的夹杂物尺寸是不一致的。

对于在正常检验之外发现到的非金属夹杂物，需要具体问题具体分析。例如，疲劳断裂和无损探伤，可以定位到最大夹杂物，解剖检测出非金属夹杂物，不能直接按照标准规定的金相法指标来判定是否合格。需要考虑出现概率，冶炼工艺对应的正常的非金属夹杂物水平，双方协商确定合理的控制尺寸。处于正常夹杂物水平，对单件单独处理；超出正常水平，需要对非金属夹杂物进行深入分析溯源，具有普遍性的内生的非金属夹杂物，整炉控制和处理，外来的非金属夹杂物，属于个别问题，查到出现部位，确定涉及范围，制定有效纠正措施，剔除相关部位，消除影响，其他材料可以正常使用。

1. 典型的宏观夹杂物

1）连铸水口结瘤，蓄积物冲刷进入钢中，形成以钙铝镁为主的氧化物，高硫时有硫化钙。冶炼过程蓄水口可能造成断流，需采取措施疏通，导致蓄积物集中落入钢中，需切除相关部位的连铸坯。切除不净，污染区多为宏观夹杂物，可能造成分层等缺陷，如图 12-5 所示。

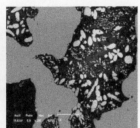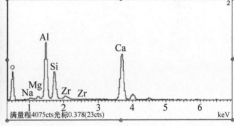

图 12-5　水口蓄积物造成的夹杂物

2）电渣钢的头部和尾部有电渣渣系与钢混合区，典型成分为氟化钙和氧化铝，成材需要按照规定切除，电渣钢锭头尾缺陷没有切除干净会造成宏观夹杂物，如图 12-6 所示。

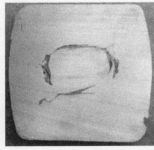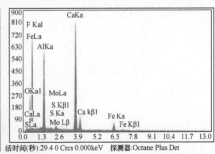

图 12-6　电渣钢锭头尾渣系遗留的宏观夹杂物

3）轴承钢，保护渣卷入造成的大型夹杂物，如图 12-7 所示。

  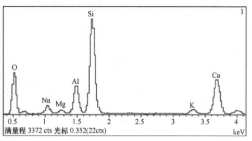

图 12-7　保护渣卷入造成的大型夹杂物

4）轴承钢的发蓝断口的宏观夹杂物，如图 12-8 所示。

5）发纹，如图 12-9 所示。

 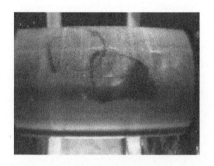

图 12-8　发蓝断口宏观夹杂物　　　　　　　　图 12-9　发纹

2. 假象

（1）高温氧化物误认为非金属夹杂物

裂纹两侧的高温氧化物，特别是呈质点状时，常被误认为是钢中非金属夹杂物，以为是非金属夹杂物造成裂纹。对此可以通过扫描电镜能谱成分分析加以鉴别。非金属夹杂物的主要成分是铝、硅、钙、镁等为主的氧化物，高温氧化产物是以硅、铬、锰或者铁为主的氧化物。依据氧化顺序，钢液不可能生成无铝的夹杂物。否则基体已经

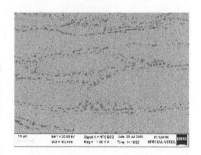

图 12-10　轴心氧化质点

氧化，夹杂物会极其严重，遍布视场。只有基体成分的氧化物，单纯的 SiO_2 圆形质点，都不是非金属夹杂物。如图 12-10 所示，T91 中心存在条带状，成分为铬、锰和硅为主的氧化物，原因是连铸坯轴心裂纹，热加工过程裂纹两侧高温氧化，轧制过程裂纹焊合，留下高温氧化条带，不是钢中非金属夹杂物。

（2）加热炉耐材嵌入表面

加热炉耐火材料一般为铝硅为主的氧化物，可能含有少量钠、钙和镁等元素，与钢中非金属夹杂物很相似。在钢材或者零部件热加工时，黏附在表面，后续锻打或轧制时嵌入基体，表面可见灰白颜色，极易与钢中夹杂物混淆，即使解剖分析成分，也不能区分开。需要

沿夹杂物边缘垂直切割，磨制金相试样，观察缺陷与基体交界面的交接处，如果存在氧化皮和脱碳，可以判定为氧化皮嵌入，如图 12-11 所示。

图 12-11　耐火材料嵌入

（3）磨料嵌入

砂轮和砂纸等磨料一般为碳化硅、氧化铝和氧化硅，在切割和粗磨过程可能嵌入基体，需要加以鉴别，观察缺陷和基体界面压入痕迹、形貌特征及成分，加以区分，如图 12-12 所示。

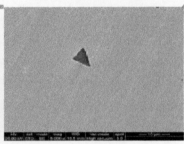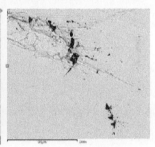

图 12-12　磨料假象

3. 夹杂物与失效关系

非金属夹杂物可能造成以下缺陷。

（1）加工痕迹线

精加工表面，随着数控机床的使用，加工轴类零件时可能出现表面痕迹线，发亮（严重时是暗线），平行于金属流线，似有似无，转动角度可见。

鉴定方法：进行磁粉探伤，如果是非金属夹杂物造成的，会出现磁痕，需要解剖进行金相分析，确认磁痕产生原因。也可以直接解剖分析。

（2）磁痕

磁粉探伤发现磁痕。发纹、裂纹、白点和组织偏析带等多种原因都可能产生磁痕。需要鉴别排除。根据经验可以区分磁痕对应的缺陷，必要时可以解剖分析确认。

痕迹线和磁痕解剖分析方法为垂直于亮线或磁痕切割试样，磨制，如果对应处发现粗大的夹杂物，可以确认是宏观非金属夹杂物—发纹造成的痕迹线。

（3）裂纹源中非金属夹杂物

断口的裂纹源发生在受力最大部位的薄弱环节，可能存在非金属夹杂物，主要出现在疲劳断口上，强度越高，越易在夹杂物处开裂。疲劳起裂会发生在薄弱环节，相同的受力状态，有非金属夹杂物处往往成为疲劳的起源地。对疲劳裂纹源处的夹杂物，需要具体问题具体分析，确认非金属夹杂物是否是造成疲劳断裂的原因。主要依据非金属夹杂物的大小，特别是解剖的立体形貌估测的体积、成分特征确定。如果出现：肉眼可见，超出正常其冶炼工艺水平，成分体现出异常原因造成的夹杂物，可以确认是造成失效的主要原因。

（4）分层

在单向变形量较大时，严重的非金属夹杂物随基体金属变形为片状，可能在钢管或者板材出现分层缺陷，可以使用超声波探伤找出来。

（5）裂纹

表面严重的非金属夹杂物可能造成钢材表面裂纹，解剖裂纹末端及附近有严重的非金属夹杂物，一般与保护渣有关。

12.2.2 偏析

钢液选分结晶造成的枝晶偏析和区域偏析。凝固过程中偏析不可避免，通过扩散退火，可以改善枝晶偏析，但是不能彻底消除。区域偏析更难改善。钢材都会存在不同程度的偏析，宏观偏析使用酸浸低倍检验和断口检验来表征，酸浸低倍表现为树枝晶、一般疏松、锭型偏析、点状偏析、中心偏析、白亮带和碳化物剥落等缺陷，重熔钢表现为黑斑、白斑、径向偏析和环形花样。断口表现为横列结晶、台状和撕痕状断口。微观偏析主要通过金相分析检测。合金元素的偏析难以直接测定，需要使用电子探针之类的高端检测设备检测。显微组织偏析可以间接表征出化学成分偏析，直观简便，适用于生产检验。亚共析钢检测带状组织，过共析钢检测碳化物带状和液析，莱氏体钢检测共晶碳化物的不均匀性。选择合适的检验状态，使用标准评级图法、定量法评定或者硬度法带状组织。评定偏析的主要标准有：GB/T 1979—2001、GB/T 34474—2017、GB/T 18254—2016 和 GB/T 14979—1994。常见的宏观及显微组织偏析如图 12-13 所示。

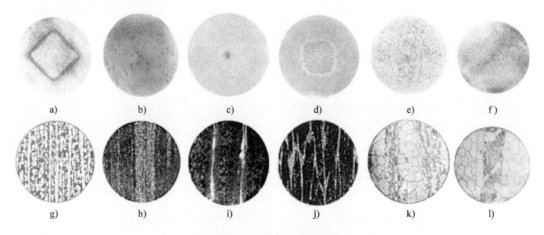

图 12-13　宏观及显微组织偏析

a）锭形偏析　b）斑点状偏析　c）中心偏析　d）白亮带　e）一般疏松　f）中心疏松　g）带状组织
h）带状　i）液析　j）共晶碳化物不均匀性　k）游离渗碳体　l）带状珠光体

降低浇铸温度，可以控制区域偏析和枝晶偏析程度，采用高温扩散退火，可以改善合金元素的偏析。树枝晶是在钢凝固过程中由于化学成分的不同而产生的像树枝一样的图案（初次、二次及三次结晶臂），对于某一个特定的成分来说，浇铸过程中过热越高，树枝状组织越显著。化学成分的不同也影响树枝状的清晰程度。在 GB/T 1979—2001 中树枝晶的粗细程度纳入一般疏松的评定，特殊的军标作为独立的检验项目加以检验控制。

需要注意斑点状偏析和疏松点的区别，大规格的钢材，疏松点较大，易误认为是斑点状偏析。为防止误评，GB/T 1979—2001 标准将原标准的点状偏析更名为斑点状偏析。斑点状偏析是钢液冷却过程中，气泡逸出时腾出的空间被周围晶间浓聚的低熔点钢液填充而显现的痕迹线，边缘常带有气泡和夹杂物，经酸浸为暗色微凹斑点。它与钢种及冶炼方式有关，38CrMoAl 钢材易产生斑点状偏析，连铸钢材较少出现。电渣钢冶炼控制不当会出现斑点状偏析，按照重熔钢低倍检验标准称为暗斑。

检验中主要区分中心偏析、中心疏松和中心黑。中心偏析是钢液最后在心部凝固选分结晶造成的高碳区，酸浸试片中心呈现暗黑色区域，连续致密，更高碳含量莱氏体钢形成共晶碳化物聚集区，酸蚀剥落留下斑痕，称为碳化物剥落。这种偏析控制得当可以避免。中心疏松是因枝晶偏析低熔点物质集聚，及非金属夹杂物被酸浸掉呈现的暗点和空穴，分散，不致密，不可避免，中心分布较多，金相组织差异较大，中心偏析区域都为含碳较高的组织，中心疏松组织偏析不连续。相对而言，中心偏析对性能影响较大。中心偏析不是中心黑，中心偏析暗黑色区域致密平整，中心黑是过烧缺陷，酸浸入显微空隙形成海绵状黑色区域，金相检验可以很容易区分。超声波凝固探伤可以检测出中心黑，不能检测出中心偏析和中心疏松。

带状组织检验目的是体现合金元素的偏析程度，合金元素的偏析是潜在的，不是所有的组织状态都可以观察出合金元素偏析。选择好检验状态，才能更好地检测出合金元素的偏析。试样热处理方式的选择非常重要，带状组织检验首选交货状态直接检验，如果贝氏体含量多，推荐采用等温退火。对于含易偏析合金元素高的钢，如果都处理成最高级别，无法区分偏析程度的不同，需要选择较快冷却速度，减小带状组织的级别，才能反映出偏析的不同。所以，不是冷速越慢越好，不要过分追求完全平衡组织 – 铁素体加珠光体。只要保持相同的热处理状态，得到的带状组织就具有可比性。

对于不需要淬、回火强韧化的钢材，有效改善带状组织，可以提高材料的力学性能。需要淬回火强韧化的钢材，原始组织不能直接影响性能。合金元素偏析影响淬火能力，显微硬度法可以直观体现局部微区硬度差异。力学性能是宏观区域不同组织机构的综合性能，不与带状组织直接关联，就像铁素体和珠光体的混合组织一样有好的综合性能，不可盲目夸大带状组织的影响，影响高含量合金钢的应用。

曲轴磁痕与偏析有关，如图 12-14 所示。曲轴只有经过高频表面淬火才会偶发这种磁痕，调质和渗氮曲轴没有这种磁痕。解剖磁痕，对应部位都有对应的白亮条带，有的腐蚀后肉眼可见白色条带。在高倍下观察，偏析条带是组织偏析，白亮的条带中马氏体自回火不足，有残留奥氏体。纵向腐蚀可见与横截面相同的偏析组织带。对金相观察的试样表面抛光，重新磁粉探伤，磁痕清晰地显现在组织偏析部位，证明磁痕是组织偏析带造成的，根据磁粉探伤标准规定，这种因为组织偏析造成的磁痕非相关磁痕，需要与真实磁痕区分，不是控制对象，不作为判定依据。

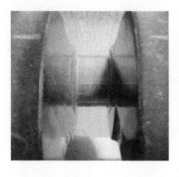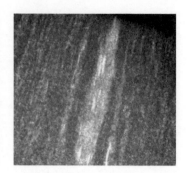

图12-14 白亮带磁痕

12.2.3 晶粒度

金属组织是由不同尺寸和形状的三维晶粒堆集而成的，其晶粒的大小，尤其是奥氏体化所形成的奥氏体晶粒的大小，直接影响着热处理后的组织、性能及热处理质量。因此，一般钢材通常要进行晶粒度检验。晶粒度就是晶粒大小的量度。

晶粒度评定方法有比较法、截点法、面积法和截距法，如图12-15所示。比较法用于表征等轴的再结晶组织，可以满足批量性生产检验的需求。面积法和截点法的测定精度更高，非等轴晶适用于截点法评定，也可以采用GB/T 4335—2013《低碳钢冷轧薄板铁素体晶粒度测定法》。

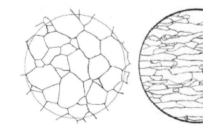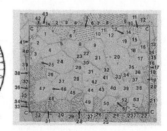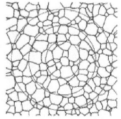

图12-15 晶粒度评定方法

全部观察试样，参照GB/T 6394—2017的评级图谱及GB/T 24177—2009的六个典型类型的晶粒分布特征，主观判定晶粒的分布状态，常见的晶粒分布状态如图12-16所示。如果需要精确分析，需要使用GB/T 24177—2009推荐的截距法确定晶粒尺寸分布类型。观察到晶粒大小不一，可能来自截面对晶粒截割位置不同，立体相同的晶粒评定为同一级别，真实不等的晶粒评定为不同级别。所谓"混晶"没有明确概念，不能作为判废依据，也不能以平均值作为判定指标，需要摒弃混晶概念，以双重晶粒替代。

GB/T 6394—2017用于单峰对数正态分布的晶粒度评定。GB/T 24177—2009对实际存在的双重晶粒度分布给出了科学合理准确的描述，规定了面积含量的测定方法，规定了孤立粗大晶粒、宽级别的最大晶粒和项链晶的大晶粒按照YB/T 4290—2012评定，基体和连续分

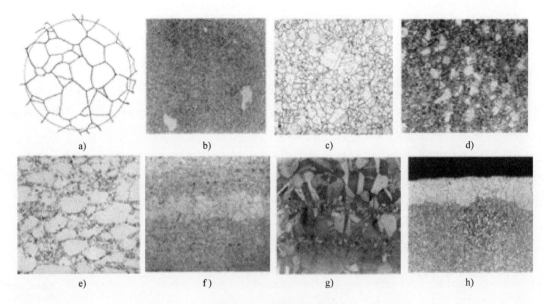

图 12-16　晶粒分布类型

a) 单峰正态　b) 孤立大晶粒　c) 宽级差晶　d) 双峰晶　e) 项链晶　f) 带状晶　g) 带状晶　h) 截面晶

布晶粒按照 GB/T 6394—2017 评定。三个标准联合使用，可以全面反映晶粒度的多种客观存在形式，构成了完整的晶粒度测量方法系统。

酸浸低倍可以检测出来严重的粗晶，使用 GB/T 6394—2017 可以评定宏观晶粒度。但是，低倍粗晶有时是组织差造成的花斑，不是晶粒粗大，需要采用金相鉴别。

冷加工控制不当，可能导致表面或者内部出现超大晶粒，属于临界变形区的异常晶粒长大现象。

晶粒表征和控制对材料科学有着重要的作用。晶粒尺寸不仅影响材料的力学性能，它还影响着材料的工艺性能和表面性能。例如，细化晶粒度可以同时提高钢的强度、塑性和韧性，降低脆性转变温度，但是会降低钢的淬透性，见式（12-1）至式（12-3）。

Halll – petch 公式 $$\sigma = \sigma_0 + k/\sqrt{d} \tag{12-1}$$

Cottrell – petch 公式 $$FATT = A - B/\sqrt{d} \tag{12-2}$$

嘉斯特公式 $$J_{4-40} = f(CE) + f(E) + f(Me) - 0.82G \tag{12-3}$$

细化晶粒对高温下钢的持久性能不利，高温合金晶粒度需要控制在一定范围内。因此，材料中晶粒度控制有广泛的应用，例如控轧、控冷和钢的强韧化处理。

高端产品技术条件中都规定了晶粒度级别，晶粒度是金相检验的主要项目，也是失效分析的重要依据。晶粒度的检验在失效分析中具有重要意义，晶粒度与其经历的热加工及最终热处理工艺存在密切关系，是材料热历程的表征。可以通过对晶粒度的观察，推测加热问题和时间，为质量问题分析提供依据。例如，过分粗大的晶粒，是过热特征。分析淬火裂纹产生原因时，基体奥氏体晶粒粗大，可以反映钢件淬火温度过高，造成开裂。分析高碳工模具钢磨损问题时，如果分析发现晶粒粗大，可以反映出淬火加热温度高，融入过多的碳化物，

降低了钢的 Ms 点，导致残留奥氏体多，是产生硬度和耐磨性能低的原因。

决定晶粒大小的根本原因是析出弥散细小颗粒的钉扎作用，主要为铝、钛和铌的氮化物。所以，需要控制氮、铝、钛或者铌的含量及配比。国外一般钢材标准规定氮和铝含量，符合规定，免做晶粒度检验，可见成分控制为先天因素。零部件一般需要热处理后使用，奥氏体晶粒度影响力学性能。钢材需要模拟零部件热处理，显示原奥氏体晶界，主要有渗碳法、直接淬硬法、氧化法等八种形成方法和五种显示方法。各种方法热处理制度不同，晶粒度大小不同，不能直接比较，签订技术条件需要规定奥氏体晶粒度形成方法。不需要热处理使用的钢材，试样直接检验实际晶粒度，一般为铁素体晶粒度。本质晶粒度的概念来自于原YB27—1977，不同钢种，试样均进行 930℃ 保温 3h 的热处理，与实际热处理制度不同，GB/T 6394—2017 已经摒弃了本质晶粒度检验方法，采用奥氏体晶粒度检验，本质晶粒度概念已废止。如果考虑齿轮的长时间渗碳工艺，在检验基体晶粒度时，可以采用模拟渗碳法，或者进行渗碳温度下长时间耐久性（晶粒度长大倾向）试验。

12.2.4 脱碳

脱碳是碳损失。钢经热加工或热处理时，钢材表面与炉内气氛作用后，失去全部或部分碳元素，造成钢材表面比内部碳含量减少，也就是造成钢材表面脱碳。脱碳层深度的测定有金相法、硬度法和碳含量分析法。金相法在光学显微镜下观察试样从表面到中心，随着碳含量的变化而产生的组织变化。测定原则以原始组织与边部脱碳区域组织进行比较，明显差别处作为测量界线。

脱碳层分为全脱碳层（全部为铁素体组织）和部分脱碳层，检验分为总脱碳层、全脱碳层和有效脱碳层检验，检验时需要加以区分，如图 12-17 所示。轴承钢和车轴坯对脱碳层的测定有特殊规定，热加工状态的轴承钢脱碳层将铁素体量尽，退火态将片状铁素体量尽，车轴坯脱碳层量至出现完整铁素体网处，如图 12-18 ~ 图 12-20 所示。表面临界变形区出现异常粗大的晶粒，往往被误认为脱碳层，需要注意区分。

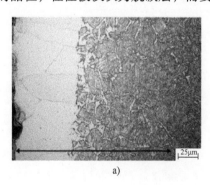

a)   b)

图 12-17　30CrMnSiA 脱碳层

a）完全脱碳层 + 部分脱碳层　b）部分脱碳层

脱碳会造成表面硬度的降低，导致耐磨性降低。零件可以使用硬度法直接确定脱碳层的影响。脱碳也可能造成淬火表面裂纹。轴承钢、高速钢和工模具钢一般规定了脱碳层的检验方法。

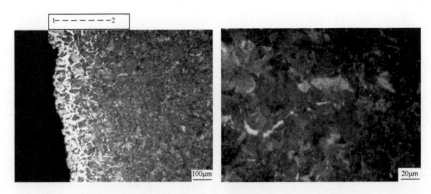

图 12-18 轴承钢（GCr15，Φ60mm）热轧材脱碳层

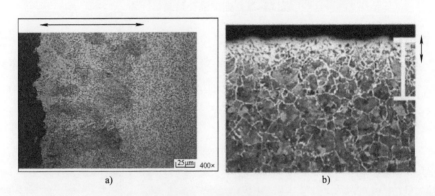

a)   b)

图 12-19 有效脱碳层测定

a）轴承钢球化退火脱碳层 b）车轴坯脱碳层（黑色箭头表示有效脱碳层深度，白色标注总脱碳层深度）

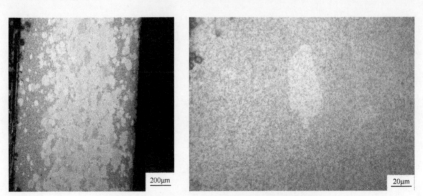

图 12-20 30CrMnSiA 球化组织局部粗晶

12.2.5 中心孔洞

12.2.5.1 缩孔

　　钢水在冷凝过程中体积收缩，在铸锭或铸件心部形成管状（或喇叭状）或分散的孔洞，称为缩孔。模铸和电渣钢的锭模，锥度设计使缩孔集中于头部，以便后续加工过程中切除。如果切除不净，造成钢材的残余缩孔。最后，凝固钢液带有液面上部的保护渣及发热剂，所以残余缩孔内伴有严重的夹杂物和成分偏析。

案例：模铸轴承钢，经热轧钢球后中心有孔洞，解剖分析为残余缩孔所致，如图 12-21 所示。解剖后孔洞边缘可见大量的夹杂物，夹杂物主要为硅铝酸钙、含有少量的钾、钠元素，此为典型的保护渣成分。

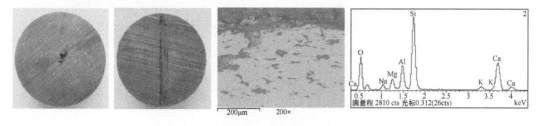

图 12-21　钢球缩孔残余

对于连铸钢材来说，钢水凝固过程中，如果枝状晶比较发达，中心搭桥，形成密闭的空间，如图 12-22 所示。早期凝固收缩形成的空洞得不到钢水的补充就会保留在连铸坯上，这种缩孔内部一般比较干净，热加工选择适当加工比，可以焊合，不会造成钢材缺陷。

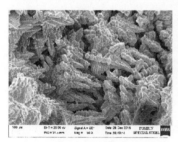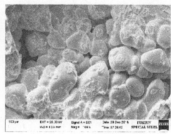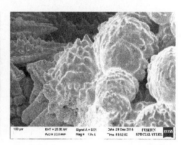

图 12-22　连铸坯缩孔枝晶形态

如果后续轧制不当缩孔也可能会残留在钢材中，形成凹缩形的缝隙和撕裂，断口枝晶凸起在热变形时摩擦碾平，内部没有非金属夹杂物。

缩孔的检测方法有低倍检验及超声波检验两种。低倍检验依据 GB/T 1979—2001 标准进行评定，特征为酸浸低倍试片的中心区域不规则的皱褶裂纹或者空洞，在其上或者附近常伴有严重的疏松、夹杂物（夹渣）、成分偏析等。超声波检验一般采用直探头根据 GB/T 4162—2008 标准检测，缺陷一般位于中心部位。

12.2.5.2　过烧孔洞

加热温度过高，保温时间过长会造成晶粒粗大，引起力学性能降低，称为过热，易造成淬火裂纹等缺陷。过热有可逆性过热，通过正火可以改善，也有晶界析出硫化锰等物质，不能通过热处理改善。过热断口晶粒粗大，出现萘状断口。

温度继续升高，晶界氧化，甚至熔融，多在三叉晶界开裂，称为过烧，如图 12-23 所示。过烧材料丧失了塑性，不能通过热处理挽救。断口为石状断口。

在热加工的加热温度过高，到达第一类脆性区间后，晶界弱化，甚至为零强度。此时受力就会沿晶开裂，形成显微孔隙。沿钢材加工方向，有许多大小不等呈三角形的空洞或网络状形式的显微裂纹，称为显微孔隙。这种伴随材料加工形变的过烧，称为形变过烧。钢材酸

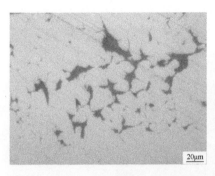

图 12-23　过烧显微组织和断口组织

浸低倍试片中心出现黑心。严重时，形成中心孔洞，断面呈豆腐渣状，如图 12-24 所示。熔融的钢液再凝固，出现熔融的台阶，易与疏松混淆，需要加以鉴别，防止误判为铸态疏松。钢材和零部件经过热加工，即使存在未焊合的孔洞，热加工变形，断面会磨合撕裂，不可能保留完整铸态枝晶。

　　碳含量较高的高合金钢，局部碳含量偏析严重，液相线降低，相对熔点降低，更易产生形变过烧。加工潜热助长形变过烧的产生，过热与变形热叠加，在心部达到峰值，加上钢锭坯的中心偏析，使得形变过烧在心部形成微孔和裂纹，甚至产生中心孔洞。

　　Cr12MoV 锻材，中心出现孔洞，解剖沿共晶碳化物网拉开。

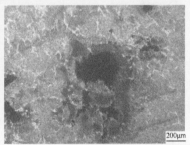

图 12-24　Cr12MoV 锻造过烧

　　GCr18SiMnMo 滚柱锻打后中心出现孔洞，进行酸浸低倍腐蚀，中心出现海绵状空隙，较大的成为肉眼可见的空洞，如图 12-25 所示。

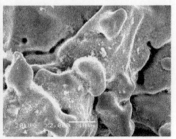

图 12-25　GCr18SiMnMo 锻造过烧

辗环变形量大，变形速度较快时，形变热高，易发生形变过烧，精磨表面出现黑点，解剖分析发现孔洞，三叉晶撕裂，断口有熔融晶粒。高碳铬轴承钢和高碳 Cr13 型不锈钢的轴承套圈都出现过形变过烧。图 12-26 所示为轴承钢辗环孔洞。

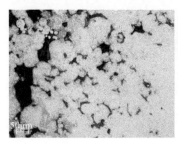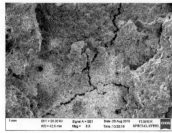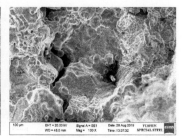

图 12-26　轴承钢辗环过烧

感应加热，升温快，温度控制手段较弱，也是形变过烧易产生的加工工艺。它的出现率低，往往只有数个，主要发生在 42CrMo 等中碳合金钢的轴类零件上，轴内孔出现环形裂纹，打开断口，有熔化枝晶凸起，裂缝直接观察可见熔融晶粒，见图 12-27。

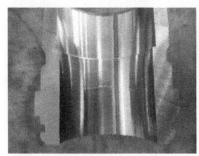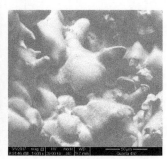

图 12-27　42CrMo 感应加热过烧

过烧严重时，磨制金相试样，裂纹附近聚集粗大硫化物和碳化物网络。硫化物有别于正常基体的硫化物，纵向无拉长变形，粗大角状化，表明硫化物经历熔化温度之上的高温，条状硫化物熔断球化，冷却再析出长大，是严重过烧的特征。裂纹附近白网碳化物，经过能谱分析为铬钼偏聚，是局部过烧晶界熔化，铬钼及磷溶解，冷却偏聚析出形成的，见图 12-28。

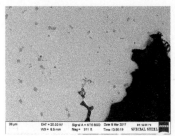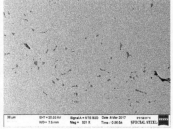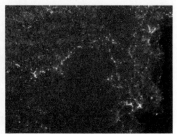

图 12-28　过烧的硫化锰及碳化物形态

发生了形变过烧的零部件后续热处理会产生淬火裂纹，见图 12-29。42CrMo 输入轴气密性试验时出现漏气，零件经历严重的过烧，在后续的加热和淬火过程进一步开裂，形成多条裂纹。

图 12-29　42CrMo 感应加热淬火后的过烧开裂

相对于形变过烧，同样过温，热处理加热无变形应力，即使温度很高，不一定开裂，仅表现为晶粒粗大的过热特征，形变过烧温度较热处理过烧温度低。

钢锭加热温度过高，尤其是在高温扩散退火时造成钢锭轴心区域或树枝状区域间出现液相，失去塑性，加工变形时受力拉裂，连续性被破坏而未能轧合，发生形变过烧。如果加热后不直接变形，稍降温度再施加变形应力，此时晶界恢复塑性，就不会开裂发生形变过烧。此工艺既可加快扩散速度，又可以避免形变过烧，在轴承钢和高碳高合金钢的热加工过程得到广泛应用。

形变过烧破坏了钢材基体组织的连续性，严重地影响了钢材的质量，对这种缺陷要进行检验，加以控制。超声波探伤是检验形变过烧的有效手段，酸浸低倍可以发现黑心和孔洞缺陷，金相可以检测显微孔隙，见图 12-30。GB/T 18254—2016 为高碳铬轴承钢有显微孔隙的标准评定图。

图 12-30　轴承钢锻造过烧

12.2.5.3　楔横轧孔洞

楔横轧是汽车零部件的一种常见的热加工方式，快速高效成材率高，得到广泛应用。但是，变形方式使内部材料受到三向拉应力，对材料质量要求较高。感应加热和变形工艺操作控制不当，易产生中心孔洞缺陷，见图 12-31。

金相检验为微孔聚集缺陷，拉伸断裂特征。断口呈现撕裂条带，呈现撕裂特征。

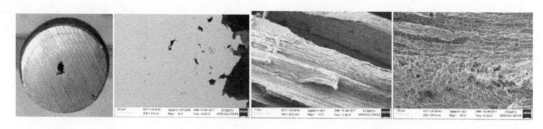

图 12-31　楔横轧孔洞

断口孔洞处呈现撕裂的条纹，放大观察有韧窝，说明是最后一道加工即楔横轧产生的，否则，如果是原材料有开裂—裂纹或者孔洞，在楔横轧过程会被碾平。对于撕裂，一般的观点是低温撕裂断口呈现丝状条纹，与我们观察到的断口形貌符合。

12.2.6　裂纹

12.2.6.1　分类

实际金属零件中不可避免存在各种微小裂纹，这些微小裂纹有的是在冶炼、锻轧、铸造、焊接、冷加工和热处理等工艺过程中产生的，也有的是在使用过程中在零部件的某些特定的地方，在特定的载荷或者环境条件下产生并逐步扩展长大的。当裂纹尺寸达到临界尺寸时，零部件就会完全断裂。表 12-2 列出了典型裂纹类别、形成原因和特征，以便区分鉴别裂纹，查找失效原因。

表 12-2　常见制造过程的金属裂纹

缺陷名称		裂纹形成原因	裂纹的特征			
			宏观外形	起源位置	走向及末梢	周围情况
铸造裂纹	铸造热裂纹	在高温下（1250～1450℃）形成。钢液冷凝时，在形成热裂的范围内收缩率过大，铸件在砂模中收缩受阻；铸件设计不合理，厚薄相差悬殊，冷却严重不均匀；铸件金属中有害元素较多，凝固后聚集于晶界，降低金属的强度和塑性；金属铸件表面与涂料相互作用等	有时呈网状或者半网状（龟裂）	铸件最后凝固区应力集中处	沿晶扩展，尾部圆钝	有严重的氧化脱碳，有时还有严重的偏析、疏松、杂质和孔洞
	铸造冷裂纹	在较低温度下产生，热应力和组织应力产生的		应力集中区	穿晶扩展	基本没有氧化脱碳，裂纹两侧组织与基体组织差异不大

（续）

缺陷名称		裂纹形成原因	裂纹的特征			
			宏观外形	起源位置	走向及末梢	周围情况
铸锭铸坯	缩孔残余	钢锭切头不足或缩孔异常严重	顺变形分布拉长	中心	沿晶	氧化脱碳，夹杂物严重
	皮下气泡	气体过多或者原辅材料潮湿	垂直表面，断续，簇发	表面及次表面	一般穿晶	氧化质点，有时有夹杂
	内部气泡	气体过多或者原辅材料潮湿	内部随机，蠕虫状	偏表面多	穿晶，圆钝	氧化质点
	白点	氢及应力较高	多条，断续，锯齿形	中心向外	沿晶或穿晶，末端尖锐	无氧化脱碳
	轴心晶间裂纹	中心凝固开裂，若有再注产生组织偏析	中心放射状	中心	沿晶，尖锐	质点状氧化物或者组织偏析
锻造轧制裂纹	折叠	前一道锻轧所产生的突出尖角或者耳子，在后一道锻轧时被压入金属坯中而产生	轧制件上呈纵向单条分布，锻件上呈一定规律分布，由表面倾斜插入基体	表面层	尾部一般圆钝	有氧化并有严重脱碳
	过热、过烧造成的热加工裂纹、孔洞	锻轧前加热温度过高	呈龟裂或者鱼鳞状	表面或者变形最大的区域，也可能为心部裂纹	沿晶界扩展，严重时呈豆渣状	有严重氧化脱碳。严重时硫化物重熔，有时沿晶分布
	锻比大、锻速快	由中心沿对角线部位开裂，变形热升温引起	交叉裂纹	心部开始	穿晶，尾部尖锐	有氧化
	加热不足造成的锻裂	变形前加热保温时间不够，心部没有热透；高合金钢心部碳化物偏析严重	呈放射状	锻件心部	穿晶扩展	稍有氧化脱碳象，碳化物偏析严重
	冷裂	终锻温度过低，材料塑性下降，或因锻造温度在 Ar3 - Ar1 之间时，铁素体开始沿晶析出，进一步锻造时沿铁素体开裂	有时呈扇形	应力集中处，或者在晶界铁素体处	裂纹穿晶扩展，在双相区锻裂，裂纹沿晶界铁素体扩展	略有氧化脱碳，组织中有时可以看到变形痕迹线
	热脆	硫含量高，锰硫比不够，生成 FeS，锻造加热时熔化，造成开裂	呈龟裂或者鱼鳞状	表面或者应力集中处	一般沿晶界扩展	晶界或者心部有黄色 FeS
	铜脆	铜含量高或者锻轧加热时，钢坯表面渗入铜	呈龟裂或者鱼鳞状	表面或者应力集中处	沿晶界扩展	有铜相

（续）

缺陷名称		裂纹形成原因	裂纹的特征			
			宏观外形	起源位置	走向及末梢	周围情况
磨削裂纹	磨削裂纹	由于磨削加工热引起的组织应力和热应力，以及在磨削过程中进一步产生的组织转变（如残余奥氏体的转变）和应力的再分配等原因	龟裂或者呈辐射状，或者规则排列	在金属的磨削表面层内	沿晶分布	有时有微弱的氧化
淬火回火裂纹	淬火龟裂	表面脱碳的高碳钢零件，在淬火时，因表面层金属的碳含量低，表层先生成马氏体，基体再生成马氏体，表层受拉应力作用下产生龟裂	龟裂	脱碳表面	沿晶界分布，一般限于表面脱碳层内	一般没有或者很少氧化
	淬火纵裂	细长杆件，在心部完全淬透的情况下，由于强烈冷却而产生较大的淬火拉应力作用，而产生纵向直线裂纹	纵向直线	在应力集中处	穿晶分布，尖细	一般没有或者很少氧化
	淬火弧形裂纹	凹槽、缺口处冷速较小，零件过大，或者淬透性过低，心部没有淬透，由于种种原因引起淬火软点附近的组织过渡区，上述区域在拉应力的作用下而开裂	弧形裂纹	凹槽、凸角、缺口等应力集中处。或者组织过渡区	一般为穿晶开裂。尖细	一般没有或者很少氧化
	淬火内部裂纹	零件过大，或者淬透性过低，心部没有淬透	内部径向裂纹，严重时形成纵劈	起源心部向表面扩展	穿晶开裂，尖锐	一般没有氧化
	回火裂纹	回火脆性区回火，冷速慢，矫直或者使用过程开裂	弧裂或纵裂	应力集中处	沿晶，尖锐	一般没有氧化脱碳
	氢致裂	氢和应力共同作用。大件低温回火不足或者间隔时间长，放置或者使用过程开裂	弧裂或纵裂	应力集中处	沿晶，尖锐	一般没有氧化脱碳
	过热过烧造成的裂纹	淬火加热温度过高，产生了过热过烧，削弱了晶界，淬火时，在组织应力和热应力作用下而开裂	龟裂、弧裂或纵裂	应力集中处	一般沿晶分布，尖锐	一般没有氧化
焊接裂纹	热裂纹	在高温下（凝固温度附近至 A_3 以上范围）形成。主要是最后凝固阶段液相量少，晶间形成液态薄膜，在热应力下产生晶间裂纹。特别是当产生 S、P 的低熔点相，偏聚于晶界时，扩大了液态薄膜存在温度范围，更易于形成热裂纹	沿晶界形成网状或曲线状	一般在焊缝内起源	沿晶界扩展	露出表面时，裂纹有氧化色彩，有时还在焊料、焊缝附近有严重的低熔点元素成分偏析

(续)

缺陷名称		裂纹形成原因	裂纹的特征			
			宏观外形	起源位置	走向及末梢	周围情况
焊接裂纹	冷裂纹	在低于 200~300℃（或 M_S 点之下）范围内形成，主要由于氢、淬火组织及应力共同作用而产生。也称为延迟性裂纹	无分支	一般在焊道下热影响区会展焊趾、焊根等应力集中处	穿晶裂纹	
	再热裂纹（消除应力回火裂纹）	在焊接后消除应力（500~700℃）热处理过程产生。在消除应力的过程中，由于晶粒内弥散形成的碳化物，提高了晶粒的蠕变抗力，使应力松弛的蠕变集中在晶界，以至于局部应变集中处，晶界滑移承受不了，导致晶界开裂　　在奥氏体钢、耐热钢及低合金高强钢中出现，特别是含有 V、Nb、Mo、Cr 合金元素的钢较敏感	晶间开裂	在热影响区焊合线附近或者应力集中处（焊趾处）	沿原奥氏体晶界开裂	
	层状撕裂	厚板焊接时，在厚度方向的张应力作用下，沿母材层状分布的夹杂物发生层状撕裂	呈台阶状，平行于母材轧制方向	起源于焊接热影响区	沿母材轧制方向分层撕裂	母材非金属夹杂物或者带状严重
使用裂纹	应力腐蚀裂纹	在腐蚀介质和应力共同作用下	起自表面树枝状分叉裂纹	与腐蚀介质接触，受拉应力的表面	沿晶，尖锐	
	蠕变裂纹	高温下运行		应力集中处	沿晶	严重氧化
	疲劳裂纹	交变应力下产生		表面应力集中处	多穿晶，尖锐	有时看见断面损伤
	范性撕裂	受到超过金属强度极限的应力而断裂	断面与剪切应力方向平行	应力集中处	多穿晶，尖锐	

12.2.6.2　表面裂纹

热处理裂纹出现率最高，已有多部失效分析专著按照失效模式对各类热处理裂纹进行了专门论述。焊接裂纹和磨削裂纹出现率较低，也可以查阅相关专业书籍。而冶炼和热加工造成的裂纹较少有专门介绍，本节只阐述与之相关的钢材表面裂纹和内部裂纹。按出现部位分为表面裂纹和内部裂纹两部分，如图 12-32 和图 12-33 所示。

钢材的表面裂纹分为纵向裂纹、横向裂纹和角部裂纹。多数为纵向裂纹，横向裂纹极少。纵裂纹沿着钢材变形方向有一定长度、基本呈纵向线性的裂纹。按其长度、分布又可以分为通长裂纹、局部裂纹、折叠、划伤和褶皱等。纵向裂纹主要来源于连铸坯裂纹，相对于模铸，连铸坯冷却过程受喷水和拉力作用，更易产生各种裂纹，见图 12-34、图 12-35。如果贯穿到表面，在热加工过程不能改善消除，就会造成钢材整支通长或者局部出现表面裂纹。

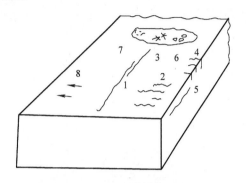

图 12-32　铸坯表面缺陷示意图

1—表面纵裂纹　2—表面横裂纹　3—网状裂纹
4—角部横裂纹　5—边部纵裂纹　6—表面夹渣
7—皮下针孔　8—深振痕

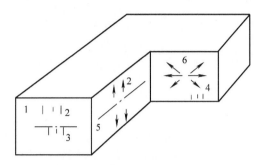

图 12-33　铸坯内部裂纹示意图

1—角裂　2—中间裂纹　3—矫直裂纹
4—皮下裂纹　5—中心线裂纹　6—星状裂纹

1. 连铸坯纵裂

连铸连轧的 SCr420HB 品种，在轧制过程中 120 方中间坯上发现裂纹，经酸洗 240 方连铸坯也发现裂纹，裂纹位于钢坯中间位置，目视较深，轧制成 $\phi70$ 圆试样后进行低倍酸浸，与连铸坯裂纹位置存在对应性，裂纹沿柱状晶开裂。高倍下裂纹内氧化脱碳现象明显，主裂纹边缘有小裂纹，已经焊合，留下了氧化质点组成的裂纹状条带，见图 12-34。

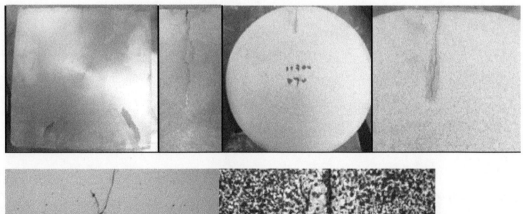

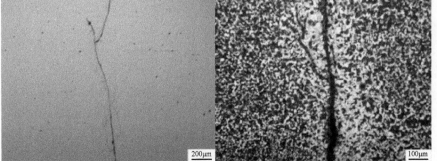

图 12-34　连铸坯纵裂引起的钢材裂纹

2. 柱状晶开裂

连铸坯急冷层过薄，发达的柱状晶与表面贯通开裂，轧制成 120 方，表面形成了 Y 字形裂纹，磨制成金相试样，裂纹沿铁素体网开裂，见图 12-35。

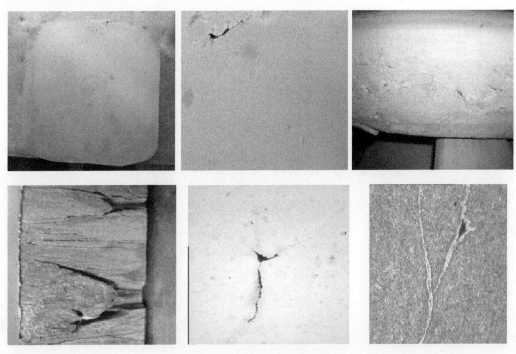

图 12-35　柱状晶引起的裂纹

3. 连铸坯皮下裂纹

连铸坯角部存在皮下裂纹，表面有细小星形裂纹，轧制成 $\phi70$ 圆试样后两种裂纹贯通，形成表面纵裂，见图 12-36。

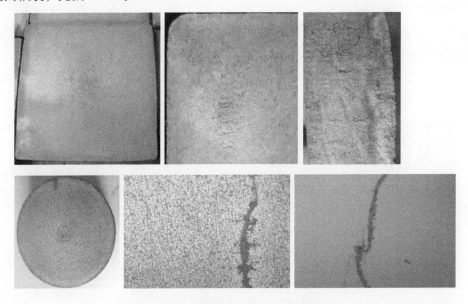

图 12-36　连铸坯皮下裂纹引起的裂纹

连铸坯裂纹一般与表面有一定距离，距离越远，轧制过程越不易开裂，皮下及内部裂纹在足够大的加工比下，可以焊合消除。这种裂纹形成过程中，一定条件下可能使周围低熔点物质吸入开裂空间，形成再注裂纹，含有较高硫的钢种，再注裂纹与基体成分差异造成硫化物较多，酸蚀后可见偏析线，与裂纹形貌相似，往往会被误认为裂纹。解剖进行微观分析，只存在色差没有开裂，不是裂纹。这种偏析对性能影响较小，不影响使用。

4. 红送裂纹

钢锭（坯）在 α + γ 双相区入炉升温加热，导致轧制时出现晶间开裂的现象，见图 12-37。

图 12-37　红送裂纹

5. 轧制折叠

折叠缺陷是在轧制过程中产生的，从外面看易与裂纹混淆，但轧制折叠有其鲜明特点：典型折叠外表面多呈双道平行线状，在整支钢材上通长存在，与裂纹的断续短促状分布不同；从横截面看，它多与钢材表面形成一定角度向内延伸，多呈对称分布，尾部圆钝，两侧轻微脱碳或无脱碳，折叠裂纹内有氧化铁皮存在或呈较大空隙，也存在单道的折叠缺陷，往往与铸坯原始裂纹混淆，但铸坯原始裂纹尖端多尖锐，因为经过高温加热，裂纹两侧脱碳会较明显，见图 12-38。

产生折叠的主要原因是，成品之前的轧件有耳子及飞边、严重的刮伤、辊环破坏、辊槽严重磨损等情况，这些都可以导致成品表面产生折叠。另外，如坯料的严重缺陷，清理不当也可能造成折叠。因此，减少或避免折叠出现的主要措施如下：合理设计孔型，准确估计宽展，精确调整辊槽和导卫位置，减轻或消除成品前轧件的耳子、飞边、刮伤等缺陷，仔细清理坯料表面的严重缺陷。

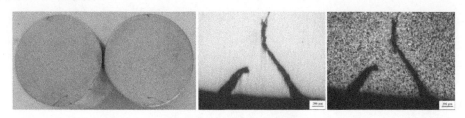

图 12-38　SCr420HB 折叠

6. 划伤

有边刺可见底的划擦类表面缺陷，沿着钢材轧制方向呈直线，见图 12-39。它与裂纹的主要区别是呈敞开状，划伤边缘存在硬物划过留下的毛刺，底部较为圆钝，这些特征在钢材黑皮状态下即可明确辨认。生产过程中及时找到划伤产生部位，有效处理，可以防止划伤。

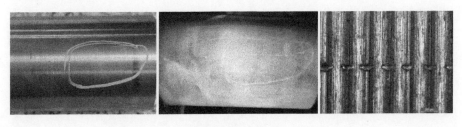

图12-39　划伤

7. 褶皱

褶皱表现为钢材表面纵向多条堆积状缺陷，深度不等，在成品钢材上多与成品孔型的辊缝位置相对应，见图12-40。褶皱与孔型的使用状况及孔型结构与轧制变形有关，轻微的褶皱不会对钢材的使用产生不良影响，较重的褶皱可同裂纹等一样深入钢材表面形成严重缺陷，漏检后影响客户使用。控制孔型的使用寿命、过钢量、合理的孔型设计，是解决热轧棒材表面褶皱的主要手段。

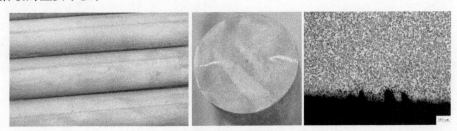

图12-40　褶皱

12.2.6.3　内部裂纹

1. 白点

白点是在热加工后的冷却过程中，由于局部相变和氢的溶解效果而产生应力引起的内部裂纹。在酸浸试片上表现为锯齿形、短小、不连续的小裂纹，位于截面的心部到表面的一半处，呈放射状、同心圆形或者不规则形状分布，见图12-41。金相试样上为细小不连续的应力裂纹。易出现在贝氏体等非平衡组织偏析区。电镀、酸洗或裂解出氢的气氛的热处理会造成氢进入基体表面，白点出现在零部件近表层。

依断口开槽方向与白点位向不同，白点在纵向断口上呈圆形或者椭圆形银白色亮斑或者细小裂缝。微观上白点断裂特征取决于生成时组织状态，呈现鸡爪形沿晶断裂，或者浮云状、碎石状准解理断裂。对断口试样淬火，基体组织与白点开裂状态不同，断口更易显现白点。冶炼脱气是控制白点的有效手段，减小热加工后应力，必要时去氢热处理是控制白点的关键。尤其是雨季空气潮湿时，需要升级控制措施，防止产生白点。不同冶炼工艺，白点特征不同，模铸钢白点一般为多条，连铸钢白点多为单条，集中有心部或者半径1/2处。电渣钢白点易分散遍布截面。白点产生与钢种有关，铬镍钼钢易产生白点。白点与组织有关，铁素体和珠光体、马氏体和贝氏体组织都能产生白点，奥氏体钢和莱氏体钢无白点。

冶炼用各种原辅材料充分干燥，钢液充分真空脱气冶炼，热加工后及时进行缓冷，去氢热处理可以有效防止白点的产生。

超声波探伤是发现白点有效手段，酸浸低倍为锯齿形裂纹，较小时易与夹杂物等缺陷混淆。白点的金相特征最明显，呈现应力裂纹形态，短小断续，易与其他缺陷区分。宏观断口淬火态特征明显，与断面垂直时易与偏析带混淆，微观断口形貌各异。

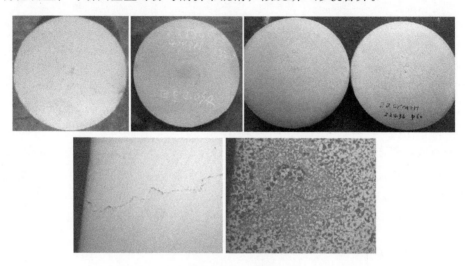

图 12-41　白点

2. 气泡

有意增加或控制不当使钢液含有了较多气体，凝固时析出，形成气泡。保留存在钢内部，称为内部气泡。或者钢锭模内壁清理不良、耐火材料、保护渣、渣料等不干燥，与高温的钢水接触后水迅速分解，增加钢水中氧、氢的含量，也会形成气泡，气泡迁移到表面及近表面，称为皮下气泡。非金属夹杂物易吸附于气泡，所以，气泡有时伴有非金属夹杂物。

焊接产生的气泡，没有变形，体现了钢锭坯的气泡典型特征，为圆形，边缘不会有明显的氧化产物，多位于焊接层及焊接界面处，见图 12-42。

图 12-42　焊接气泡

连铸坯的气泡，横截面为圆形气孔，纵向有拉长，呈圆柱状。图 12-43 所示为 P91 连铸坯的皮下气泡。

经过热加工，气泡随着金属变形而压合成裂缝，两端圆钝，内壁较为光滑，呈直线或者

图12-43　连铸坯气泡

弯曲，分散分布，长短不一，有时伴有肉眼可见的微小夹杂物。皮下气泡热加工时氧化脱碳，形成钢材（坯）的皮下呈分散或者成簇分布的细长裂缝，或者椭圆形气孔。细长裂缝多垂直于钢材（坯）的表面。暴露于表面的形成多条纵向裂纹。在纵向断口上，沿热加工方向呈现内壁光滑、非结晶的细长条带，或者呈现光滑的凹坑，破坏了金属连续性。

带有气泡的T91连铸坯热轧后，钢材表面可见较多短条状的纵向裂纹。切取横截面，裂纹有位于钢材表面的，也有位于皮下而没有暴露在钢材表面的，裂缝边缘均可见氧化铁及高温点状内氧化产物，见图12-44。

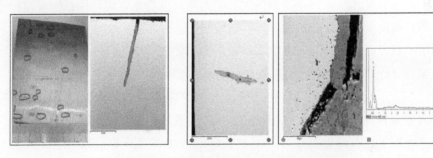

图12-44　钢材表面及近表面气泡表现形态

皮下气泡的检测，一般采用低倍酸洗检验或者超声探伤检测。酸浸试片上，根据气泡离钢材（坯）表面的最远距离进行评定。超声波探伤检测时，一般采用斜探头探伤来检测表面及近表面缺陷。

3. 中心裂纹

轴心晶间裂缝：在横向酸浸试片轴心部位呈蜘蛛网状和放射状细小裂纹，严重时可由中心呈放射状裂开，这种裂纹以晶间裂缝形式出现在钢材轴心部位，故名轴心晶间裂缝。连铸坯较模铸更易产生轴心晶间裂纹，特别是高合金钢，过热度控制不好，柱状晶发达，甚至造成穿晶，连铸坯出现星状裂纹。如果热加工过程不采取有效措施，沿晶氧化，即使后续加工焊合了裂纹，遗留的氧化质点也会影响后续工艺，造成淬火纵劈、楔横轧孔洞、穿管内裂等缺陷。图12-45为T91的轴心晶间裂纹。

由于组织偏析，酸蚀后也可能造成中心蜘蛛网状痕迹线。磨制金相试样，痕迹线对应不同的组织偏析线，例如，δ铁素体、碳化物等。这种没有裂纹的痕迹线不是轴心晶间裂纹，超声波探伤没有反射，不能作为判定依据。

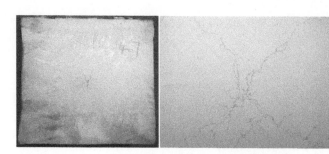

图 12-45　轴心晶间裂纹

中心裂纹分为锻裂和冷裂两种。多产生在钢材的轴心部位。

锻裂的特征是光滑的平面或者裂缝，是热加工过程中滑动摩擦的结果。

冷裂的特征是基体有明显分界的、颜色稍浅的平面或者裂缝。每个平面较为平整，清晰可见平行于加工方向的条带。经过热处理或者酸洗的试样可能有氧化色。

12. 2. 7　异金属夹杂物

冶炼过程中，如果有其他金属进入钢水中，未能完全溶解而残留在钢材中。可能为设备零件、插入标牌、操作工具或者为完全溶化的合金料等。异金属的形态与落入时间有关，呈现熔融或者半熔融状态，同时可能裹入渣液或者带有氧化皮等赃物。

轧制或者成型过程中，与钢材接触的轧辊、芯棒等破碎或者异物掉落至钢坯表面随后与钢坯一起变形，也会形成异金属夹杂，但这类异金属夹杂物与基体之间会有明显的物理界限，交界处一般也会有脱碳等现象。机加工的刀尖也可能嵌入基体形成异金属夹杂。

在酸洗或者机加工环节可以发现异常区域，解剖金相观察异常区域及边界扩散互溶情况，基本可以确认异金属夹杂。使用扫描电镜及能谱可以进一步分析微区成分的差异及扩散特征，对溯源起指导作用。热加工或它发生嵌入的异金属，多在表面，或者异金属与基体发生了熔融，难以通过超声波探伤识别，超声波只能发现冶炼过程出现的一部分异金属夹杂，例如未融合、带入较多赃物，或者造成了裂纹的异金属夹杂。由于成分差异，X 射线是探测异金属夹杂，排查问题件的有效手段。

案例 1：40Cr 钢材，连铸热交换过程中使用的金属连接件，因头部切除长度不足而残留在钢中，低倍酸洗检验发现颜色异常、但无明显界限。高倍检验发现，组织与基体组织差异较大，但边界已经互熔。扫描电镜能谱仪分析结果表明：异常区域合金元素无 Cr，与金属连接件常用的 16Mn 钢材成分相近，见图 12-46。此类异金属，低倍酸洗检验很容易识别，出现的部位与连接杆有关，相对固定。

案例 2：某无缝钢管厂轧制的 GCr15 无缝钢管，内壁检验时发现多处点状缺陷。经解剖分析，缺陷部位无缝钢管轧制过程中顶头破损、部分顶头颗粒进入钢管内表面而产生的类似金属夹杂物的缺陷，见图 12-47。因轧制该钢管时使用的顶头材质主要为合金钢，与钢管内表面异金属材质一致。

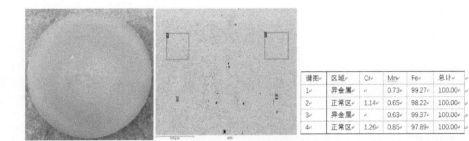

谱图	区域	Cr	Mn	Fe	总计
1	异金属		0.73	99.27	100.00
2	正常区	1.14	0.65	98.22	100.00
3	异金属		0.63	99.37	100.00
4	正常区	1.26	0.85	97.89	100.00

图 12-46   冶炼过程异金属夹杂

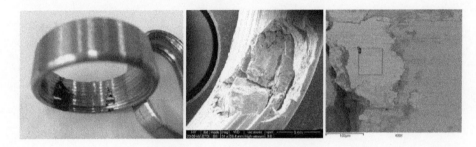

图 12-47   轧制过程异金属夹杂

第13章

典型轴承材料缺陷分析

Chapter 13

13.1 轴承钢材料的冶金缺陷

13.1.1 钢材的表面缺陷

13.1.1.1 材料裂纹

产生材料裂纹的主要原因有：

1）常见裂纹：显微孔隙、皮下气泡、严重的非金属夹杂物、过高的加热温度，以及锻、轧后冷却速度过快，还有钢材终锻、终轧的温度过低等。

2）拉裂：钢材在冷拔过程中，由于其退火组织不均匀、退火的硬度偏高、钢材表面质量较差、润滑状态不良、变形量大、孔径选择不合理、模具损伤等原因。

3）划伤和刮伤：由于轧机的导板上粘附有金属颗粒、出口导板安装不当、尖角部分与轧材接触，以及轧机的其他零部件的尖角或突出部分与轧材接触，由此将钢材的表面刻划出深度、宽度、长度不同的沟槽，即刮伤或划伤，见图 13-1。

图 13-1 棒材表面划伤形貌（外观及纵截面）

13.1.1.2 折叠裂纹

形成原因：钢材在轧、锻过程中产生的飞边、毛刺、凸凹不平和尖锐棱角等，在继续轧制时被压入到钢材的内部而形成裂纹，见图 13-2 和图 13-3。折叠裂纹与材料裂纹的区别：

1）表皮下呈弧线或直线形裂纹，一般均与钢材的表面呈一定的角度。

2）折叠的裂缝中有氧化皮存在。

3）在裂纹的两侧有脱碳现象。

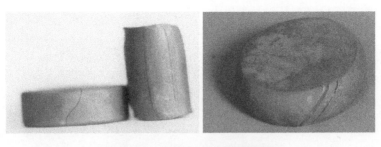

图13-2　材料表面折叠裂纹形貌

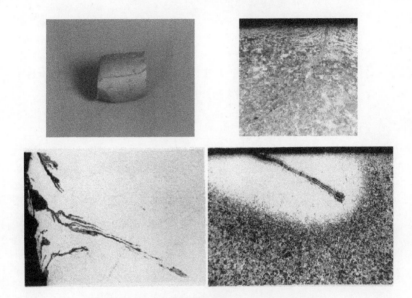

图13-3　棒材表面折叠裂纹（表面及其剖面）

4）危害：由于折叠裂纹只出现在钢材局部区域，它造成的损失没有材料表面裂纹那么严重。可是一旦在成品轴承中存在有折叠裂纹，它对轴承的使用寿命的影响则同材料裂纹一样大。

13.1.1.3　麻点（坑）

形成原因：

1）轴承钢材在轧制过程中，由于钢坯或钢材的氧化，在钢材的表面产生一定厚度的氧化皮，氧化皮脱落或清除后，在钢材的表面留下了大小不等的凹坑，被称为麻点或麻坑。

2）对于冷加工使用的球化退火钢材或冷拔钢丝，如果其表面麻点（坑）的深度大于零件加工规定的留量时，就不能保证轴承零件的加工质量。

轴承钢材只能通过磨削消除麻点后才能使用。

13.1.1.4　夹渣

轴承钢材表面上肉眼可见的非金属夹杂物，其成分主要是炉渣或各种各样的耐火材料。

产生的原因：钢液中的炉渣在铸锭时可能聚到钢锭的模壁上，使钢锭的表面聚有大块的炉渣。由于出钢槽、钢水包等在浇铸时耐火材料被冲蚀，而在钢锭的表面及端部产生夹渣。

危害：夹渣在随后的锻造及轧制过程中可能仍留在钢材上，也可能掉落，夹渣掉落后在钢材表面形成的空穴也被称为麻点（坑）。

13.1.1.5 异金属夹杂

在轴承钢材中产生异金属夹杂的原因是：钢水在浇铸及钢坯在锻造、轧制过程中，由于操作等方面的疏忽，导致外来金属掉入或粘在钢锭、钢坯的表面上而被轧入（压入）钢材中所致，见图 13-4。

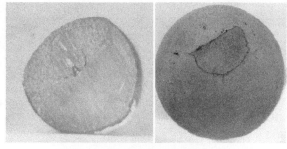

图 13-4　棒材内部的异金属夹杂

13.1.1.6 钢材的表面脱碳

脱碳的定义：是指轴承钢在加热过程中，由于与空气或其他氧化介质发生化学反应，而使钢材表面层的碳含量降低或完全丧失的现象，见图 13-5 ～ 图 13-8。

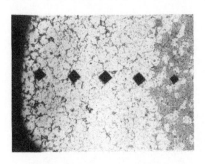

图 13-5　钢材表面脱碳形貌

图 13-6　材料脱碳（滚子）

图 13-7　硬磨后钢球的环带（冷酸洗）

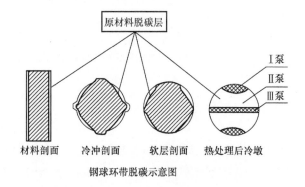

图 13-8　钢球环带脱碳示意图

危害：

1）增加轴承生产厂家的加工量，降低劳动生产率和材料利用率。

2）如果轴承零件粗加工成形后，表面的脱碳层没有被彻底清除掉，将造成热处理淬、回火后的硬度达不到有关标准的要求。

3）极易产生淬火裂纹。

4）降低轴承零件的强度和耐磨性，从而极大地影响轴承的使用寿命。

13.1.1.7　发纹

发纹是一种存在于轴承钢材料表面或表皮下层看似细小裂纹状的缺陷。

形成的原因：钢锭中的皮下气泡或非金属夹杂物，经轧制变形后存在于材料的表层，沿轧制方向呈断续分布，有的单独一条，有的数条。

危害：如果在轴承零件上存在严重的发纹缺陷，轴承实际使用过程中容易在发纹缺陷处产生疲劳剥落，从而降低轴承的使用寿命。

13.1.2　轴承钢的低倍缺陷

13.1.2.1　缩孔（管）残余

钢锭在浇铸后的冷凝过程中，由于体积的收缩而在钢锭的中心上部形成管状、喇叭状或分散孔洞，称为缩孔，见图 13-9、图 13-10。

钢锭在开坯前，应将钢锭上的缩孔部分全部切除。如果缩孔未被切尽，会导致其在轧制时沿轧制方向延伸而形成缺陷。

图 13-9　棒材截面的缩孔残余形貌

检验方法：钢材的横向截面，在低倍试样上可以观察到有不规则的裂口或孔洞。沿孔洞纵向制备金相试样，可以看到在孔洞的周围有大量的非金属夹杂物及氧化脱碳现象。

危害：如果在轴承零件中存在缩孔残余缺陷，容易在热处理淬火时产生淬火裂纹，或钢球在强化时破碎，大大地降低零件的抗冲击性能和接触疲劳寿命。所以，存在缩孔残余的材料和轴承零件必须报废。

图 13-10　滚子心部的缩孔残余

13.1.2.2　翻皮

形成原因：

翻皮主要是底注钢锭在浇铸过程中，钢锭膜内钢流冲破钢液表面的薄膜，并将其卷入钢锭中而形成的，见图 13-11。

形貌特征：翻皮可以任何形式和大小存在。在热酸洗的横向试片上，它的颜色一般与周围不同，形状呈不规则的弯曲狭长条带，其周围常有氧化物夹杂和气孔存在。

图 13-11　轴承钢材及其零件的翻皮形貌

危害：严格来说它也是外来夹杂物的一种，它破坏了钢材的连续性，严重影响了钢材的性能，锻造时易造成零件的开裂。

13.1.2.3　疏松

轴承钢锭在冷凝过程中由于体积收缩或其他原因所引起的细小孔隙被称为疏松。它也是轴承钢质地不致密的具体表现形式。

根据在钢材上的表现形态，疏松被分为一般疏松（图 13-12）和中心疏松（图 13-13）两类。

图 13-12　轴承棒材的中心疏松形貌　　　　**图 13-13　轴承棒材的一般疏松**

形成原因：

1）它可以是钢液中的杂质和气体聚积所引起的。当钢液凝固时，由于体积的收缩形成树枝状的晶间空隙，以及在钢液凝固过程中溶解度的下降，使得钢液中的气体上浮而形成的显微空隙没有被钢液及时填充，由此导致了钢材的不致密性。

2）疏松的形成与钢锭的冷凝速度有着很大的关系。钢锭在浇铸后冷凝较快而产生分散分布的细小孔隙称为一般疏松。如果钢锭在浇铸后冷凝速度较慢，则与缩孔相类似，可在钢锭的中心部位形成细小的孔隙，称为中心疏松。

检验方法：疏松多是出现在钢锭的上部与中心部分，经过酸洗后，这些杂质和孔隙被酸侵蚀和溶解，扩大成为许多孔穴，在放大镜下可以观察到一些不规则的孔洞，有时在低倍试样上表现为许多黑色的小点。

危害：

1）疏松会降低钢材的致密性和连续性，导致钢材的力学性能下降；在热处理淬火时容易产生淬火裂纹。

2）疏松将会造成轴承零件表面出现一些小黑点（显微孔洞），容易引起轴承零件的锈蚀，降低轴承的加工精度及轴承的使用寿命。

如果钢锭的疏松不是特别严重，在大的轧制、锻压比条件下进行的热加工过程中，一般是可以减轻或消除的。

13.1.2.4 气泡

由于钢在液体状态能够溶解大量的气体，当钢锭在浇铸或急剧地冷凝时，导致大量的气体不能及时从钢液中逸出而溶解在还处于塑性状态的钢中，由此就形成了气孔。这种气孔被称为气泡。当钢锭模生锈或涂料不当时，钢液与锭模壁或涂料可能产生化学反应而形成大量的气体，把气体卷入到钢锭的表皮下形成气泡，这种气泡被称为皮下气泡。由于气泡的存在就等于减少了零件的有效截面，并产生很大的缺口效应（缺口敏感性），因而大大地降低了钢材的强度。

13.1.2.5 偏析

偏析是指在轴承钢中化学成分的不均匀性。钢锭在凝固过程中，由于钢中的合金元素（如碳、氮、镍、铬）和杂质元素（如硫、磷等）的扩散（即运动）速度大不相同，而形成的化学成分不均匀现象。在经酸浸后的低倍试样的横截面上，明显可以观察到内外两个色泽不同的区域，深颜色的区域大体呈方框形，在方框形区域内部的组织较为疏松，这种现象被称为轴承钢的方框形偏析。在偏析处的纵断面断口上可以观察到明显的条带夹层。

方框形偏析是在钢水凝固过程中，树枝晶内和晶间偏析引起钢锭中化学不均匀所造成的。根据选择结晶的原理，轴承钢水凝固时，首先在钢水最纯的部分（低碳、低合金、低磷、低硫等区域）处结晶，因此余下来的钢水中各种元素及杂质的含量较高。在这部分钢水凝固后的区域中，碳和合金元素的含量较高，杂质的含量也较多。而最后凝固的区域内，杂质和合金元素的含量最高。钢锭中偏析物和杂质的最大浓度是在钢锭的等轴粗晶与柱状晶之间的交界处，由此形成方框形偏析（图13-14），局部偏析见图13-15。

图13-14 材料方框形偏析

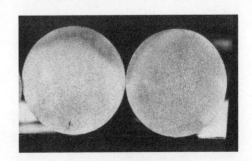

图13-15 材料局部偏析

由于方框形偏析的存在，造成轴承钢材中化学成分的不均匀性，这类偏析严重时将导致轴承钢的力学性能、物理性能的降低。例如，硫偏析能破坏金属的连续性，锻造和轧制时会引起热脆而开裂。如果是磷偏析就会造成冷脆，并促进钢的回火脆性。碳和合金元素的偏析会使轴承钢的淬透性下降，造成轴承零件热处理后的组织和硬度不均匀，而且容易产生淬火裂纹。偏析对轴承的使用性能和寿命都有较大的影响。

13.1.2.6 白点

在含镍、铬、锰等合金元素的钢材或零件的纵向断口上出现的表面光滑、形状近似圆形或椭圆形的银白色斑点。同时，在经酸洗后的横向截面中心和其附近区域呈现短小的、不连续的，一般呈辐射状分布的发丝状裂纹被称为白点（图13-16~图13-19）。

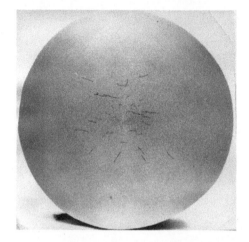

图13-16　材料横向低倍试片（热酸洗）白点形貌

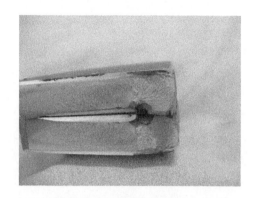

图13-17　白点断口形貌（一）

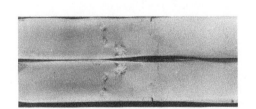

图13-18　白点断口形貌（二）

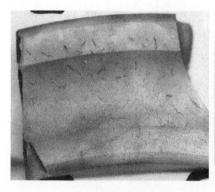

图13-19　大型套圈中的白点裂纹（横截面及其纵截面）

白点产生的主要原因是由于轴承钢中的氢元素含量较高所致。如果在钢水中的氢元素含量较高，在钢水的凝固过程中，因为氢在固态钢中的溶解度很小，导致结晶之后氢填充到非金属夹杂物或其他杂质所造成的亚显微孔隙中，还可以聚积在位错中。氢在钢中亚显微孔隙中的聚积会在这些孔隙中产生很大的压力。如果该压力超过轴承钢的强度极限，将会发生内裂，形成白点。总体而言，钢中氢元素的存在和钢材锻件在冷却过程中产生的组织应力，以及在300~600℃温度范围内没有缓冷是形成白点的主要原因。另外，白点的产生与钢材或锻件的截面尺寸大小也有一定的关系，一般情况下，横截面的直接厚度小于30mm的钢材或锻件不容易产生白点。

含铬轴承钢对白点是比较敏感的。在采用平炉或电炉冶炼轴承钢时，如果冶炼工艺不当，容易出现白点缺陷，特别是对于大型钢材或锻件。随着真空脱气冶炼技术的发展和应用，经过真空脱气处理的轴承钢中的氢元素含量大大降低，很少出现这种缺陷。

存在白点缺陷的钢材和轴承零件，其纵向延伸率、断面收缩率和冲击韧性都显著下降，有时甚至接近于零，而横向性能的降低还要更严重一些。所以，存在白点缺陷的钢材和轴承零件是不能使用的。

对于轴承零件而言，在滚动体上很少发现有白点缺陷出现。而在较大的轴承套圈上则偶尔可以发现。

13.1.2.7 显微孔隙

显微孔隙又称显微裂纹。在金相显微镜下观察可以看到显微孔隙是沿晶界分布的，呈尖角形裂口的小孔隙，它沿轧制方向伸展，在这些小孔隙中观察不到有非金属夹杂物的存在。在轴承钢中形成显微孔隙的主要原因如下：

1）中心疏松造成的。

2）由于加热温度过高，导致钢坯中心部位的某些低熔点的合金相熔融或半熔融所致。

3）钢锭或钢材在较低的温度下轧制，由于碳化物偏析带的高脆性而被"撕裂"。

如果在轴承钢中有显微孔隙存在，将大大降低晶粒间的结合力，不仅严重影响轴承零件的力学性能，在热处理淬火时容易产生淬火裂纹。而且，在轴承使用过程中容易在显微孔隙缺陷处产生应力集中，使其成为疲劳裂纹源，降低轴承的使用性能和寿命。

13.1.2.8 内裂

内裂在三个工序可能发生：轧（锻）钢、锻造和热处理。在轴承用原材料轧制和坯料锻造时，如果加热速度过快，表面升温高而内部升温慢，由此内外的温差很大。在这种情况下，如果保温时间不足，将使材料中心的温度远低于表面温度，如果（轧）锻件厚度较厚，心部的温度则更低，在这种条件下进行（轧制）锻造，必然造成内裂（图13-20）。

对于轴承零件来说，在淬火过程中由于内应力（组织应力和热应力）所形成的裂纹称为淬火裂纹。这种裂

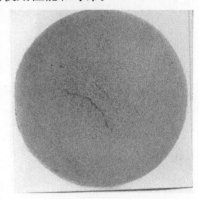

图13-20 轴承原材料的内裂纹

纹是因为淬火温度过高或冷却速度太快，在轴承零件上所形成的内应力大于材料的断裂强度时而产生的。所以，内应力的存在是造成淬火裂纹的重要原因。轴承钢材内部缺陷（例如夹渣、严重的非金属夹杂物、缩孔残余、白点等），在淬火时容易产生应力集中而形成淬火裂纹。热处理淬火前面的工序中所遗留下来的缺陷（如锻造折叠、冷冲压应力过大、锻造零件过烧、深的车削刀痕或油沟尖锐棱角等），也会在淬火时产生应力集中而导致裂纹的形成。此外，严重的碳化物偏析和表面脱碳也是产生淬火裂纹的原因。

13.1.3 非金属夹杂物

非金属夹杂物除对轴承寿命和可靠性影响外，粗大的夹杂物还将影响轴承的加工质量。常见的非金属夹杂物类型如下：

1）氧化物：Al_2O_3、FeO，以及锰、铁、镁等的化合物。

2）硫化物：FeS、MnS、CaS。

3）点状不变形夹杂物：石英SiO_2、铝硅酸盐、钙硅酸盐。

4）塑性硅酸盐夹杂物：硅酸铁、硅酸锰等。

13.1.3.1　点状夹杂物

见图13-21和图13-22。

图13-21　复合夹杂物

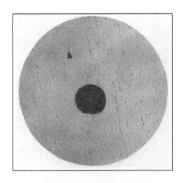

图13-22　D类夹杂物（粗系）

13.1.3.2　塑性硅酸盐夹杂物

见图13-23和图13-24。

图13-23　C类夹杂物（粗系）（一）

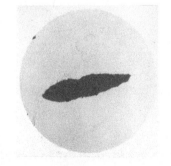

图13-24　C类夹杂物（粗系）（二）

13.1.4 碳化物不均匀性

13.1.4.1　碳化物带状

形成原因：由于钢锭模的结构以及钢水选择结晶的特点，决定了钢水在凝固过程中必然会产生树枝状的偏析。

表现形式：它是钢中的树枝状偏析在热压力加工过程中拉伸成高低浓度相间的偏析带，高浓度带在冷却过程中析出较多的二次碳化物，形成碳化物带状组织（图13-25）。

危害：

1）轴承钢材化学成分的偏析。在碳化物带上碳的质量分数可达到1.3%～1.4%，铬的质量分数大于2.0%；而在碳化物的带间碳质量分数较低，一般只有0.6%～0.7%，铬质量分数小于1.0%。

2）成分的不均匀会导致退火组织中碳化物分布得不均匀，严重者会造成两条碳化物带间球化不完全。

3）成分的偏析导致轴承零件热处理后的组织出现不均匀现象，使淬火加热时过热敏感性增加（即使在正常热处理工艺条件下，因为碳化物带间的碳含量、铬含量较低，容易形成针状马氏体组织），对轴承零件的使用性能造成不良影响。

4）轴承零件机加工前的表面粗糙度差，刀具磨损严重。

改善措施：

1）冶炼——降低树枝状偏析程度（锭型的影响——凝固速度越快，树枝状偏析程度越小）、高温（1220℃）扩散退火（高温下保温时间愈长，扩散效果越好）。

2）锻轧——对于棒材，将规格从大变小，可改善碳化物的分布状态。

3）热处理——仅可在有限的范围内进行调整。

图13-25　带状碳化物

13.1.4.2　碳化物液析

表现形式：是指尺寸较大、孤立的一次碳化物。它是钢锭在凝固过程中由于树枝状偏析而产生的亚稳定莱氏体，经热压力加工破碎成不规则的小块状碳化物，并沿轧制方向呈短条状或破损的链状分布。液析经常出现在碳化物带上（图13-26）。

危害：

1）液析具有很高的硬度和脆性，极易剥落使轴承钢的耐磨性降低。

2）在热处理淬火时易产生裂纹。

3）导致轴承零件的组织和力学性能的各向异性。

4）在轴承零件磨削加工过程中，大块状液析容易从钢的基体上剥落下来而形成凹坑，从而影响轴承零件的加工精度并使轴承的噪声增大。

5）可以大大降低轴承的接触疲劳强度和使用寿命，降低轴承零件的冲击性能等。

13.1.4.3 碳化物网状

表现形式：过共析钢中沿奥氏体晶界析出的呈网络状分布的二次碳化物（图13-27）。

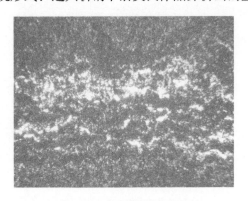 

图13-26　严重的链状液析　　　　　　　图13-27　严重的网状碳化物

形成原因：轴承钢锭在轧制、锻造过程中，如果终锻或终轧的温度过高以及冷却速度缓慢，便会在达到珠光体相变温度之前析出二次碳化物。这些碳化物则根据形核原理，沿着奥氏体的晶界分布而形成网状碳化物。网状碳化物的形成与轴承钢材自身的碳化物不均匀性有很大的关系。

危害：

1）增加钢的脆性，降低冲击韧性和接触疲劳强度，从而缩短轴承零件的疲劳寿命。

2）在热处理淬火时容易造成很大的组织应力，导致轴承零件的变形及开裂。

改善措施：严重的网状碳化物在随后的球化退火过程中无法将其消除，只有通过正火工艺才能消除。如果网状碳化物较轻，在球化退火过程中部分的网络可以断开，而且可以被球化。但碳化物的颗粒较大，造成球化退火组织中碳化物的颗粒不均匀。

13.2　锻造缺陷

13.2.1　锻造温度及冷却速度对锻造组织的影响

目的：主要是将形变抗力减至最小，以便锻造成形并为退火工序做好准备。

金相组织：正常的锻造组织，索氏体或细片状珠光体或两者的混合体，也允许有较细的碳化物网存在。过热组织的特征是沿晶界析出粗大而封闭的网状碳化物，同时出现粗片状珠光体（图13-28）。

13.2.2　过烧断口

过烧组织，晶粒粗大，晶界局部氧化或熔化（GCr15轴承钢的开始熔化温度为1225～1240℃），或产生魏氏组织（图13-29）。

影响因素：加热温度、保温时间、锻造变形程度和停锻温度，以及锻造后的冷却速度等。

图 13-28 锻造过热组织　　　　图 13-29 锻造过烧组织

13.2.3 锻造折叠裂纹

形成原因：

1）由于切料不齐、毛刺、飞边以及操作不当等原因，容易在套圈表面上形成折叠裂纹。

2）大型套圈锻件在扩孔碾压时，如果产生的平面凹心过深，超过设计留量，则到成品时，平面上留有长条圆弧状裂纹。

形貌特征：

1）较粗大，形状不规则，多存在于锻件的表面。

2）用质量分数4%的硝酸腐蚀后，在裂纹的周围有严重的氧化脱碳层（如果是渗碳钢制套圈，则脱碳不明显）。

3）裂纹剖面尾部较秃。

13.2.4 锻造湿裂

裂纹形貌：

裂纹存在于外径、端面、倒角、内径等处的表面，其形状呈网状、树枝状、直线状、斜线状等（图13-30）。

形成原因：

1）毛坯锻造后停锻温度较高。

2）冷却时局部或全部碰到冷却液而急冷，往往在表面产生裂纹。锻造湿裂大部分发生在中小型套圈上，一般在车削和热处理加工过程中即可发现。

与淬火裂纹的区别：

1）观察裂纹两侧是否有脱碳。

2）裂纹的尾部比较平滑。

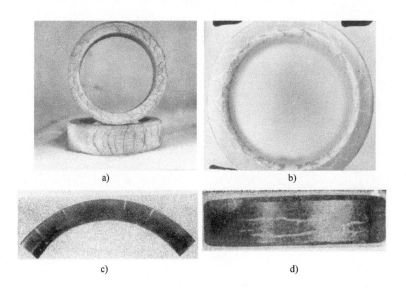

a)   b)

c)   d)

图 13-30   轴承套圈锻造湿裂形貌

13.2.5 锻造内裂

由于锻造内裂与原材料轧（锻）制时造成的缺陷机理相同，在此不再重述。

13.3 热处理缺陷

13.3.1 退火缺陷

通常退火缺陷有显微组织不合格（图 13-31）、硬度不合格两种。退火质量缺陷及其成因和解决办法，列于表 13-1 中。

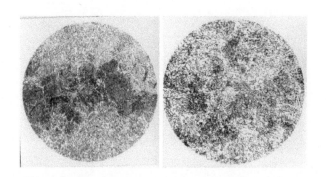

图 13-31   带状碳化物引起的退火组织不均匀和局部球化不完全

表 13-1　退火缺陷

检查项目	合格标准要求	缺陷名称		产生原因	挽救办法	防止措施
显微组织	分布均匀的点状、细粒状及粒状珠光体按照国标 GB/T 34891—2017 为退火组织 2～4 级	欠热	点状珠光体＋部分细片状珠光体	① 加热温度低或保温时间不足 ② 炉子大，装炉量多、炉子均温性差，原材料组织不均匀，在正常工艺条件下还有部分工件或工件局部位置加热不足或保温不足 ③ 锻造组织有局部粗片状珠光体	可调整退火工艺，直接二次退火，只许第二次合格，原则上不许第三次返修	① 合理制定工艺 ② 改善炉子均温性 ③ 装炉量要合理，放置均匀 ④ 严格控制原材料和锻造工艺
		过热	大小分布不均的粒状珠光体	① 加热温度过高或在温度上限保温时间太长 ② 炉子大，装炉量多、炉子均温性差，原材料组织不均匀，在正常工艺条件下仍有部分工件或工件局部位置加热温度高，保温太久	先正火，而后调整工艺进行快速退火或正常退火	① 合理制定工艺 ② 改善炉子均温性 ③ 装炉量要合理，放置均匀 ④ 严格控制原材料及锻造工艺
			粗大颗粒碳化物	① 锻造组织有粗片状珠光体，退火温度高，冷速慢 ② 原材料碳化物不均匀性严重（网状、带状） ③ 往复退火	先正火，进行二次退火	①～④同上 ⑤ 尽可能避免往复退火
			网状碳化物超标	① 锻件组织有严重网状碳化物，退火未能消除 ② 退火温度过高（高于 880℃），冷速太慢	先正火，进行二次退火	① 控制锻造组织 ② 防止退火跑温
硬度	GCr15 HB179～207 GCr15SiMn HB179～217	太硬		① 组织欠热 ② 因冷速太快，产生极细的点状珠光体	调整工艺，二次退火	与相应的组织缺陷同
		太软		① 组织过热 ② 往复退火或退火冷速太慢，产生不均匀粗粒状珠光体	先正火，而后进行二次退火	
脱碳层	深度不超过单边最小加工余量的 2/3	脱碳层超过规定深度		① 原材料、锻造脱碳或正火脱碳严重带入本工序 ② 炉子密封性太差；退火温度太高、保温时间过长或正火；往返退火	一旦出现，通常做报废处理	① 加强原材料及锻造质量控制 ② 不应正火者尽量不正火 ③ 提高炉子的密封性、工件装箱密封保护退火 ④ 尽可能避免返修退火

13.3.2 淬火裂纹

13.3.2.1 淬火裂纹的形貌特征

1）宏观观察——淬火裂纹的形状很不规则，粗细不同，深浅不一。开裂断口面的局部往往存有油污、水迹及回火色，而其他部位的断口面的颜色则是新鲜的。

2）微观观察——显微镜观察裂纹呈撕裂状扩展，尾部尖细，一般沿晶界分布。

13.3.2.2 淬火裂纹与锻造裂纹、原材料裂纹三者的主要区别

淬火裂纹与锻造裂纹、原材料裂纹三者的主要区别。在于裂纹的两侧有没有脱碳现象，如果没有脱碳现象，一般为淬火裂纹；若有脱碳现象，则可能是锻造裂纹或原材料裂纹，需根据具体情况来判读裂纹性质。

对于轴承零件的淬火裂纹而言，除具备上述的共性外，还有各自本身的特点，分述如下。

1. 圆柱滚子淬火裂纹

部位：圆柱滚子淬火裂纹多出现在滚子外径上，严重的裂纹则贯穿到滚子的端面。

形貌特征：呈弯曲形、斜线形、圆弧形、树杈形等（图13-32）。

原因：组织过热、冷速过快、淬火后未及时回火。

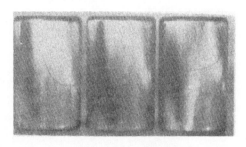

图13-32　圆柱滚子淬火裂纹

圆柱滚子淬火裂纹包括：

1）滚子热处理返修时产生的淬火裂纹，一般呈细网状分布，而且有脱碳现象。

2）滚子表面严重的划伤，也会由于应力集中而沿划伤处形成淬火裂纹。

2. 钢球淬火裂纹

1）钢球淬火裂纹形貌特征：常见的钢球淬火裂纹一般呈树杈形、圆弧形、网络形或"S"形，以及钢球的"赤道"淬火裂纹等（图13-33～图13-35）。

图13-33　钢球表面的材料裂纹

图13-34　钢球表面的淬火裂纹形貌

2）钢球开裂原因：热应力、组织应力、返修、脱碳引起的细小网络状裂纹、赤道淬火裂纹。钢球开裂大部分是因淬火工艺不当所致，也有因为未进行应力退火，或因表面有严重的脱碳而引起的细小网状淬火裂纹。

3）钢球"赤道"淬火裂纹的产生原因：与冷拔材料的表面应力状况、冷冲及热处理工艺等因素有密切关系。一般钢球均是采用冷拔条钢或盘料加工而成的，但这种材料表面的冷

图 13-35 钢球表面的材料裂纹及淬火裂纹形貌

拔应力没有充分地被消除。在随后的冷冲加工时，钢球中间环边余料处正是钢球的"赤道"位置，此处在冷冲时变形最大，晶粒被严重挤压变形，导致形成较高的局部应力。当环边被锉削时，又一次受到挤压，形成较大的磨削应力。加之在淬火时产生较大的热应力和组织应力。此时，钢球在"赤道"处受到这几种应力的叠加作用，从而形成这种有规律的钢球"赤道"淬火裂纹。

4）钢球开裂防止措施：对冷冲后的钢球在锉削加工前增加一次消除应力的低温退火（去应力退火），以减少或消除材料和钢球"赤道"处的应力。

3. 套圈淬火裂纹

套圈淬火裂纹分为贯穿性淬火裂纹和油沟裂纹、表面裂纹和淬火返修裂纹等。

（1）贯穿性淬火裂纹与油沟裂纹

形貌：套圈淬火后沿外径斜向断裂或沿油沟处开裂（图 13-36）。

开裂原因：套圈形状复杂，截面和壁厚尺寸变化较大，加上淬火时的热应力和组织应力过大、冷却介质中含有一定量的水分等原因所造成。

预防措施：该类套圈不宜采用加热温度的上限温度，去除冷却介质中的水分，套圈出油温度不要太低，淬火油的温度保持在 $50 \sim 80 \text{℃}$ 最佳。

（2）沿套圈端面打字处开裂

形貌：沿端面打字部位开裂（图 13-37）。

形成原因：打字时的痕迹过深，字槽底部深浅不同较为尖锐，并将端面金属分割，应力较为集中，淬火时容易产生淬火裂纹。

图 13-36 套圈油沟裂纹

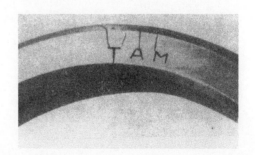

图 13-37 沿打字处开裂的淬火裂纹

（3）表面裂纹（车刀花裂纹）

形貌：存在于轴承套圈的表面，沿车削痕迹呈弧形开裂（图 13-38、图 13-39）。

开裂原因：车刀痕迹较深，表面很粗糙，淬火时由于应力集中而沿着车刀痕迹开裂。

预防措施：采用保护气氛热处理炉进行加热，或淬火前在套圈的表面浸涂硼酸、乙醇，并采用工艺的下限温度加热，此类表面裂纹可以减少或完全避免产生。

图 13-38　滚子车刀花裂纹

图 13-39　套圈内径车刀花裂纹

（4）淬火返修裂纹

形貌：裂纹多呈密集性龟裂状，数量多而深浅不一（图 13-40、图 13-41）。

图 13-40　因脱碳引起的淬火裂纹　　　　图 13-41　圆柱滚子多次返修淬火裂纹
（网状分布有脱碳）

开裂原因：未消除第一次淬火应力，重新淬火形成了应力叠加或套圈的脱碳层较深，该应力和重新淬火的应力迭加在一起，往往容易产生淬火裂纹。

防止措施：如果前一次淬火的硬度不够，将套圈进行低温回火后即可重新淬火；如果前一次淬火组织过热，应将套圈进行高温回火，以消除套圈的淬火应力，然后再重新淬火。返修淬火时的加热温度应比正常工艺低 5~10℃，可以减少或消除返修淬火裂纹的产生。

13.3.3　淬火软点

零件淬火后局部区域的硬度低于标准的规定值，这个区域被称为淬火软点。由于该区域硬度低、强度小，常是零件磨损或接触疲劳源。因此，成品轴承零件上不允许存在软点。

软点可分为表面软点和体积软点。

13.3.3.1　表面软点

指轴承零件表面有很薄（0.3~0.5mm）一层屈氏体组织或局部脱碳层。因为缺陷层较薄，测试硬度值仅比套圈上的正常值低 2~3HRC。

产生原因：

1）轴承零件的表面不干净而使淬火时局部冷却不良。

2）淬火时，在红热零件表面生成气膜未及时破坏，气膜下冷却不良而形成屈氏体组织。

3）冷却时，轴承零件相互接触或挤在一起造成冷却不良而形成淬火软点。

4）由于车削加工不当，使局部区域保留有脱碳层所致。

5）原材料中碳化物分布不均匀（尤其是碳化物带状），在贫碳区域易产生屈氏体组织。

13.3.3.2　体积软点

形成原因：

有一定深度（延伸到轴承零件的深部），硬度一般在 50HRC 以下。硬度低的原因可能是马氏体的比例不够，也可能是出现了块状的屈氏体所致。软点是由于不完全淬火，即加热不足，保温时间不充分或冷却不良所造成的。

应对措施：

首先，分析和确定体积软点产生的原因，进而制定改进措施。

13.3.4　热处理脱碳

轴承零件在高温下热处理时容易使表面层以下的一定深度内的碳含量降低到正常含碳量以下，这种现象被称为脱碳（图 13-42）。

检验：淬火工序的脱碳层经酸洗后呈较均匀的白块（均匀脱碳）或白云形状（局部脱碳）。白色层下为黑色基底，白色为铁素体，黑色为屈氏体较多的部位。可以采用金相法检验脱碳层的深度。

图 13-42　淬回火造成的表面脱碳层

危害：若脱碳层的深度超过留磨量而保留在成品零件上，将使零件表层的耐磨性和耐疲劳性能大大降低，且容易在热处理过程中引起淬火裂纹、软点和淬火缺陷。轴承钢在淬火加热时，一般很少出现严重的脱碳现象（表层组织为铁素体），多数是贫碳现象（碳质量分数降到 0.5% ~ 0.9%）。

13.3.5 淬回火不合格组织

导致淬回火组织不合格原因主要有三种：

1）组织过热：主要是由于加热温度高、保温时间长或材料成分分布严重不均匀造成的，见图 13-43。

2）屈氏体含量超标：主要是零件壁厚较大或热处理工艺不当等原因造成的。一般情况下，由于加热不足形成的屈氏体为块状，由于冷却不良形成的屈氏体为针状（图 13-44）。在实际生产过程中发现个别零件组织按照正常工艺加热奥氏体化以后，由于某种原因未能及时淬入油中，会导致表面形成一层块状屈氏体，其厚度与工件在空气中停留的时间有关（图 13-45）。屈氏体的存在会造成材料局部软点或者硬度不合格。

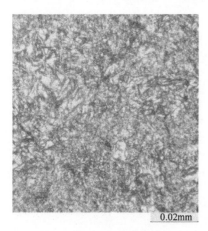

图 13-43　淬回火组织过热

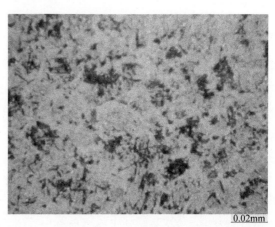

图 13-44　淬回火加热不足和冷却不良形成的屈氏体组织

3）由于工件装炉量过大，或者加热过程突然断电等原因，造成工件原始组织未能全部奥氏体化就淬入油中，形成一种既具有原始退火组织形态，又具有淬火组织特征的混合组织，见图 13-46。

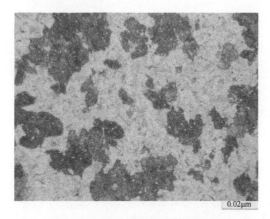

图 13-45　奥氏体化组织未及时淬火

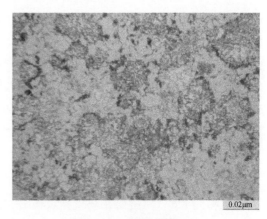

图 13-46　加热严重不足

13.4 轴承零件的磨削缺陷（磨削烧伤和磨削裂纹）

磨削三要素：砂轮、进给量、冷却液。

1）产生磨削缺陷的机理：轴承零件在磨削时，磨削面受到砂轮的摩擦以及磨粒的切削，产生一定的摩擦力和切削力，这两种合力被称为磨削力。

2）磨削烧伤：磨削力使金属表面产生塑性变形，同时在磨削过程中由于磨削作用，零件表面产生大量的磨削热，使磨削区域的局部瞬时（$1 \times 10^{-6} \sim 1 \times 10^{-4}$s）温度高达 $1000 \sim 1500$℃以上。如此大量的磨削热不能及时被切削液冷却，将会使轴承零件磨削面表层的组织发生变化。

当磨削热所造成的温度低于轴承钢的相变点 Ac1 时（GCr15 钢的 Ac1 为 745℃），这时零件表层中的马氏体与残余奥氏体则发生分解，转变为细点状屈氏体或索氏体组织，为典型的高温回火组织。该组织抗酸侵蚀的能力较差，经冷酸洗后呈暗黑色，并且导致轴承零件的硬度降低。

3）磨削裂纹：如果磨削热的温度高于相变点 Ac1 时，则轴承零件的表层组织由马氏体转变为奥氏体，然后由于切削液的作用，被二次淬火，形成淬火马氏体和残余奥氏体。在随后的冷却过程中，由于热应力和组织应力的作用，容易在轴承零件的表面形成磨削裂纹。二次淬火形成的是淬火马氏体，未经低温回火，不易受酸的侵蚀，所以在冷酸洗后该处呈浅灰白色，而与其相邻的周围区域，仍是呈暗黑色的高温回火烧伤，其包围着灰白色的二次淬火区域。磨削裂纹是磨削热损伤的一种极端形式，表层（二次淬火层，硬而脆）与次表层（高温回火层，因其温度下降梯度大，时间短，达不到 AC1 点）之间会产生有害的拉应力。

13.4.1 磨削烧伤

烧伤形貌：

1）滚子——端面烧伤呈斑块状，外径沿圆周呈带条状分布（图 13-48）。

2）套圈——端面呈斑块装烧伤，滚道呈振纹状和柱状，内外径呈振纹状或斑块状等（图 13-47）。

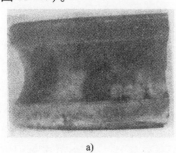

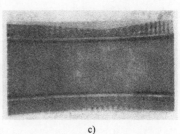

a)   b)   c)

图 13-47 轴承套圈表面磨削烧伤

a）冷酸洗后内圈沟道面柱状烧伤　b）冷酸洗后内圈沟道面震纹状烧伤　c）冷酸洗后外圈内径面震纹状烧伤

3）钢球———一般以点块状及线条状为多（图13-49）。

磨削产生原因：

1）振纹烧伤：烧伤沿着振纹分布，这是由于磨削设备系统的振动而产生的。

2）划痕烧伤：烧伤沿着砂轮磨痕分布，主要是由于砂轮磨粒不锋锐所致。

3）柱状烧伤：这种烧伤的深度较深，沿着轴承零件轴向不等距分布。产生的原因是由于无心夹具磁力不足，零件随着砂轮旋转，导致瞬时滑动所致。

4）局部烧伤：由于套圈在热处理时的淬火变形较大，造成磨削不均匀，由此产生局部磨削烧伤。

5）均布烧伤：其表面磨削烧伤均匀，产生的原因是砂轮过硬，磨削进给量太大，零件转速太高等。

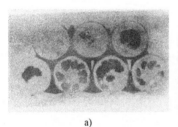  

a)   b)

图13-48　滚子表面磨削烧伤

a）冷酸洗后滚子端面上的块状烧伤　b）冷酸洗滚子外径面上的带状和块状烧伤

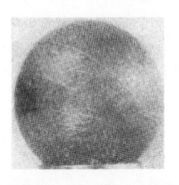 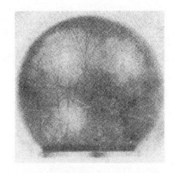

图13-49　钢球表面上的线状烧伤（冷酸洗）二次淬火烧伤呈白色、高温回火烧伤呈暗黑色

13.4.2　磨削裂纹

轴承零件的磨削裂纹产生原因（图13-50～图13-54）：

1）磨削加工过程中由于大的砂轮进给量、砂轮较硬、砂轮磨粒变钝、磨削机床未调整好、砂轮轴产生较大的跳动、切削液供给量不充分、因轴承零件结构问题而冷却状况不良、操作不当等。

2）热处理时淬火温度过高而造成轴承零件的组织过热、晶粒粗大、残余奥氏体量较多、有网状和粗大颗粒碳化物存在、回火不及时或不充分、零件内的残余内应力较大、套圈热处理变形超差等原因。

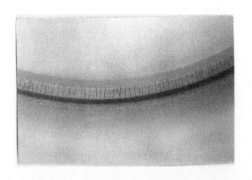 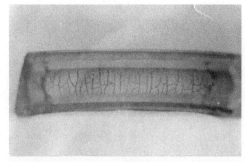

图 13-50 套圈挡边及沟道表面的磨削裂纹形貌（热酸洗）

  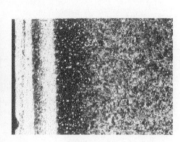

图 13-51 轴承零件表面磨削烧伤组织形貌

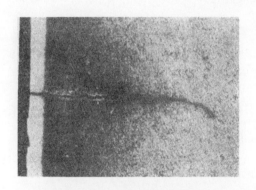 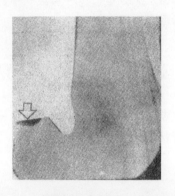

图 13-52 磨削裂纹剖面形貌   图 13-53 套圈挡边磨削裂纹的断口形貌

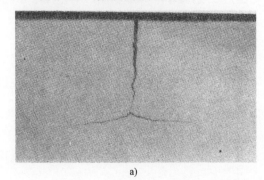 

a)   b)

图 13-54 渗碳套圈挡边磨削裂纹的垂直剖面（从表面裂开后又向两边横向扩展）

a）未腐蚀   b）腐蚀后

① 轴承零件的磨削裂纹形态：主要有线条状，有的呈直线，有的弯曲，有单条裂纹及数条裂纹不等，与磨痕的方向垂直或呈一定角度分布在零件上，也有的磨削裂纹呈网状或"S"形。

② 检验方法：磁力探伤法、着色探伤法、荧光探伤法及热酸洗法等。

③ 磨削裂纹与淬火裂纹的区别：

a. 裂纹深度不同

b. 裂纹分布的部位及形貌

c. 裂纹周围的金相组织

④ 几点说明：

a. 轴承零件在磨削时，表面层的应力状态是比较复杂的，影响应力大小和类型的因素很多，磨削裂纹的产生是综合应力作用的结果。磨削裂纹绝大部分都伴随有严重的磨削烧伤，而有磨削烧伤的零件不一定产生磨削裂纹。

b. 虽然磨削裂纹是在磨削加工过程中产生的，但可能与轴承零件的各道加工工序的质量有关。在对磨削裂纹产生的原因进行分析时，应对其影响因素综合考虑。

c. 磨削裂纹的深度一般较浅，通常小于1mm。但对于大型轴承零件而言，磨削裂纹较深，往往大于1mm。而在滚子的端面上容易产生磨削裂纹，其外径上则很少发现有磨削裂纹。钢球则从未产生过磨削裂纹。由此说明磨削裂纹经常产生在与砂轮接触面大、散热条件较差的部位。

13.5 轴承零件渗碳热处理后的质量缺陷

轴承零件渗碳热处理后的主要缺陷包括：渗碳层深度不合格、脱碳、粗大块状或网状碳化物、针状碳化物、残余奥氏体量过多、淬火硬度不够、裂纹等。

13.5.1 渗碳层深度不合格

渗碳层深度不合格主要是指深度未达到或超过工艺要求，及渗碳层深浅不均等几种情况。

产生原因：

1）渗碳速度太慢或渗碳时间不足等。

2）可能是渗碳温度过高或保温时间过长，也可能是渗碳剂活性太强，用量太大所致。另外，粗大碳化物的扩散，会造成轴承零件表面的脱碳，因而渗碳被迫继续进行，这样也会造成渗碳深度过深。

3）造成渗碳不均匀的因素有多种，如装料方式不当（零件在炉内装偏）、炉内温度、气流循环不均匀以及炭黑的不均匀聚积等。

危害：

1）深度不够，造成零件的强度不够，从而导致轴承抵抗外加负荷的能力减弱。

2）深度过深，使心部的韧性降低，造成轴承使用时易发生断裂。

3）深度不均，易造成轴承零件的局部力学性能不好，影响轴承的使用性能及寿命。

预防措施：

1）如果渗碳层深度不够，可进行补充渗碳加以纠正。

2）渗碳层深度过深，如果超过产品设计要求太多，对重要的轴承产品而言，只能报废。

3）在炉内各部分应分别放置几个高温回火试样，以便检查渗碳的均匀性，并分析渗碳不均匀的产生原因，及时采取有效措施，保证零件渗碳的均匀性。

13.5.2 脱碳

产生原因：一般是在渗碳后期，因渗碳工艺不正常，使已经渗好碳的零件表面失碳，产生脱碳现象。

危害：脱碳引起表面淬火硬度不够，淬火后零件表面缺少细粒状的二次碳化物，使零件的耐磨性降低。

预防措施：

1）控制扩散期的碳势不能过低。

2）若在扩散过程中发现脱碳，应适当增加渗碳剂的供给量。

3）若在渗碳出炉后发现零件的表面出现脱碳现象，应利用热炉进行补充渗碳，补充渗碳的温度与正常工艺的温度相同，渗碳剂采用最大的量。

13.5.3 粗大块状或网状碳化物

产生原因：渗碳层的碳浓度过高（在非碳势控制的条件下，碳质量分数一般为 1.2% ~ 1.4%，最高可达 1.7% ~ 1.8%）。粗大块状和网状碳化物是在渗碳过程中形成的，而细小的网状碳化物是在冷却过程中形成的。

危害：会显著降低零件的强度，尤其是疲劳强度，使表面的脆性增加，并且在以后的淬火和磨削加工时容易沿碳化物形成裂纹。

预防措施：

1）控制炉内碳势，使渗碳层的碳浓度不要过高，尤其是在渗碳后期。

2）如果渗碳出炉后发现粗大块状或网状碳化物的深度超过技术要求时，应进行补充扩散或正火，其扩散工艺与上述渗碳过程的扩散工艺相同。加快出炉及冷却速度，也可抑制网状碳化物的形成。

13.5.4 针状碳化物

轴承零件经渗碳高温回火后，在渗碳组织中往往出现不合格的针状碳化物，20Cr2Ni4A钢在高温回火后出现不合格针状碳化物的可能性最大。

针状碳化物产生原因：是从饱和奥氏体晶粒内析出的渗碳体，其位向与亚共析魏氏体组织中铁素体层片的位向相对应，故也被称为过共析魏氏组织。这种组织多出现在渗碳温度偏高而使奥氏体晶粒粗大并造成碳浓度偏高（一般碳质量分数在 1.1%~1.3%）和回火前残余奥氏体较多的情况下。

针状碳化物的危害：针状碳化物相对稳定，即使提高回火温度或延长回火时间，进行多次高温回火，也不能完全消除，致使淬火后仍将残留一部分，对渗碳层的力学性能则十分不利。

预防措施：采用控制气氛，保证渗碳层碳浓度适宜，可预防针状碳化物产生。

13.5.5 残留奥氏体过多

产生原因：在渗碳热处理（尤其是深层渗碳）过程中，在渗碳层中经常产生残留奥氏体过多的现象。残留奥氏体的检查是在高温回火后进行的，如果残留奥氏体过多，在淬火时这些残留奥氏体不能被全部消除而被保留下来。另外，即使高温回火后残留奥氏体的含量不高，但淬火时严重过热，也会造成残留奥氏体含量的增加。

危害：会使渗碳轴承零件的硬度降低，对强度、耐疲劳性能、耐磨性能等不利。目前，轴承零件渗碳高温回火后的残留奥氏体含量要求控制在 25% 以下。

预防措施：渗碳轴承零件高温回火后，如果残留奥氏体量过多，可以通过重新高温回火加以消除。

13.5.6 硬度不足

硬度不足主要是指渗碳层表面的硬度达不到技术要求。

形成原因：渗碳层的脱碳、碳浓度不足、淬火后残余奥氏体量过多等缺陷，以及淬火加热不足、冷却不良、回火温度过高等，都会引起硬度不够。

危害：渗碳层的高硬度是良好强度性能的保证。如果硬度不够，则轴承零件抵抗外加负荷的能力降低，工作时轴承零件表面容易出现凹陷，引起疲劳剥落及过早磨损。

应对措施：具体分析，找出产生的原因，并采取措施。

13.5.7 裂纹

产生开裂的主要原因：

1）渗入表面的碳浓度过高，造成淬火应力过大，易开裂。表面碳浓度过高易形成粗大碳化物，引起应力集中，也会导致渗碳层沿粗大碳化物处开裂。

2）渗碳出炉油冷时，出炉温度过高易产生裂纹（特别是在渗碳层的碳浓度过高的情况下）。所以，通常是在预冷到 890℃ 后再出炉油冷。

3）垫块造成开裂。为保证特大型轴承套圈渗碳均匀及端面能渗上碳，两个套圈之间放上垫块。但如垫块的面积太大，与垫块中接触部分碳浓度低，同时垫块给套圈造成的压痕形成应力集中，也会引起开裂现象。为此，经常将垫块开凹槽以减少接触面积。

4）油沟处的应力集中易引起开裂，所以特大型轴承套圈的小油沟与端面台阶通常在高温回火后才进行车削加工。

5）淬火组织过热以及淬火油中有水等原因造成的开裂。

13.6　钢球、滚子冲压过程中的加工缺陷

13.6.1　钢球冲压折叠缺陷

形貌：

钢球硬磨后或在成品检查时，经常在球面上发现有一段弧形裂口，金相检验裂口处有贫碳现象，呈折叠状裂纹。经热酸洗后可以观察到这种缺陷在"极"的边缘（见图13-55）。

产生原因：

切料端面不整齐，带有毛刺。当用这样的锻料冲压钢球毛坯时，将会把毛刺压入"极"的边沿，形成折叠状裂纹。切料时产生毛刺是由于切料胎模的孔径过大，或由于切料刀的孔径过大及钝化，也可能是由于切料胎模与切料刀

图 13-55　钢球表面冲压折叠裂纹（热酸洗）

之间的间隙过大而造成的。另一方面，钢球冲压折叠缺陷的产生与限料挡块的形状有关，如果发现其磨损变形，应及时更换新的挡块。

危害：

钢球冲压折叠缺陷不仅容易造成淬火裂纹的产生，如果这种毛刺折叠的深度超过钢球的加工留量，则会遗留到成品钢球的表面上，装配到轴承上使用将造成轴承的早期失效，其失效方式为在钢球的缺陷处产生深沟状疲劳剥落。如果轴承承受的负荷较大，缺陷钢球将被压碎。

13.6.2　滚子的冲压缺陷

主要是指由于下料时造成的毛刺、冲压模具中有钢屑，或其他硬物存在所造成滚子上出现的冲压垫伤，以及由于切料不平整而造成的冲不满现象。

13.7　轴承零件的表面黑点

13.7.1　钢球黑点（麻坑）缺陷

形貌：

有时钢球在硬磨加工后，在部分钢球的表面上发现有数量、大小不等的凹坑状缺陷，通常被称为黑点或麻坑。在黑点处垂直切取金相试片，可清楚地看到黑点处的表面有一金属疲劳层（或称疏松层），在该层内有许多条弯曲变形的细小裂纹与小孔洞所组成。

形成原因：

1）钢球毛坯经冲压后进行锉削、软磨时，由于锉板钝化，钢球在两锉板间处于受到往

返的挤压搓揉作用，而其尺寸却消耗很慢。在这样状态下长时间软磨，钢球表面就会产生金属疲劳层。

2）钢球在硬磨加工过程中，由于砂轮颗粒粗细不均匀、砂轮硬度不均匀或硬磨盘进出口处工装修磨的不合适等原因，造成在钢球的表面产生硬磨砂轮伤。

危害：

1）加工疲劳层与基体的结合力较差，很容易在随后的加工过程中剥落，形成麻点凹坑，而且在淬火加热时容易形成氧化脱碳现象，导致钢球淬火后的表面硬度达不到要求。

2）无论何种缺陷，如果在磨削加工过程中不能清除，则严重影响钢球的表面质量。

13.7.2　非金属夹杂物引起的表面黑点

在轴承零件的加工过程中或成品轴承零件上，经常发现存在不同程度的黑点，对零件的加工精度和轴承使用性能及寿命产生较大的影响。

非金属夹杂物除严重影响轴承的使用性能和寿命外，大颗粒的夹杂物由于在磨削加工过程中从轴承钢基体上脱落而形成凹坑，同时这些凹坑被磨屑或磨料所填充，因此孔洞的尺寸因进一步磨削加工而有所扩大。因非金属夹杂物的类型不同，在轴承零件表面造成的黑点形态略有差别（图 13-56 和图 13-57）。

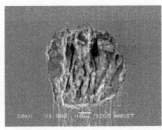

图 13-56　套圈沟道表面黑点形貌及其能谱曲线图

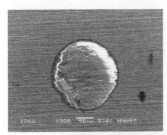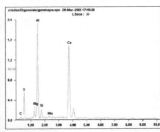

图 13-57　套圈沟道表面黑点形貌

如果具有一定塑性的硅酸盐夹杂物暴露在轴承零件的表面时，由于在磨削加工过程中，因夹杂物的脱落而填入磨料，从而呈现断续状条纹或条状裂纹。

13.7.3 套圈砂轮挤伤

轴承套圈在磨削加工过程中，由于不合适的工艺参数或砂轮（油石）颗粒不均、硬度不均匀等，容易造成零件的加工表面出现黑点（砂轮挤伤见图13-58）。

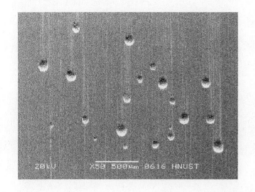

图13-58　轴承套圈滚道面砂轮挤伤

13.7.4 腐蚀斑点

形成原因：轴承零件在生产加工过程中或库存期间，如果保管不善或放置时间过长，则容易在轴承零件的表面形成锈蚀或发展成为腐蚀孔洞。

形貌：形状不规则，如果沿锈蚀孔洞垂直剖开，可以观察到孔洞的底部及边沿是凸凹不平的，锈蚀斑点的深度一般较浅，而锈蚀孔洞则一般较深（图13-59和图13-60）。

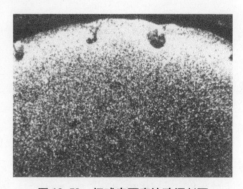

图13-59　钢球表面腐蚀孔洞剖面

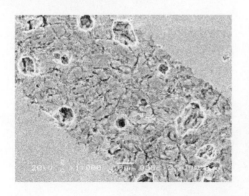
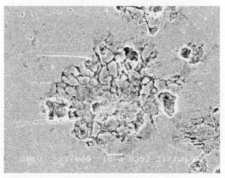

图13-60　套圈沟道的带状腐蚀和点状腐蚀形貌

13.8 其他缺陷

13.8.1 电击伤

轴承零件在生产或检验过程中，往往与带电的设备进行接触，例如热处理电炉、磁力探伤机、去磁机、保持架点焊机等，从而导致轴承零件偶尔带电起弧使其表面被电所击伤，严重时使零件金属局部熔化并产生裂纹（图13-61和图13-62）。

电击伤处垂直剖面的显微组织形貌：表面灰白色层的组织为二次淬火马氏体，次层暗灰色的组织为高温回火索氏体，内层为正常的回火马氏体组织。

图13-61　钢球电击伤处的裂纹

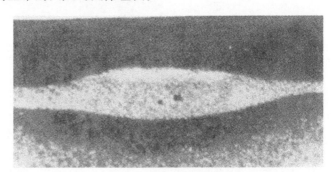

图13-62　电击伤处垂直剖面显微组织形貌

13.8.2 大型套圈碰撞开裂

开裂原因：

淬火加热温度较高、回火不够充分、磨削应力过大，甚至局部有细小的磨削裂纹，搬运时又不注意，而使套圈相互碰撞或掉在坚硬的地上，容易造成在套圈的倒角处开裂，或使较薄的挡边断裂（图13-63）。碰裂处往往有比较明显的碰伤痕迹。

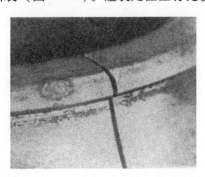
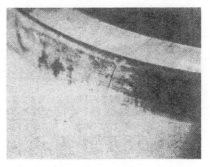

图13-63　套圈到角处碰裂形貌

第14章

汽车零部件热疲劳失效分析

Chapter 14

14.1 汽车零件热疲劳概况

14.1.1 热疲劳基本概念

金属材料由于温度梯度循环引起的热应力循环（或热应变循环），而产生的疲劳破坏现象，称为热疲劳。在实际的问题分析过程中，热疲劳也包括由于热膨胀产生的结构失稳变形、镶铸件的脱离等失效。

14.1.2 热疲劳开裂的应力

导致热疲劳开裂的应力是金属零件或结构系统，在承受交替的加热和冷却变化过程中产生的热胀冷缩应变。由于这些应变会受到来自外界结构或者自身结构的制约，而产生的应力，就是热疲劳开裂应力。如果零件在加热过程中因膨胀受限而产生的压应力大于其屈服强度，就会引起零件产生塑性变形，并在冷却过程中形成拉应力，如此反复多次，导致零件疲劳开裂。

金属材料零部件发生热疲劳一般分为两种情况。一种情形是在工作过程中很短时间内发生很剧烈的温度变化，使得零件内出现很大的温度梯度和膨胀形变量差异；另一种情况是金属零件在一个复杂的系统中，当它受热而温度升高时，其热膨胀受到系统的限制和约束。在这两种情况下，温度的变化都会导致金属零部件内产生显著的热应力，也就是导致金属零部件热疲劳开裂的应力。

14.1.3 经常发生热疲劳的汽车零部件

热疲劳失效是汽车零部件中较为常见的失效形式之一。汽车上经常出现热疲劳的零件有两类：其一是与发动机燃烧热量有关的零部件，如构成燃烧室的零件：缸盖、活塞和气门等；构成排气系统的零件：排气歧管、涡轮增压壳体、三元催化装置、隔热罩等；构成冷却系统的零件：散热器和中冷器等。其二是摩擦生热零部件，主要是制动鼓、制动盘和离合器压盘等。

14.2　热疲劳失效的影响因素

热疲劳失效的影响因素主要包括温度、材料和结构等。

14.2.1　温度因素

温度对热疲劳寿命的影响主要表现在上限温度、冷热循环的频率和温度差对热疲劳寿命的影响。

1）上限温度升高，材料塑性变形增加，材料的塑性变形抵抗能力降低，加大塑性变形量和疲劳应力。同时温度升高也促进了材料表面氧化腐蚀，降低了材料的热疲劳寿命。

2）冷热循环的频率提高，热应力来不及平衡，使零件的应力梯度增加，材料的热疲劳寿命降低。

3）温度差越大，材料的热膨胀或者收缩越大，产生的热应力、应变越大，材料的热疲劳寿命降低。

14.2.2　材料因素

当零部件的工作温度交变条件确定后，受温度变化产生的热应力和应变主要与材料和结构有关，根据胡克定律公式：$\sigma = E \times \varepsilon$，式中 σ 为应力；E 为弹性模量；ε 为应变量。若热膨胀过程中材料膨胀系数 α 为单位（1K）应变量，Δt 为引起热疲劳的温度差，则热应力为：

$$\sigma = E \times \alpha \times \Delta t \tag{14-1}$$

由式（14-1）可知，当温度差一定时，零部件的热膨胀系数和弹性模量越大，则热应力越大。

当热应力大于强度时易产生塑性变形，热应力越大，产生的塑性变形越大，对零部件的损伤越大。而材料的热导率可以降低温差，热导率越大，产生的温差越小，产生的热应力也越小，对热疲劳性能有利。

当上、下限温度差较小时，热应力小于材料屈服强度，因此不产生塑性变形，对零部件热疲劳寿命影响很小。当上、下限温度差较大时，热应力往往有很高的数值，很容易超过金属材料的屈服强度。如金属材料的膨胀系数大多接近于 $1 \times 10^{-5}/K$，在温度改变 100K 的条件下，热变形量（ε）约为 0.1%，当该变形量被完全抑制时，其所产生的"约束应力"为弹性模量的 0.1%，这个应力已经同金属材料的屈服强度处于相同的数量级。表 14-1 给出了几种较为常见的热疲劳零部件的材料，在 100K 温差条件下的等效热应力。由表 14-1 可知灰铸铁和铝合金已经达到或接近材料屈服强度，继续增加温度差，材料将进入塑性变形状态，汽车工作时受热零件在工作状态和非工作状态时的温度差一般有几百摄氏度，高的甚至可达近千摄氏度，因此热疲劳过程中塑性变形是疲劳损伤的主要原因。

表 14-1 典型金属材料的物理性能参数

材料	热膨胀系数 (α) /$(1\times10^{-6}\mathrm{K}^{-1})$	弹性模量 (E) /GPa	屈服强度 /MPa	热应力/MPa $(\Delta t = 100\mathrm{K})$	主要应用
耐热钢	16	205	700	328	气门
灰铸铁	10.5	78.5 ~ 157	200	82 ~ 165	缸盖、制动鼓
铝合金	21 ~ 24	70	140	147 ~ 168	活塞、散热器

影响零部件在交变温度下产生塑性变形的材料因素主要有热膨胀系数、强度、弹性模量、热导率等。相同温差下材料热膨胀系数越大、强度越小、弹性模量越大、热导率越小，材料产生的变形量越大，对热疲劳性能越不利反之亦成立。

14.2.3 结构因素

汽车热疲劳零件的结构特性主要分为"桥式""局部凹坑式""拱形门结构""盘式"和"鼓式"等。

1）"桥式"结构主要指气缸盖气门孔之间的气门桥的结构。由图 14-1 可知，两个气门孔之间的中心距一般约为（2.5 ~ 3.0）R，R 为倍半径，也就是说两个气门孔中心连线部位壁厚小于 R，而两孔边缘外线处的壁厚大于 $2.5R$，实际上气门桥截面就是两端宽中间窄的凹透镜形，最宽/最窄大于 3，因此气门桥结构存在严重的应变集中，是容易发生热疲劳开裂的部位。

2）"局部凹坑"式结构表现在发动机排气管零件上，如图 14-2 所示。该弯曲结构轴向的刚性较差，受挤压过程中热应变、应力分布不均，会在凹坑处产生应变集中，并且随着其直线段长度的增加，凹坑处变形量加大。

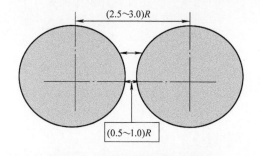

图 14-1 桥式结构刚性分析图   图 14-2 "局部凹坑"式结构分析图

3）排气管的"拱形门"结构如图 14-3 所示，"拱形门"处是排气管的薄弱部位，高温时排气管膨胀受到了刚性气缸盖的约束，而在"门"处产生塑性变形，冷却时在"门"处产生拉应力，因此该处易发生热疲劳开裂。

4）"鼓式"和"盘式"结构比较简单，各部位强度均匀，不存在明显的应力集中部位。"鼓式"结构的主要零件是制动鼓，"盘式"结构的主要零件是制动盘和离合器盘，这两种结构零件没有明显的薄弱部位，失效形式以表面呈龟裂状疲劳裂纹为主。

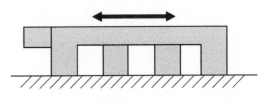

图14-3　排气管的"拱形门"结构

14.3　热疲劳零件失效特征

由于结构、功能、工况均有明显的差异，因此不同零件的热疲劳失效也表现出不同的情况。而且在高温和气流等条件作用下，失效形式会瞬间转化成烧蚀状态，较难辨认。有些失效则最终转为机械疲劳而导致零件开裂。热疲劳失效大部分表现为开裂的形式，但也有以塑性变形的形式体现的。热疲劳失效总体有以下特征：

1）典型的表面疲劳裂纹呈龟裂状。

2）裂纹走向可以是沿晶型的，也可以是穿晶型的；一般裂纹端部较尖锐，裂纹内有氧化物。

3）宏观断口呈灰色，并为氧化物覆盖。

4）裂纹源于表面，裂纹扩展深度与应力、时间及温差变化相对应。

5）金属零件的热疲劳基本上属于应变疲劳，相当于高应力低周疲劳。

14.4　热疲劳分析要点

热疲劳首先要关注热应力和应变，即零件或机械系统内产生的热应力是否导致零件发生塑性变形，是热疲劳产生的前提条件。较高的受热温度、温度场的不均匀，以及结构的制约都可能引起较大的热应力、应变，导致热疲劳的发生。下面列举一些热疲劳分析中需要注意的问题。

1）零件工作环境是否存在温度循环变化？

2）零件是否在较高温下工作？

3）零件工作时是否会引起本身温度场变化？

4）零件受热膨胀时是否受到约束？

5）零件工作时产生的热应力是否超过本身的屈服强度？

6）零件结构是否存在截面突变、弯角等应变集中区域？

7）零件结构是否存在薄边、棱角等在温度循环中易产生温度场的区域？

8）断口表面是否变色？

9）断口表面是否存在氧化物？

10）裂纹内是否存在氧化物？

11）裂纹源是否起源于表面？

12）断裂或裂纹是否发生在应变集中处？

13）断裂或裂纹是否发生在温度梯度相对较大的区域？

14）断裂或裂纹是否发生在高温区域？

14.5 汽车热疲劳案例

14.5.1 应变集中引起的热疲劳失效

案例：气缸盖热应力开裂

某柴油发动机在用户使用过程中连续发生两次气缸盖断裂现象。气缸盖材料为HT250。

气缸盖表面有两处裂纹，分别产生在两排气门之间壁厚最窄处的鼻梁区域和两进气门之间壁厚最窄处的鼻梁区域，见图14-4。两排气门之间的裂纹贯穿了整个鼻梁区（图14-5），两进气门之间有两条裂纹，均由鼻梁区顶部扩展到气门座根部。气缸盖质量检验结果符合技术要求。

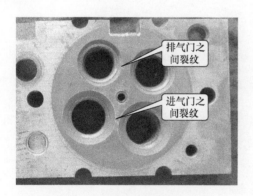

图14-4 气缸盖失效部分形貌

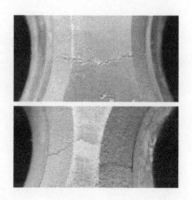

图14-5 气缸盖两排气门之间裂纹形貌

这两件气缸盖开裂属于热疲劳开裂，两处开裂均发生在气门之间壁厚最窄部位，一方面该处属于气门桥结构应变集中部位，该处壁厚最窄约为0.6R，是应变集中部位，根据气门桥结构最厚/最窄约为4.3，应变集中严重，抵抗塑性变形能力最弱，是热胀冷缩应变集中区。另一方面该区域热容量和导热能力不足，导致该区域温度更高，温度变化更剧烈，热胀冷缩变形量更大，从而使气缸盖在冷热交替变化中，热胀冷缩引起的塑性变形集中发生在气门之间的鼻梁区域，并导致在该区域发生热疲劳开裂。

14.5.2 摩擦生热导致的热疲劳失效

案例1：制动鼓热疲劳开裂

某货车后桥制动鼓在用户使用过程中发生开裂。制动鼓材料为HT250，硬度要求为185~240HBW。

开裂制动鼓内表面有 3 条主裂纹，将制动鼓近似均分成 3 块（图 14-6），除这 3 条主裂纹外，制动鼓内表面有许多与主裂纹平行的轴向龟裂纹和块状黑斑（图 14-7）。制动鼓开裂的断口表面光滑，且覆盖有黑色的碳化物和氧化物（图 14-8）。

 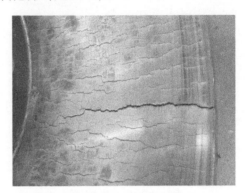

图 14-6　开裂制动鼓的形貌　　　　　图 14-7　制动鼓内表面的龟裂纹和块状黑斑

图 14-8　制动鼓断口

对制动鼓块状黑斑区域处的表面层金相组织进行观察，在该表面处有明显的受热组织转变层（图 14-9），该表面转变层组织中存在着许多点状的石墨析出（图 14-10），这些点状石墨的析出是由于珠光体中渗碳体片分解而产生的（图 14-11）。这些现象表明该制动鼓接触摩擦面层曾经长时间，或是频繁地处于高温状态。

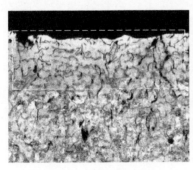 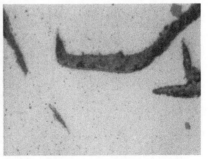

图 14-9　热影响区石墨　　　　　图 14-10　热影响区石墨
形态（一）1000×　　　　　形态（二）1000×

分析认为这些平行分布的龟裂纹应为热疲劳裂纹，应该是在制动鼓与制动蹄片间摩擦时产生的。制动鼓表面黑斑区域的组织变化表明，制动鼓表面多次处于高温状态，这种多次高温状态是由于频繁长时间制动导致的。由于制动导致制动鼓表面形成剧烈冷热变化，以及重载下的摩擦工作状况，导致制动鼓表面热疲劳开裂。

案例2：制动盘热应力开裂

某货车制动盘在路试过程中开裂，制动盘在靠近轮毂法兰一侧的盘面表面开裂严重（图14-12），表面有5条主要裂纹，裂纹贯穿整个盘面（图14-13）。此外，制动盘两侧表面还有许多微小的径向裂纹（图14-14），盘面呈蓝色并且出现明显的制动环带，其中靠近轮毂法兰一侧的盘面出现微裂纹的情况更严重（图14-15）。

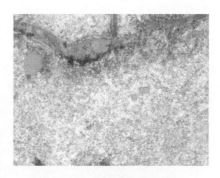

图14-11 热影响区渗碳体片
分解1000×

图14-12 失效制动盘宏观形貌

图14-13 制动盘主裂纹形貌

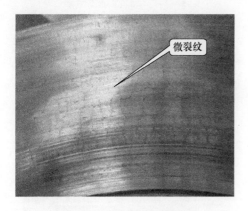

图14-14 制动盘表面裂纹

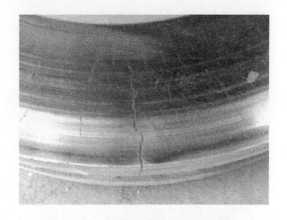

图14-15 靠近轮毂侧制动盘表面裂纹

检查制动盘摩擦部位表面微观组织形貌，发现与心部相比，制动盘摩擦部位珠光体由片状转变为球状（图14-16、图14-17），制动盘摩擦表面层组织有明显改变，片状石墨边缘有碳化物析出（图14-18）。制动盘基体组织为：石墨形态：A型+D型+E型，D型、E型石墨总和约占50%；石墨长度：5级（图14-19）；基体组织：片状珠光体；珠光体数量：珠95（图14-20）。

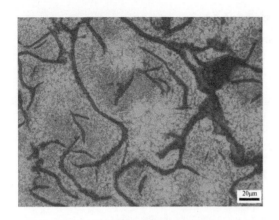

图 14-16　制动盘摩擦表面层组织

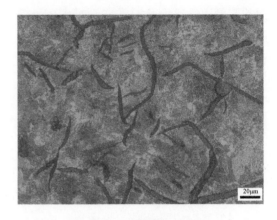

图 14-17　制动盘心部组织

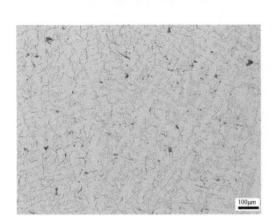

图 14-18　制动盘石墨形态

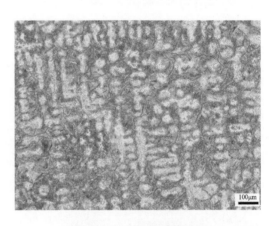

图 14-19　制动盘基体组织

分析认为制动盘表面开裂为热疲劳开裂，制动盘表面组织发生改变说明制动盘表面曾经反复多次处于高温状态，制动盘表面高温是由于长时间制动时摩擦产生的。靠近轮毂法兰一侧的制动盘表面开裂严重，是由于靠近轮毂法兰一侧的盘面散热条件较差，致使该侧表面制动时温度更高导致的。

另外，制动盘金相组织中含有较多的 D 型、E 型石墨，这种石墨的存在不利于散热，一定程度促进了制动盘表面发生热疲劳开裂。

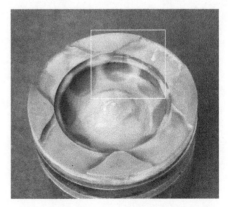

图 14-20　活塞顶部开裂

14.5.3　薄边、尖角导致的热疲劳失效

案例：活塞开裂

某大功率柴油发动机活塞在使用中活塞顶部内缘处发生了开裂（图 14-20），方向平行于活塞销孔轴向。活塞顶部开裂形貌见图 14-21，由图可见开裂处活塞顶部边缘比较尖锐，

活塞内侧底部有灼热烧蚀的痕迹（图14-22）。活塞的一、二道环环槽内及环岸有一定程度的积炭（图14-23）。将裂纹剖开后，断口为疲劳断口（图14-24），疲劳起源于活塞的顶部尖角处（图14-25）。

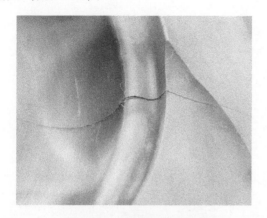

图14-21　活塞顶部开裂形貌

图14-22　活塞内侧底部灼热痕迹

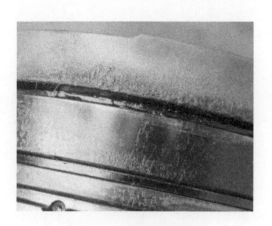

图14-23　活塞环槽处积炭

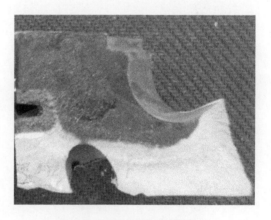

图14-24　活塞顶部裂纹处断口

该活塞的材料为硅镁铜镍压铸铝合金，检验结果符合技术要求。

按图14-26所示对活塞横剖面进行硬度检测，试验结果见表14-2。由表14-2可见整个活塞顶部内缘硬度下降明显，说明该处是活塞工作时的高温区。

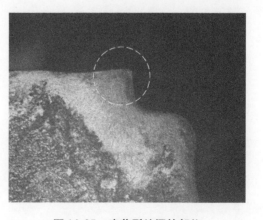

图14-25　疲劳裂纹源的部位

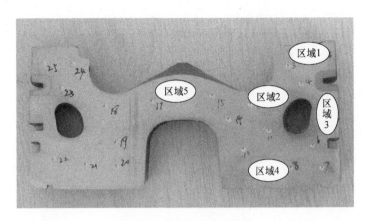

图 14-26 硬度区域分布图

表 14-2 过销孔中心的活塞截面上不同区域平均残余硬度值

测量区域	区域 1	区域 2	区域 3	区域 4	区域 5
平均硬度（5/250HBW）	79	85	107	106	79

分析认为裂纹起源于与燃烧室直接接触的活塞顶部内缘边缘，该处是活塞最高工作温度区，这种尖角结构会导致局部温度过高，同时也会引起应变和应力集中，是热疲劳开裂的薄弱部位。

综上所述，该活塞的开裂为热疲劳开裂，开裂原因应该与工作温度过高，以及活塞顶部内缘尖角结构有关。

14.5.4 结构约束导致的热疲劳失效

案例：散热器开裂

某货车散热器连续发生两次开裂漏水现象，散热器的宏观形貌及两处开裂位置见图 14-27。该散热器主体是由钢铁边框和心部铝合金水管及散热片两部分组成的，同时左右两侧边框通过斜拉筋连接（图 14-28）。

图 14-27 散热器正面宏观形貌

图 14-28 散热器背面宏观形貌

第一件散热器开裂发生在靠近进水口的第三根水管根部（图14-29）。第二件散热器开裂发生在边缘第一根水管中间部位（图14-30）。从宏观形貌看，两个散热器在四个边角的根部和边缘的中部都有明显变形，其中水管明显地向内弯曲塑性变形（图14-31），最外层散热带局部被挤压塑性变形（图14-32）。

图14-29　水管根部开裂

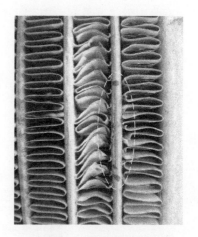

图14-30　散热器开裂的部位

图14-31　水管中部变形形貌

图14-32　水管根部变形形貌

分析认为这种不同部位、不均匀性变形反映了散热器各部位结构刚性不一致，导致散热器各部位结构刚性不一致的原因，主要与散热器的结构和材料有关。从结构看散热器外部边框是钢铁材料且有斜拉筋，内部是壁厚较薄铝合金水管和散热片，因此散热器外部钢铁边框要比内侧的铝合金水管及散热片的刚性大得多。从材料看钢铁材料的强度和弹性模量都要远高于铝合金材料的强度和弹性模量，而且钢铁材料的热膨胀系数也远低于铝合金热膨胀系数。另外，散热器工作时外部边框的温度要比内部铝合金水管和散热片温度低，这就导致工作时内部铝合金水管和散热片的热膨胀量，比外部边框的热膨胀量大得多。由于受到外部钢铁边框的刚性制约，使内侧的铝合金水管及散热片发生弯曲变形，冷却时在该部位产生拉应力，铝合金水管受到的这种交变的压应力和拉应力会在根部产生应力集中，导致水管根部发生疲劳开裂。

热疲劳开裂通常发生在上限温度比较高，温差比较大的环境中。本案例与其他热疲劳案例不同，本案例中散热器最高工作温度不高，温差也比较小，但是还是发生了热疲劳开裂，这主要与散热器是由钢和铝合金两种材料构成有关，钢和铝合金的热膨胀系数差别大，且铝合金水管比较长，因此虽然温差比较小，但是累积形变量比较大，产生的应力也高，最终导致散热器疲劳开裂。这是比较典型的由热胀冷缩应变转化成机械应力导致零部件损坏的案例。

14.5.5 与高温氧化有关的热疲劳失效

案例：排气歧管开裂

某发动机排气歧管在进行冷热冲击试验过程中开裂，开裂排气歧管的宏观形貌见图 14-33，排气歧管中部有三处弧状内凹结构，裂纹出现在中间的内凹处，且在这三个内凹结构处的凹面上有许多呈条带形分布褶皱（图 14-34），而在其他部位的表面有许多呈等轴状态分布的褶皱（图 14-35）。沿图 14-34

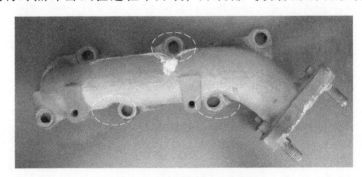

图 14-33　排气歧管宏观形貌

所示将排气歧管剖开，检查表面微观组织，发现排气歧管表面有较厚氧化层，而且氧化层的厚度是不均匀的，在条形褶皱的沟痕处，氧化向基体扩展，形成深度不一的氧化沟壑或裂纹（图 14-36）。从弧形一侧到弧底处氧化沟壑或裂纹逐渐加长，在弧底处最长的一条裂纹贯穿

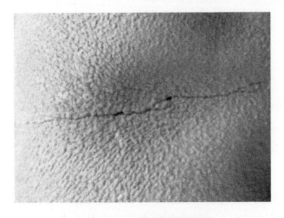

图 14-34　密集的条带形褶皱

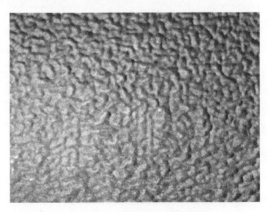

图 14-35　等轴状态的褶皱

整个管壁（图14-37）。

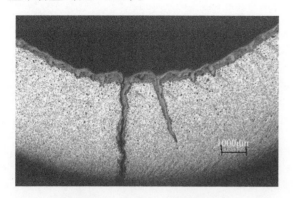

图14-36 深度不一的氧化裂纹

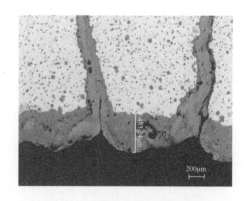

图14-37 两条长的氧化裂纹形貌

从氧化层的构成看，该表面氧化层共分三层（图14-38），表面氧化层最薄，这符合高温氧化层共分为三层的特点，即由铁基体向外分别为 FeO、Fe_3O_4 和 Fe_2O_3（图14-39），其中最外层极薄。

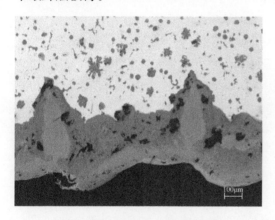

图14-38 褶皱处的表面氧化层

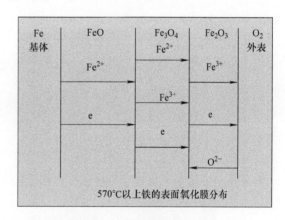

图14-39 高温氧化层的分布

褶皱形态氧化层的形成与反复高温氧化有关，在高温状态下排气歧管表面形成氧化层，低温时排气歧管基体收缩，因表面氧化层为硬脆相，不能收缩变形而开裂，再次高温时这些开裂部位会形成新氧化层。如此反复，在表面形成褶皱形氧化层。而当表面存在某方向应力时，就会改变表面氧化层的应力分布，从而改变表面氧化层的褶皱形态。

在排气歧管内凹形结构部位，抗纵向变形结构刚性较低，是排气歧管在热冲击温度变化过程中的纵向挤压应变集中区，因此在该处形成呈条带形褶皱。当这种条带形褶皱发展一定程度，形成氧化裂纹，并且这种氧化裂纹在应变越大的地方发展越快，最终导致排气歧管开裂。另一个原因是在排气歧管内凹形结构处，由于承受气流的冲击会产生较高的温度场，促进了氧化裂纹的扩展。

排气歧管这种与反复高温氧化有关的开裂也属于热疲劳开裂，排气歧管裂纹的产生和发展过程是高温时氧化层形成和低温时氧化层开裂的交替进行，并向基体生长过程。改变排气歧管内凹形结为平滑过渡结构，是提高排气管抗疲劳性能最有效方法。

第15章
技术报告中的图片处理问题

图片是失效分析技术报告中的重要组成部分，用以表达各种材料和零部件的形态、结构、尺寸规格、组织状态等。图片质量是影响技术报告质量的关键内容之一。很多时候"图片"是对一份检验分析报告的第一感觉或印象，应该予以重视，并且在实践中不断地总结、改进。

一组质量良好的照片可以非常准确和清晰地表达出零件的结构、形貌和关键的部位，而且有利于强化报告中的文字描述。从技术积累的角度理解，技术报告要永久保存下去，图片则是其中不可或缺的组成部分，而不合时宜的实物影像图片保存的价值将大打折扣。而且必须注意，正如报告中的各种技术数据一样，每一张图片都应有非常具体的技术含义，含义要表达得贴切、明确并且到位。以下就一些常见的问题和处理方式提出若干建议，供参考和讨论。

15.1 实物照片技术处理

目前，数码成像技术的应用也为我们提供了非常良好的技术支撑，有了这个平台，应该说报告上几乎所有的图片都应考虑进行适当地处理，使图片中的影像有一个良好的形态和表达。

15.1.1 闪光灯应用

对于金属零部件通常情况下不赞成使用闪光灯，它会带来照明光的不均匀问题，不利于图片的技术处理。分别见图 15-1 和图 15-2 的效果图。

图 15-1　实物闪光灯照片　　　　　图 15-2　实物非闪光灯照片

15.1.2 图片的色彩

目前，各种数字成像系统均是彩色成像，而技术报告中应用的各种图片原则上应该采用"黑白"图片。因此建议图片应用"图片工具栏"灰度化，如图15-3、图15-4所示。

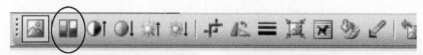

图15-3　彩色图片　　　　　　　　　　图15-4　灰度化"黑白"图片

15.1.3 图片的裁剪和报告中尺寸的调整

实物图片应该进行适当地裁剪，这其中要考虑实物在图片中的位置和比例，并掌握好实际图片的尺寸。所谓报告中图片"尺寸适当"，主要应考虑实物要表达"细节"是否清晰。

报告中各种"图片"，特别是一些实物照片，规格不一定都要编排成"标准尺寸"规格，尺寸和比例要根据报告实际的表达需求而定，表达清楚、版面美观是评价的标准。具体如图15-5~图15-8所示。其中对图15-5的原始照片进行了适当裁剪，实物在图片中的比例适当，视觉感觉舒适。另外，图片的尺寸进行了适当放大，安排在版面的中央，为的是表达细节。

图15-6追求的效果为"主要是表达竹节裂纹，同时也要表达45°方向上的剪切裂纹"。而图15-7所示的输出轴失效的原始实物图片，经裁剪并放大后，失效情况更加直观、清晰。

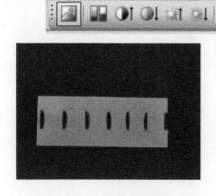

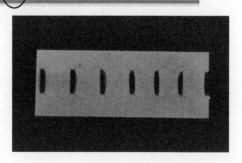

图15-5　未经裁剪的图片　　　　　　　图15-6　裁剪和尺寸调整后的图片

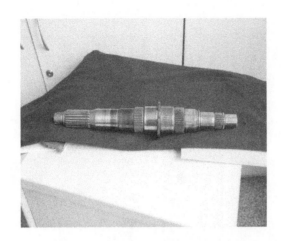

图15-7　输出轴失效的原始实物图片

图15-8　输出轴失效的经过裁剪并放大的图片

15.1.4　图片表达的原则

　　图片表达的原则应以"形态"的清晰、准确为主，而不应刻意地追求标准尺寸。比如图 15-9a 显示的实物比例太小，断裂位置不明确；而图 15-9b 实物比例尺寸较为合适，断裂位置明确，但放大后清晰度不够。图 15-10a 直立放置不太合适，会影响图片的尺寸，导致局部看不很清晰。图 15-10b 放置位置比较合适，且比例尺寸适中，局部看得比较清楚。图 15-11是多个零件/断口放置位置和形态一致性的表达方式。

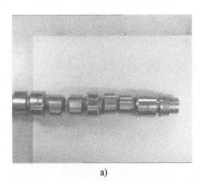

a)

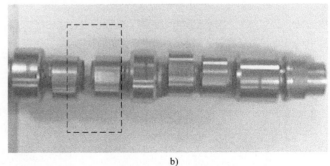

b)

图15-9　实物比例表达方式

a）零件太小　b）合适的比例尺寸

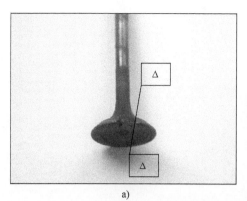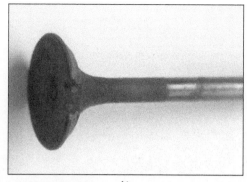

图 15-10　实物位置表达方式

a）位置不合适　b）合适的放置位置及比例尺寸

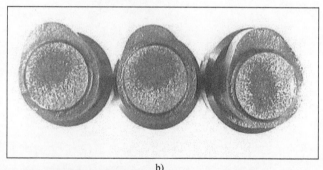

图 15-11　多个零件/断口的表达方式

a）实物摆放不合理　b）实物及断口摆放得较为合理

15.1.5　亮度和对比度

这是一个与原始照片参数有很大关系的表达"参数"，但在文档中应该进行适当的亮度和对比度的调整，以使图片更加清晰，用以更好地表达相关细节，特别是一些金相显微组织图片，如图 15-12 所示。

图 15-12　亮度和对比度的表达方式

a）亮度和对比度未经调整的图片　b）经过亮度和对比度调整的图片

15.1.6 实物的比例和位置

实物的图片，特别是单件物体照片应该比照身份证标准照，物体的位置居中、端正，周围留有空间，可以通过适当的裁剪来满足要求。如图 15-13 所示，是裁剪过满的实物照片，图 15-14 是角度和摆放不合理的实物照。

图 15-13 裁剪过满的实物照片（太满）

图 15-14 角度和摆放不合理的实物照

15.1.7 图片的版本状态

图片粘贴后，报告中尽量用"图片工具栏"更改为某种"文字状态"，这样对图片移动、编辑、更改都方便，特别是有利于报告后续的修改，如图 15-15、图 15-16 所示。

浮于文字上方(N)

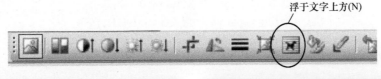

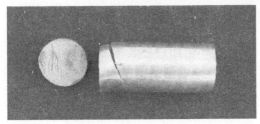

图 15-15 图片类型文件

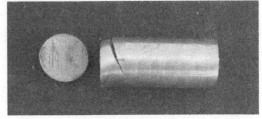

图 15-16 文字类型文件

15.1.8 实物照相的背底问题

经过对实物（零件）图片各种颜色背底的比较，总体上以黑色背底的图片效果为最佳，图片中**实物比较醒目，视觉干扰最小**。而且图片"灰度化"以后的反差较好，可以保证最充分的光线来自于要体现的物体。甚至黑漆件也是如此。黑色背景取材并不复杂，通常采用细纹一些的"黑擦布"、"毡绒"等均可，但黑色胶皮等反光的材料不好。分别如图 15-17 ~ 图 15-20 所示。

图 15-17　非黑背底实物照

图 15-18　黑色背底实物照

图 15-19　黑漆件实物图片（一）

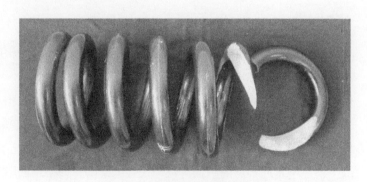

图 15-20　黑漆件实物图片（二）

　　但这并不是绝对的，如某曲轴轴颈上的众多细微裂纹需要用白色反衬，如图 15-21、图 15-22所示。

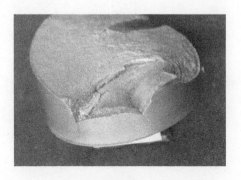

图 15-21　黑背底靠光衬出白亮裂纹

图 15-22　白背底衬出的密集细微的裂纹

15.1.9 标尺问题

日常的报告中对"标尺"的需求不多，目前也没有好的"尺子"。但对于剖析报告应该考虑适当地加入合适的标尺，这也应该是一个重要的技术参数。

15.1.10 聚焦问题

目前还是经常在报告中见到一些聚焦不实的图片，感觉非常不好，应引起注意。对于那些因景深而不好聚焦的问题，有时可以考虑用高像素、远距离、图像放大截取的办法来解决。

15.1.11 图片文件的压缩

图片文件的占有空间往往都非常大，不利于编辑和传递。可以应用"图片工具栏"的压缩功能键，并选择对话框中"应用于"——文档中的所有图片（A）；"选项"——（C）、（E）两项，并应用。

压缩后图片的质量可以满足我们的需要。而压缩量一般可在 60%～70%。

15.1.12 图片的标注

图片编号不能省略，按顺序编排，尽量避免组合图共用图号的问题。图片中的箭头、标注应用合理化，比例适中，不要喧宾夺主。图片的文字说明要标准化，但不要过于程式化。通常不主张图片的人工拼接方式，其效果都不太理想，如图 15-23～图 15-26 所示。

可以考虑尽可能多地应用机械制图形式图片表达失效部位，见图 15-27，还可以用计算机的三维图形，特别是对于总成和较大的零件，这种状况下是示意性的，只要求形似就可以，不一定是原零件的图纸。每个人可以准备一些常用的图备用。

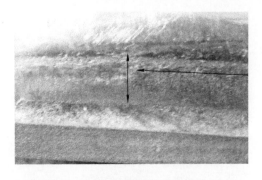

图 15-23　不合时宜的图片引接方法（一）

图 15-24　不合时宜的图片引接方法（二）

图 15-25　考虑采用区域圈定放大的方法

图 15-26　局部放大照片

15.1.13　光线的应用

　　照实物和照人像、风景图像还是有些差别的，属于静物，光线条件也不太好，实物又污染得很厉害，需要清理一下。

　　关于房间里的照明光源，关注窗户的进光方向，作为一个光源，有直射和漫反射两种特性。通常不用强光和阳关直射及其反射光。特别反光零件的问题解决比较难解决，应注意光线和拍摄的角度。图 15-28、图 15-29 表达了不同角度光照射的效果。

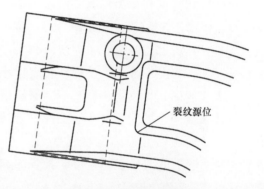

裂纹源位

图 15-27　机械制图形式

图 15-28　不同角度光照射效果（一）

图 15-29　不同角度光照射效果（二）

"曲面"的反光问题,特别是那些细微一些的特征表达,如斜齿轮轮齿接触区(光亮的反光曲面)等,是到目前为止仍然难于解决的问题。

15.2 照片的表达问题

诸如零件及其失效特性、金相组织等照片,需要考虑的核心问题是"表达什么"和"如何去表达",以及"表达得如何"?这是一个既简单又复杂的问题,没有评价方法,"良好的表达"是一个很难讨论的问题。

关于需要表达什么?首先,需要深入细致地观察和分析所接触到的事物,看到、认识、理解事物及其特征和相关形态,才能体会到要表达什么。诸如:系统结构(图15-30)、零件结构及相关性、结构部位、形貌、理解的和未理解的事物等要素。特别是对于失效件,要表达零件的结构、失效的形式、位置、形态等,当然需要语言和图片来共同达到此目的。但图片的表达有其特性,有些是用语言很难表述或是无法表述的。各种清晰、明了的图片表达,对于报告的编写非常有益,需要反复的琢磨、比较和提高(见图15-31、图15-32)。

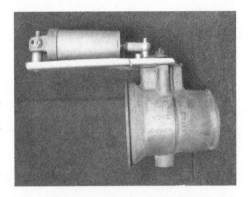

图15-30 排气制动机构结构图

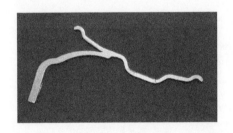

图15-31 剖面结构,定位线倾斜,不理想

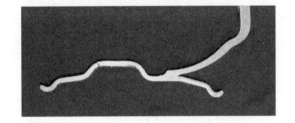

图15-32 较为合适的形态摆放角度

原则上讲用想要用照片记录下来的技术数据,应该是已经认知和理解了的"事物",否则不要急于拍照,而且随着认识程度的加深,有时还要考虑二次、三次地追加拍照。这也要求在制备样品时,重要的物证尽量不要破坏,以备后用。

要充分地认识到各种技术照片的价值。首先是自己用,图片表达的明确、清晰,会减少报告编辑的难度,提高报告的质量和效果,并有益于永久地保存;其次是考虑用户,使得阅读人员会很容易地读懂报告中的图片,甚至可以让外行读懂照片。

目前,照相记录设备包括数码相机、实体显微镜、金相显微镜、电子显微镜等,要能够利用它们各自的特长,要尽量充分地组合利用好。

关于如何来表达"事物"的问题,前面的问题中已经涉及一些,但实际上还远不止这些，需要切实地在实践中，从各方面去评价、体会和理解。例如，从某种意义上讲，清楚地把零件的结构形态表达出来，可以相当于一张立体的产品图样，也可以说是一张标准照。而有些时候则要考虑拍照的角度、部位和结构的关系等内容。

目前，我们所接触到的零件种类和失效形式绝大部分是相同或雷同的，经过一段时间摸索会有一个较为标准或习惯性的拍照方法，可以互相借鉴，提高会较快。但也确实存在一些难点，如光亮件的反光问题，齿轮的曲面接触区及痕迹问题，深沟和内孔的形貌等位问题，需要进一步探讨，也要考虑增加适当的照明、观测和照相器材等。对于可以搬动或在办公室拍摄的零件，各科或办公室可以考虑设立一个照相角，提供专有的空间和背景，方便大家。也可以考虑找一些典型零件和失效形式的规范性照片，供参考比对用。

上述谈到的各种问题和看法仅是初步的，有些问题还需要探讨，希望和大家共同来进行这方面的实践和交流，解决目前的问题，并不断地提高。

第16章
金相组织及微观形貌分析

　　金相学是研究金属材料组织的一门学科或技术，是依靠显微镜技术研究金属材料的宏观、微观组织形态、各种组织的形成和变化规律、组织与成分和性能之间关系的实验性学科。这些金属内部的组织结构包括了各种不同的相或相的组群（如共晶体，共析体等），以及它们的含量、尺寸、形态、性能等。

　　金相学的研究是随着分析手段不断进步的，可以对金属的组织结构得到更加深刻的认识。从早期的借助光学显微镜的分析，发展到现代的电子显微镜技术，大大提高了显微镜的分辨能力。电子显微镜的最大特点是分辨率高、放大倍数高，在光学显微镜下分辨不清的组织，在电子显微镜下可一目了然。另外，电子显微镜的景深长，这对于分析断口十分有利；电子显微镜还可进行电子衍射，把对合金相的形貌观察和结构分析结合起来，便于鉴定物相。同时，它还可以直接观察晶体的缺陷（层错、位错等），以及某些材料的沉淀过程。可以说电子显微镜的出现对金相学的发展产生了深远的影响。

　　金相学的一项重要内容就是金相检验，属于应用工程技术。金相检验技术是理论性和实践性都很强的工作，涉及检验人员的理论水平、业务素质及实际操作能力。因此，金相检验的正确判定对于提高汽车工业产品的内在质量及材料工艺评价分析，都起到了至关重要的作用。

　　汽车用金属材料及零件制品的各种工艺及使用性能，决定于它们内在的组织结构。因此，金相组织的检验和分析取得的数据，是改善和控制零部件质量的必要依据。因而，汽车零部件金相显微技术的水平高低，会影响和制约汽车零部件质量的调控水平。

　　通常的零部件金相检验是以相关的材料及工艺金相标准和技术规范为主体进行评价的，而实际在各种新材料、新工艺开发过程中，以及日常大量的废品和失效分析过程中，会出现大量的其他类型或异常的金相组织，难以统一鉴别或确认。而在实际工作中，任何的技术图谱都不会绝对完整地包含所有的金相组织或缺陷，很多问题的出现及其形态的表现或表达，都有其具体的条件和形式，会有差异和变化，在具体的观测和分析中需要掌握好各种基本原理，并结合具体的材料工艺状况予以分析。因此，有必要通过试验手段和日常的技术积累，开展金相组织及其相关性能的研究,而且需要与目前的制造技术与时俱进,理清各种定义和概念,调查了解各种化学冶金方法和物理冶金方法及其变化条件。金相分析技术的核心组织的二维形态认知,是以质点计数和面积为基础,配合形状参数、尺寸参数、方位及分布参数共同组成的,而在实际的分析过程中,也需要建立其相关的三维形态和分布的理念,才能更好地理解材料和工件的内在组织性能产生条件和使用功能。

汽车材料及零件的金相组织,决定于其材料的种类、冷热成形工艺、热处理工艺等诸多的控制要素,加之各种工艺的一些不稳定和不确定性的因素,同时会产生许多缺陷和异常组织。这些都使得其金相组织形态各异,错综复杂,要求我们系统性地分析和理解金相组织的产生机理或影响要素。为此,本文将以系统性和技术专题性认知为方式,逐步深入地整理常见的金相组织、微观组织及缺陷组织,融会贯通地分析及看待相关金相组织的认知方式和思路,供相关工程技术人员在日常检验、分析中参考。

16.1　结构钢材料及零件金相组织

汽车结构钢材料及零件应用种类和功能相对复杂,其制造工艺、使用工况复杂多样,因而与其对应的性能及金相组织也具有多样性和最复杂的特征。这类材料和零件所涉及的应用金相组织标准也是最多和最复杂的,相关的技术标准包括有国际标准或等效通用的国标,这有利于技术交流及引进,也有国内行业标准及企业标准。

各种复杂的金相组织及缺陷均来自于特定的材料和工艺,特别是在一些异常组织出现的时候,需要根据其技术形态来分析推理其产生的工艺或物理、化学条件,并判定其性能和作用。但也需要强调,任何组织不符合要求,与某个具体的失效模式是否有相关性,这需要具体及合理地分析判定,不能一概而论。而具体的组织形态则是以形状参数、尺寸参数和方位及分布参数等共同构成的,需要在实践中积累经验和灵活掌握。图 16-1 ~ 图 16-19 为各种常见的结构钢零件的金相组织。

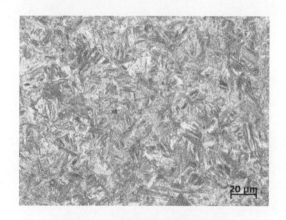

图 16-1　低碳钢淬火板条马氏体

图 16-2　中碳钢淬火针状马氏体

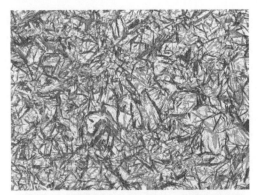

图 16-3　高碳钢淬火片状马氏体加残奥氏体

图 16-4　轴承钢的隐针马氏体加碳化物

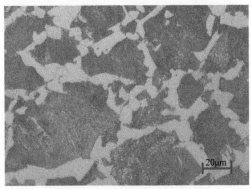

图 16-5　铁素体加珠光体组织

图 16-6　回火索氏体组织

图 16-7　上贝氏体

图 16-8　下贝氏体

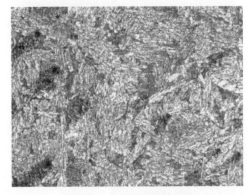

图 16-9　粒状贝氏体组织

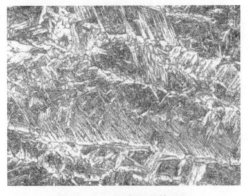

图 16-10　无碳贝氏体组织

图 16-11　魏氏体组织

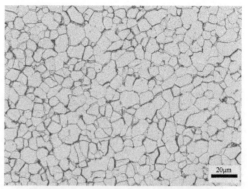

图 16-12　铁素体加三生碳化铁组织

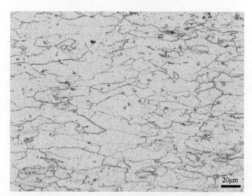

图 16-13　冷轧板铁素体形变组织

图 16-14　弹簧钢丝索氏体冷拔组织

图 16-15　耐热钢奥氏体组织

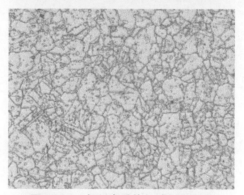

图 16-16　气门奥氏体加碳化物组织

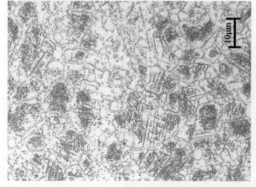

图 16-17　气门工作中产生的高温层状析出组织

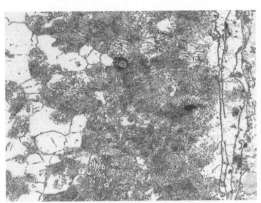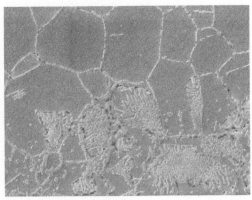

图 16-18　气门奥氏体中的碳全溶解析出片层状组织

图 16-19　合金粉末冶金组织

16.2　表面层及区域性金相组织

　　以渗碳淬火、感应淬火、表面渗氮及焊接、冷形变等为代表的区域性组织，其组织和性能以及各种物理化学场的分布形式，情况相对复杂，应结合相关的材料，工艺，具体观察分析。

　　图 16-20 ~ 图 16-26 为各种渗碳层及感应淬火层组织。

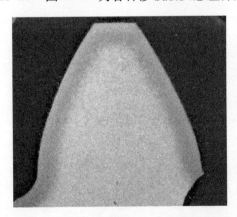

图 16-20　以齿轮为代表的渗碳淬火件的层深组织

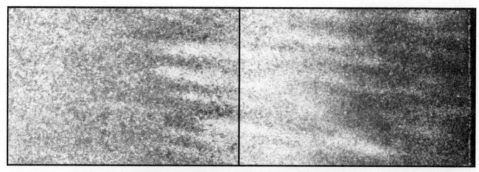

图 16-21　带有合金偏析的渗碳层淬火组织

图 16-22　渗碳层的退火组织

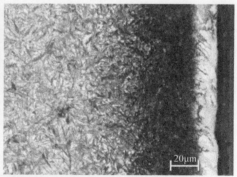

图 16-23　渗碳层表面的非马氏体组织

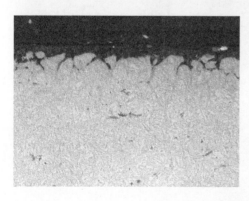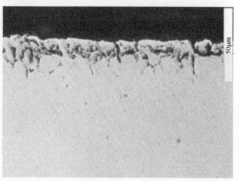

图 16-24　渗碳层表面的内氧化组织

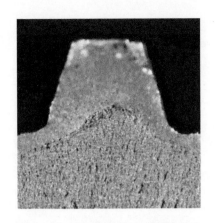

图 16-25　轮齿感应淬火组织　　　图 16-26　花键感应淬火层断口表达

　　工件表面渗氮可以提高零件的耐摩擦、磨损性能，特别是抵抗咬合能力，对疲劳强度也可以有一定的提高。该工艺也适用于减小和控制热处理变形。其中渗氮层主要由化合物层、过渡区（析出物）组成，不同的基体组织和渗氮工艺组织显示有所不同，渗氮层的深度表达和测量分为化合物层和总层深两种，如图 16-27 所示。当渗氮工艺控制不当时，可能主要是温度过高导致表面层形成高氮 γ – Fe 相（晶粒），并在冷却时转变为马氏体加残余奥氏体、类贝氏体、共析或栾晶类组织，分别如图 16-28 所示。

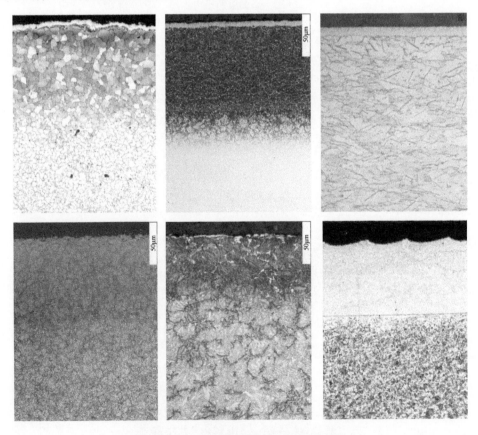

图 16-27　不同材料和工艺的渗氮层组织

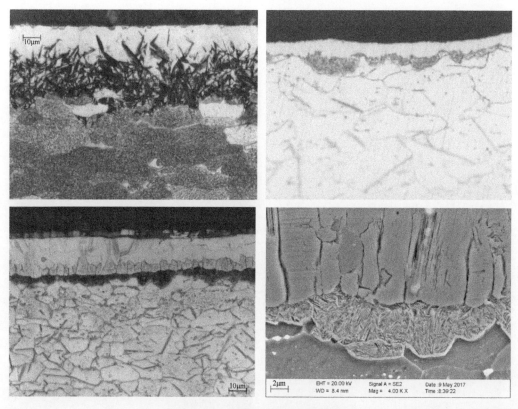

图 16-28   渗氮层表面的异常组织

焊接组织总体是以熔深组织分布为评价依据的，按照相关的标准和方法评价。宏观的组织包括：基体组织、结晶组织、热影响区和流线组织等，图 16-29 给出了几种典型的焊缝组织分布图。但微观组织的确认是比较困难的，通常以硬度分布为准，但要规避马氏体组织转变的出现。

关于冷形变组织分布，可以从流线组织和形变组织等不同的形态分析辨认，但有时其中会掺杂着形变热带来的组织转变（如回火或二次淬火等），极端的流变也会出现白亮层组织，具体在图 16-30 ~ 图 16-32 中分别示出。

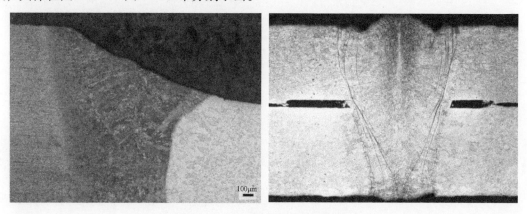

图 16-29   几种焊接方式的焊缝组织

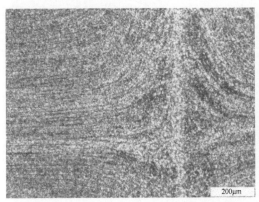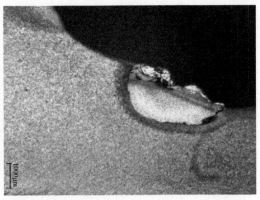

图 16-29　几种焊接方式的焊缝组织（续）

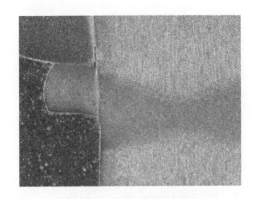

图 16-30　冷镦区域组织分布

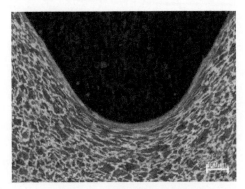

图 16-31　螺纹滚丝形变组织

图 16-32　机加表面异常机械损伤组织

16.3 紧固件的材料及工艺金相组织

　　汽车金属材料及零部件种类繁多，从材料到零件的加工、成形工艺到成品的过程中，为了满足工艺及产品的性能需求，需要对金相组织进行相应的工艺调整，以分别满足必要的工艺性能和使用性能的要求。

以某高强度螺栓为例（10.9级，材料为ML40Cr），从原材料（热轧态）开始至成品，分别经过了球化退火、冷拔、冷镦、正挤压缩颈、淬火加回火热处理和滚丝等冷成形和热处理工艺。不同的组织状态分别为各种工艺及使用性能提供了必要的组织性能。不同状态下的材料、毛坯及成品形态组合如图16-33所示。具体的材料和毛坯、成品的组织状态和性能如表16-1所示，相关的材料工艺金相组织如图16-34所示。

表16-1　材料和毛坯、成品的组织状态和性能

序号	状态	组织	硬度 HV30	备注
1	原材料	珠光体加半连续网状铁素体	231、233、231	图16-34a
2	球化退火	球化珠光体组织	168、169、175	图16-34b
3	冷拔	球化珠光体冷拔形变组织	212、211、213	图16-34c
4	冷锻法兰	球化珠光体冷镦形变组织	220、220、222	图16-34d
	缩颈	球化珠光体形变组织	191、194、199	同上
5	淬火	淬火马氏体组织	551、544、542	图16-34e
	回火	回火索氏体	368、371、371	图16-34f
6	滚丝	螺纹根部滚压形变组织	—	图16-34g

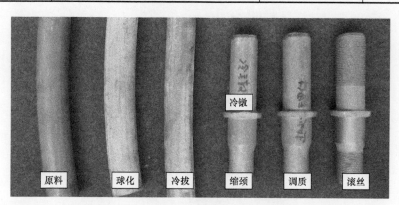

图16-33　高强度螺栓的工艺实物图

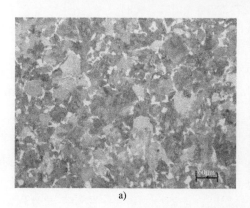

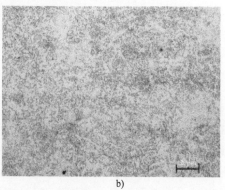

a)　　　　　　　　　　　　　　　　　b)

图16-34　高强度螺栓材料工艺金相组织

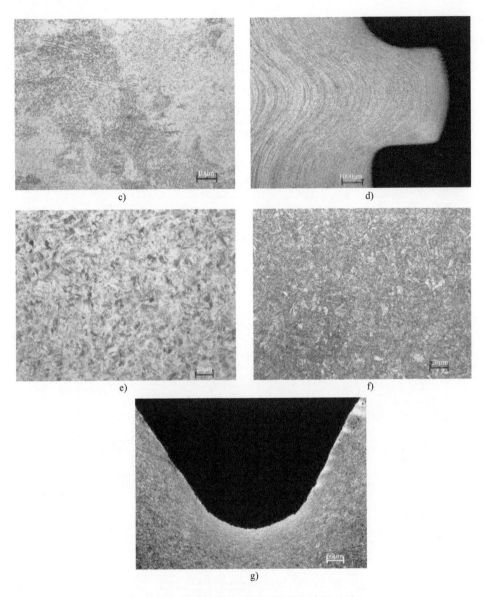

图 16-34　高强度螺栓材料工艺金相组织（续）

16.4　铸造材料金相组织

铸铁材料因良好的铸造成形性、低成本、优异的力学性能以及良好的减振性、减摩性而被广泛应用于机械工业中。在汽车工业中，尤其是在商用车上铸铁材料更是被广泛应用。铸铁材料的力学性能和金相组织息息相关，组织分析中要求对其固态相变原理熟悉，同时需要对合金由熔融液态到固态的结晶转变原理也要熟练掌握。对于铸铁来说，石墨及碳化物的形态是其最核心的组织形态，它首先决定或区分了铸铁的材料类型，诸如灰铸铁、蠕墨铸铁、球墨铸铁及可锻铸铁等，且石墨形态变化也对材料的性能构成了重大的影响。在常规铸铁的基体组织中，通常的珠光体含量及片层粗细用来调整基体的强度；而耐热合金铸铁和奥贝球墨铸铁的基体组织则分别为奥氏体和贝氏体组织。

图 16-35 给出了几种常见的铸铁石墨形态，图 16-36 为几种常见的灰铸铁片状异形石墨组织，图 16-37 为各种铸铁材料的常见金相组织。图 16-38 为常见的一些铸铁的缺陷组织。

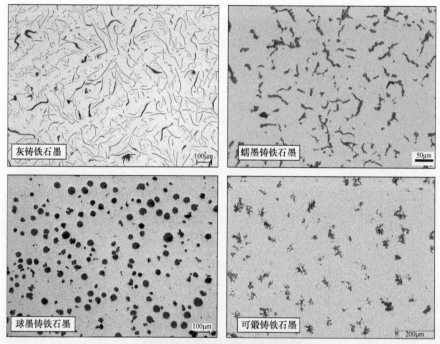

图 16-35　常见铸铁的石墨形态

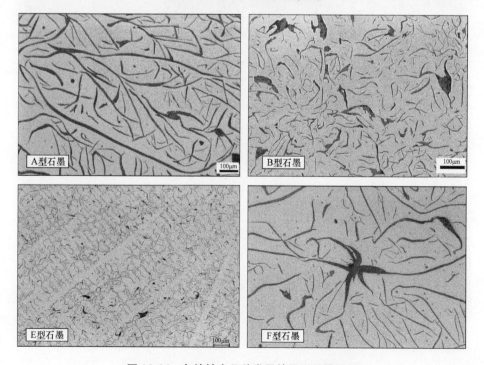

图 16-36　灰铸铁中几种常见的异形石墨组织

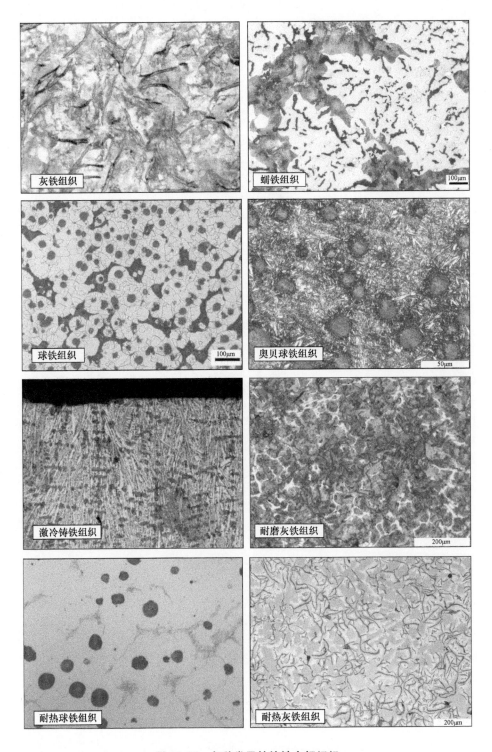

灰铁组织

蠕铁组织　　100μm

球铁组织　　100μm

奥贝球铁组织　　50μm

激冷铸铁组织

耐磨灰铁组织　　200μm

耐热球铁组织

耐热灰铁组织　　200μm

图16-37　各种常见的铸铁金相组织

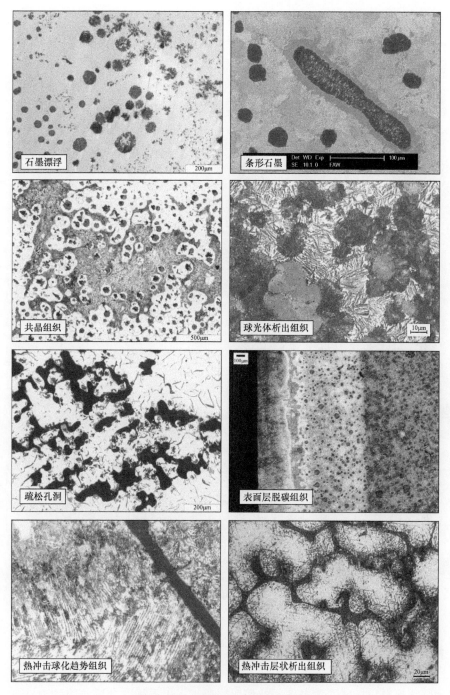

图16-38　铸铁中的一些缺陷组织

16.5　焊接组织

　　焊接是技术材料构件最常见的连接工艺之一，工艺方法很多，通常的焊接质量评价方法是以力学性能为主，辅以焊接熔深等方法。但在工艺试验、性能研究及问题分析过程中，也需要对焊缝的金相组织进行检验分析。整个焊缝区域是一个不均匀温度场分布区域，甚至包括了熔融的铸态组织。另外，焊接也具有快速加热和冷却的特性，这些都使得焊接组织非常复杂，不易辨认和区分。再有，也会经常地伴有一些焊接缺陷组织。

图 16-39 为 35 钢和 Q345 钢材料摩擦对焊的焊缝组织分布，以及基体组织、热影响区及焊缝各区域的对应组织。

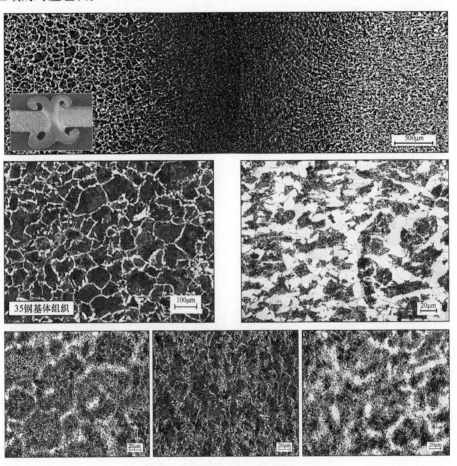

图 16-39　焊接焊缝的组织分布和形态

16.6　结构钢的带状组织

汽车用结构钢是以铁和碳为主体，并按照需要加入了各种合金成分的金属材料。合金材料在凝固结晶过程中，由于溶质在固相中和在液相中的溶解度不同，遵循选分结晶原理，构成了结晶体的分布不均匀现象，即合金的偏析。钢坯在凝固过程中外层为枝晶区，其冷速快，枝晶相对细致，心部为等轴结晶区，其冷速慢，晶粒相对粗大。上述的原理分别如图 16-40 所示。

钢材经过轧制后，材料中各种结晶特征物相均沿轧制方向分布。汽车结构钢带状组织的核心问题主要是合金元素的偏析问题，关于它的偏析程度、组织表达，及对相关性能的影响，受到了各种要素的影响，其中包括合金元素含量和碳含量、结晶粒度、轧制变形程度和热处理状态等。比如，对于以渗碳钢为代表的低碳合金钢，适合于在退火平衡组织下观测评定，见表16-2说明及图16-41所示。而中高碳合金钢则是在淬火的马氏体状态下显示得更清晰一些，见表16-3说明及图16-42。图16-43、图16-44为不锈钢和奥氏体钢的合金偏析情况。

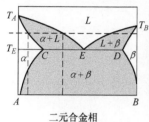
二元合金相

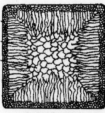
钢坯结晶形态

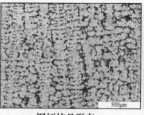
钢坯枝晶形态

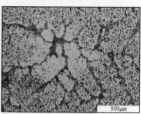
钢坯等轴晶形态

图 16-40　钢材结晶偏析示意组图

表 16-2　汽车渗碳钢组织状态（参见图 16-41）

序号	组织状态	备注
1	轧材枝晶组织区域的带状组织，等温退火状态	图 16-41a
2	轧材心部等轴组织区域的带状组织，等温退火状态	图 16-41b
3	轧材枝晶组织区域的带状组织的横截面组织，等温退火状态	图 16-41c
4	退火不理想，含有贝氏体的带状组织，退火状态	图 16-41d
5	齿轮渗碳淬火的渗碳层组织	图 16-41e
6	齿轮渗碳淬火的渗碳层组织	图 16-41f

表 16-3　汽车中高碳合金钢组织状态（参见图 16-42）

序号	组织状态	备注
1	中碳合金钢的退火珠光体加铁素体组织	图 16-42a
2	中碳合金钢的退火不充分珠光体加贝氏体组织	图 16-42b
3	中碳合金钢的淬火马氏体组织	图 16-42c
4	中碳合金钢马氏体组织中，白色马氏体硬度更高	图 16-42d
5	中碳合金钢的淬火不充分贝氏体加带状分布铁素体组织	图 16-42e
6	中碳合金钢的淬火加热不充分组织	图 16-42f

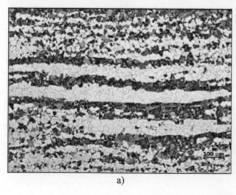
a)

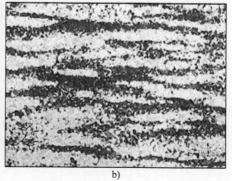
b)

图 16-41　齿轮钢的带状偏析组织

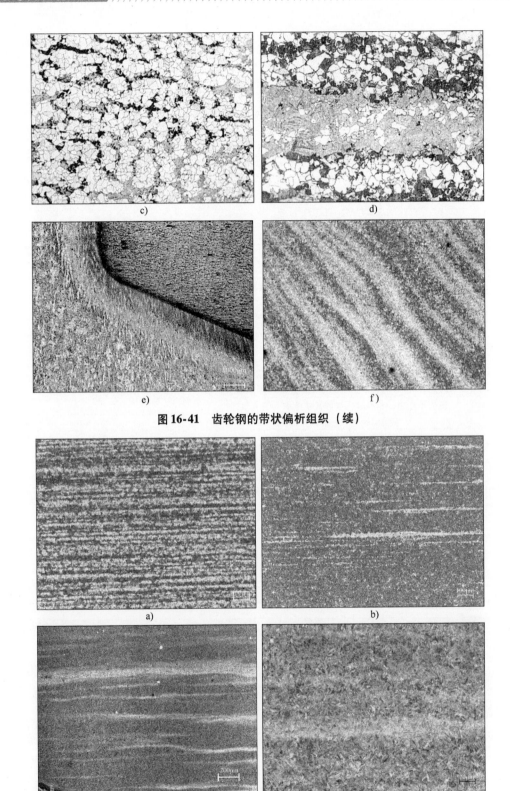

c)

d)

e)

f)

图 16-41　齿轮钢的带状偏析组织（续）

a)

b)

c)

d)

图 16-42　中碳钢的带状偏析组织

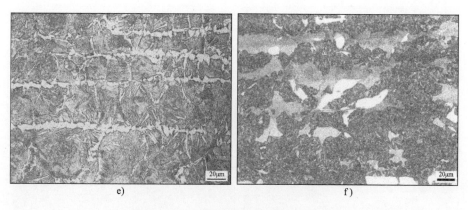

图16-42　中碳钢的带状偏析组织（续）

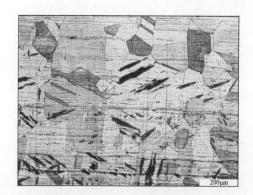

图16-43　304钢的合金偏析组织

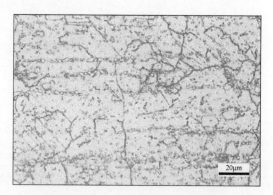

图16-44　21-4N钢的合金偏析组织

16.7　结构钢的晶粒问题（组织粗大）

　　金属是多晶体，晶粒的大小对于金属材料的力学性能影响很大，如疲劳强度、过载断裂、延迟开裂，以及一些成形工艺性能等，都对晶粒的尺寸有较大的敏感性或依赖性。因此，需要对材料以及会影响到晶粒度的相关工艺有严格地限制或规定。图16-45分别表达了晶粒粗大与过载性开裂、疲劳开裂及工艺的敏感性。

　　关于晶粒度有两类，即本质晶粒度和实际晶粒度。通常的要求是5-8级，按照 GB/T 6394—2017 检验或评定。其中本质晶粒度的概念是针对具有热处理工艺的结构件材料提出的，是对规定的热处理加热条件下奥氏体晶粒长大倾向进行控制，以保证工艺适应性。而实际晶粒度反映的则是工件最终组织的晶粒尺寸。

　　相关的晶粒会在不同的条件下以不同的方式长大，总体应该属于再结晶形式，也有生长式长大的。关于本质晶粒度需要观察的是规定条件下高温奥氏体的晶粒尺寸，因此，需要在高温状态下通过保温或冷却的方式将晶粒显现出来，而对于不同的材料适用于不同的方法，表16-4及图16-46给出了几种本质晶粒度的形态。

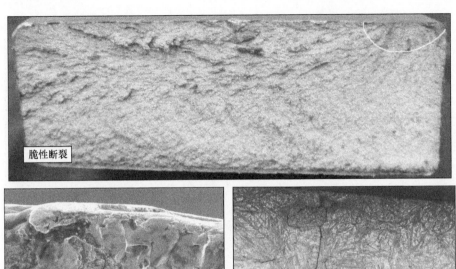

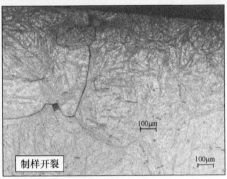

图 16-45　几种由于零件晶粒度粗大引起的开裂

表 16-4　钢材晶粒度显示及观测方法（参见图 16-46）

序号	钢材晶粒度显示及观测方法	备注
1	碳化物法，主要应用于过共析钢和渗碳钢	图 16-46a
2	铁素体法，主要用于中高碳钢	图 16-46b
3	索氏体法，主要用于中高碳钢	图 16-46c
4	直接淬火法，用于各种淬火钢	图 16-46d
5	氧化法，主要用于中碳钢	图 16-46e
6	苦味酸腐蚀法，用于淬火或调质状态	图 16-46f
7	奥氏体钢的实际晶粒度	图 16-46g
8	低碳钢板的实际晶粒度	图 16-46h

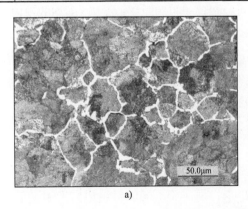

a)　　　　　　　　　　　　　　　　b)

图 16-46　钢材的晶粒度观察方法

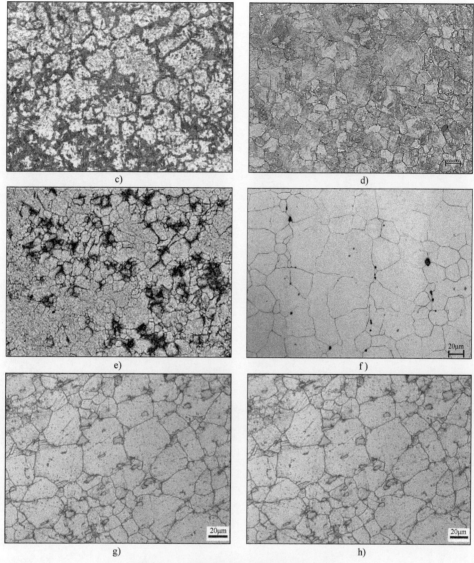

图 16-46　钢材的晶粒度观察方法（续）

在零件的锻造、热处理及使用过程中，会发生晶粒的异常长大及晶粒度不均的现象，主要的原因有温度过高、非细晶粒钢、对组织形变敏感及长时间高温使用等。而在实际的结构件晶粒度控制中，均是以组织粗大作为相关金相组织标准来控制晶粒粗大的。一些典型的情况如表 16-5 和图 16-47 所示。

表 16-5　晶粒度粗大及组织异常（参见图 16-47）

序号	工件的晶粒度粗大及组织异常	备注
1	高碳、中碳及低碳马氏体组织粗大	图 16-47a
2	中碳钢调质热处理晶粒度不均	图 16-47b
3	焊缝局部增碳诱发晶粒度不均	图 16-47c
4	铸钢件正火过热晶粒异常粗大及魏氏组织	图 16-47d
5	调质热处理过热晶粒异常粗大及贝氏体组织	图 16-47e
6	与冷形变量相关的再结晶晶粒异常长大及晶粒不均	图 16-47f

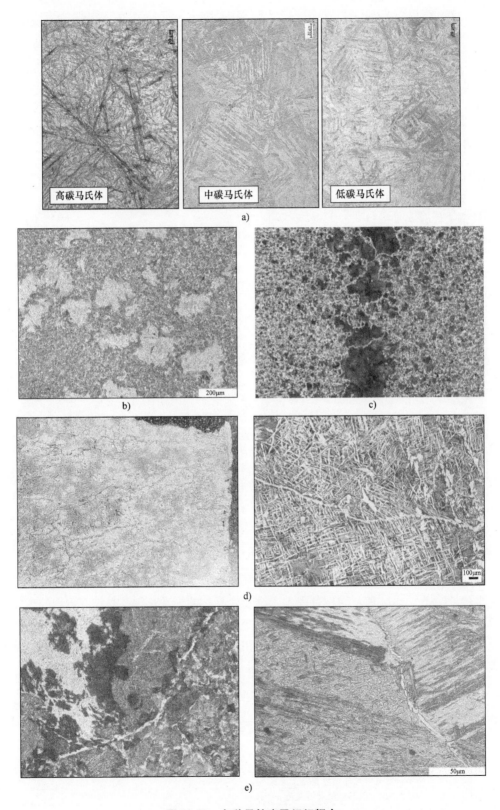

高碳马氏体　　　中碳马氏体　　　低碳马氏体

a)

b)

c)

d)

e)

图 16-47　各种晶粒度及组织粗大

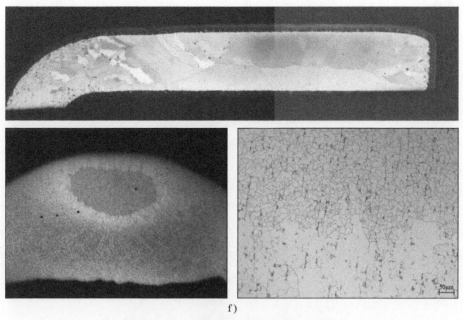

f)

图16-47　各种晶粒度及组织粗大（续）

　　另有一种表面渗层或脱碳层组织及晶粒异常长大的现象。这种情况不多见，其特点是亚温状态下，随着表面成分变化由表及里，晶粒定向生长长大。这种组织的疲劳性能会受到极大的影响。具体见图16-48所示，其中图16-48a为渗碳层晶粒定向长大，图16-48b为渗氮层晶粒定向长大，图16-48c为高温状态脱碳晶粒定向长大，图16-48d为再结晶表层晶粒定向长大。

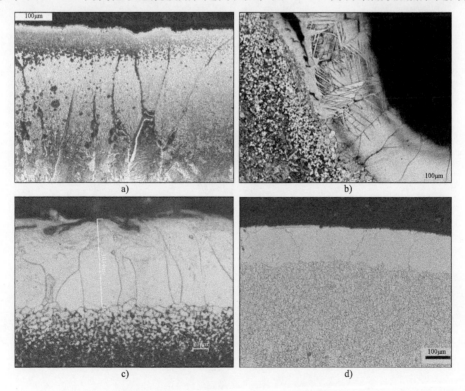

a)　　　　　　　　　　　　　　　　b)

c)　　　　　　　　　　　　　　　　d)

图16-48　工件表面层定向生长的粗大晶粒

16.8 结构件的材料、工艺裂纹缺陷

汽车零部件的废品及失效分析过程中，经常会遇到各种材料、工艺缺陷，它们多数是以各种微裂纹形式存在的，有时也产生在构件的使用过程中。这些裂纹或缺陷会给后续的工艺及应用带来极大的危害。每一类的材料工艺缺陷都有其特定的技术形态及特征，这是分析缺陷性质的技术依据。除去材料冶金凝固中的缺陷意外，其工艺缺陷大体分为两类，即分别与应力和应变相关。

锻造裂纹分为折叠类型和撕裂类型两种。其中折叠类裂纹可以是弧形或是扫帚型的，裂纹中经常有氧化和脱碳现象，它们可能是原材料表面的脱碳或氧化皮裹入金属，也可能是在锻坯冷却过程中或在后续的热处理过程中产生的，具体详见图16-49所示。相关的折叠裂纹的应力集中可以诱发淬火裂纹或疲劳裂纹等，如图16-50所示。

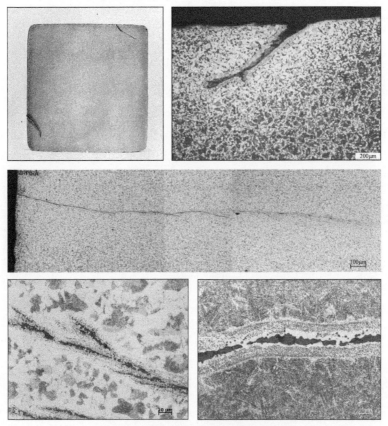

图16-49　钢材和锻件的折叠裂纹形态

关于锻造的撕裂裂纹，包括了过烧开裂和锻造撕裂两类，两者是比较容易混淆的，而近些年来这种问题比较多。首先明确一下，锻造过烧开裂的主要技术特征不仅是晶界的热损伤，有氧化脱碳现象，还应该有晶粒的绝对粗大，达到超1级晶粒度状态，断口有萘状特征，其重要的特征是应该有高温奥氏体晶粒的形变特征，这一点应该在金相组织和断口上均有表达，如图16-51所示。

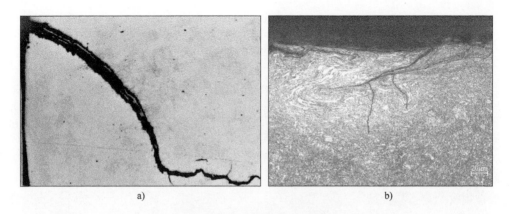

a)　　　　　　　　　　　　　　b)

图 16-50　折叠诱发淬火裂纹

a）原材料折叠诱发淬火裂纹　b）喷完折叠诱发疲劳裂纹

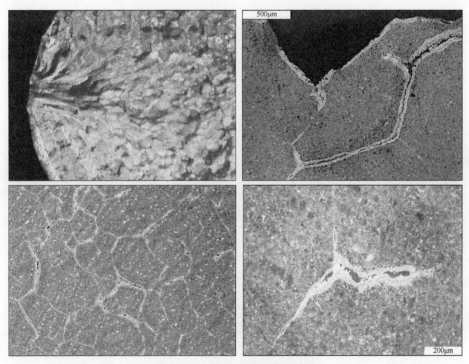

图 16-51　锻造过烧的典型特征

　　近些年来，伴随着感应加热工艺的广泛采用，锻造开裂的技术形态有了一些变化，特别是在锻造挤压缩颈工艺类型中表现得较为突出。这类裂纹最重要的技术特征，是多数具有一个较为宽泛的裂纹撕裂条带，又分为剪切搓动撕裂形态和挤压正应力开裂两种情况（分别如图 16-52 和图 16-53 所示），裂纹也会伴有典型的氧化和脱碳现象，但其晶粒不粗大。这种开裂的断口上往往会出现沿晶晶粒形态和晶粒及断口表面的烧蚀熔融现象，详见图 16-54 所示。在目前，这种问题的分析过程中，它经常会被误认为是锻造过烧或铸造疏松，但实际上应该是锻造开裂后的灼烧熔蚀及氧化等现象。它主要应与感应加热工艺不稳，加热不足或加热超温有关。开裂分别对应于材料的流动性不足，或与变形抗力过低有关。

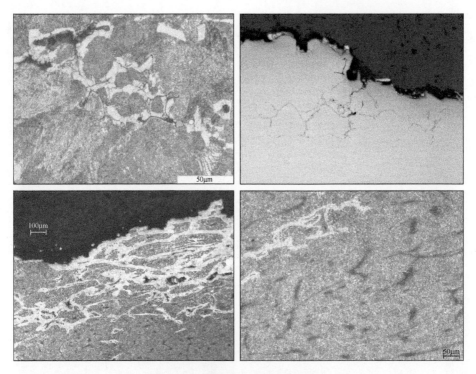

图 16-52　锻造剪切形变撕裂形态

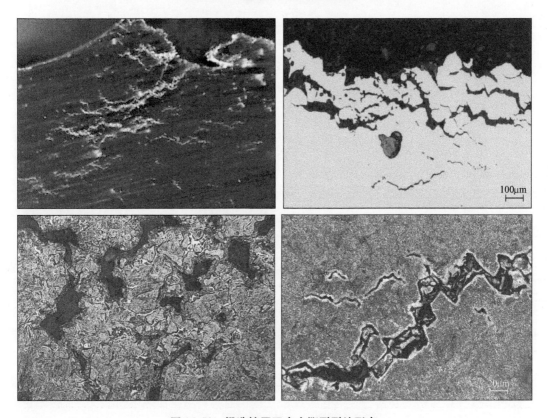

图 16-53　锻造挤压正应力撕裂裂纹形态

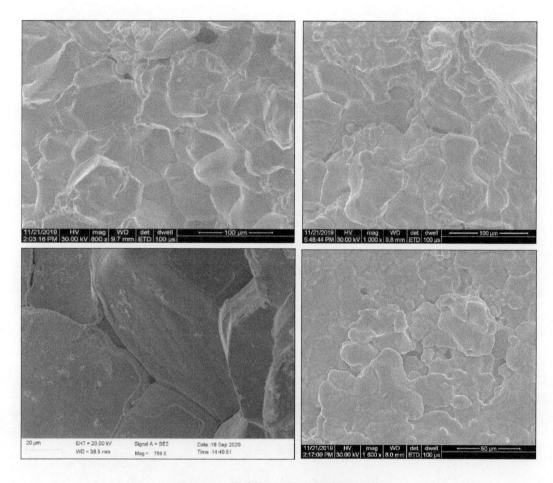

图16-54   锻造挤压正应力撕裂断口形态

冷形变工艺开裂也非常常见，在冷挤压及冲压成形等工艺过程中都有。表16-6和图16-55示出了一些典型的结构件冷形变开裂情况。表16-7和图16-56示出了一些钢板冲压件的工艺开裂情况。图16-57为结构件使用过程中表面磨损挤压变形损伤情况。

表16-6   典型结构件冷形变开裂情况（参见图16-55）

序号	结构件冷形变开裂	备注
1	螺栓冷镦剪切应力开裂	图16-55a
2	螺栓切边开裂	图16-55b
3	冷拉钢冷拔工艺心部开裂	图16-55c
4	螺钉心部楔横轧孔洞	图16-55d
5	螺栓正挤压缩颈心部剪应力开裂	图16-55e
6	钢管轧制内壁剪应力开裂	图16-55f
7	圆角挤压折叠	图16-55g
8	圆角挤压褶皱	图16-55h

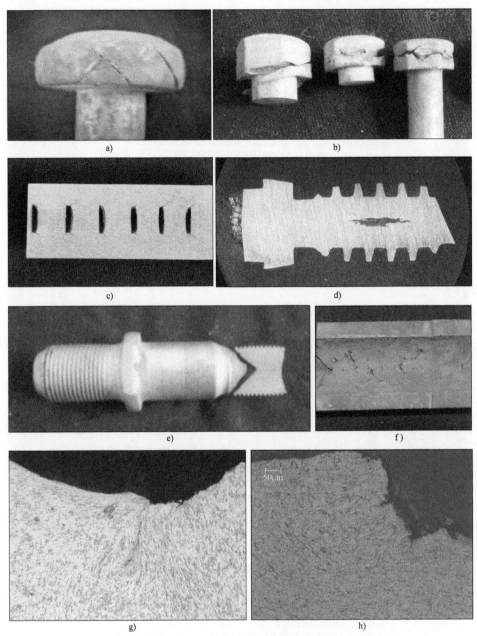

图 16-55　结构件冷形变损伤及开裂

表 16-7　钢板冲压件表面损伤及形变开裂（参见图 16-56）

序号	钢板冲压件表面损伤及形变开裂	备注
1	钢板夹层落料开裂	图 16-56a
2	钢板夹层拉延开裂	图 16-56b
3	表面损伤诱发冲压开裂	图 16-56c
4	切边强化诱发冲压开裂	图 16-56d
5	冲压件拉延局部缩颈	图 16-56e
6	冲压件表面挤压拉伤开裂	图 16-56f
7	冲压件表面挤压拉伤堆积褶皱	图 16-56g

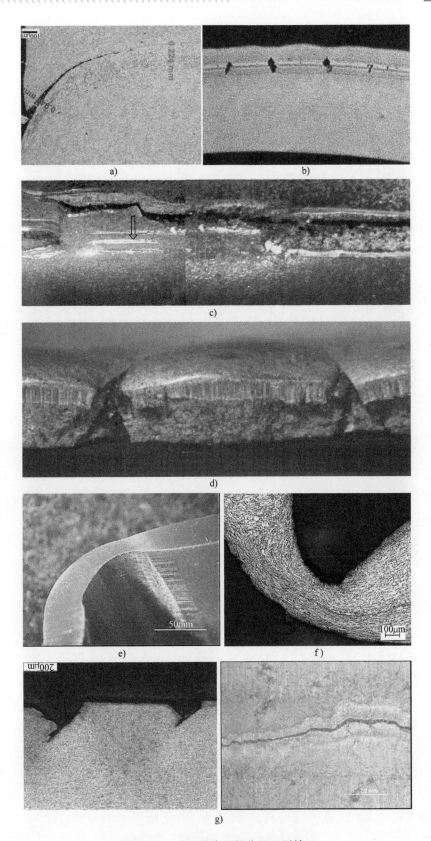

图 16-56 冲压件表面损伤及开裂情况

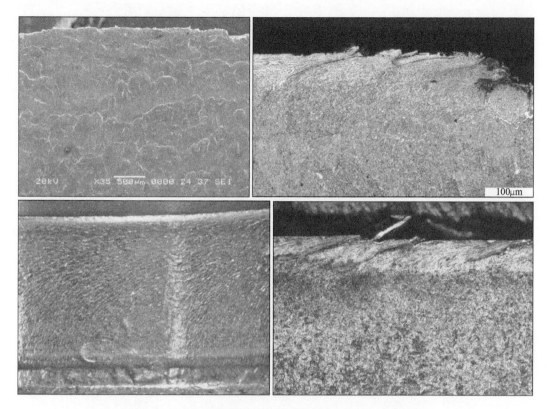

图 16-57 结构件在使用过程中表面摩擦损伤组织及微裂纹

汽车零部件热处理内应力开裂主要是指以淬火应力为主体的开裂问题，而磨削裂纹、焊接冷裂纹和样品制备裂纹因开裂机理相同，也归为此类。这类裂纹泛指发生在淬火马氏体或某种回火马氏体组织条件下，微观裂纹或断口形态具有沿晶或沿晶形态为主体的裂纹，因此这些开裂的性质均带有延迟开裂的性质。

其中，淬火开裂主要还是组织和应力的关系问题，包括应力场的分布和幅值，回火是否充分或及时，组织是否粗大等。对于调质件微裂纹，其中可能有氧化现象。图 16-58 所示为典型淬火裂纹的宏观和微观图片。

磨削裂纹的核心问题是马氏体组织的表面层受热回火，体积收缩而承受拉应力。由于承受的是表面应力场的作用，故形成了有规律的密集型裂纹群。这种裂纹广义上包括了结构件在使用中表面磨损受热而产生的磨热裂纹。裂纹的密度和分布形式与结构形状、回火程度及深度、磨削的方向等因素有关。程度较重的磨削裂纹可以呈 T 字形或表面起皮。微观磨热组织、裂纹形态和磨热层硬度降等，是分析确认这种缺陷的支持性技术依据。图 16-59 给出了磨热裂纹的各种形态和判定依据。

样品制备的磨热裂纹本质上等同于磨削裂纹，属于一种假相。由于未能与宏观缺陷建立联系，它可能被误判为材料内部裂纹。这种裂纹的深度通常与晶粒尺寸相当，微裂纹可以是沿晶的或是穿晶的，受热产生在样品制备过程中，裂纹产生也应具有延迟特性，严重的可以导致磨样表面的剥落。另外，传统所说的片状马氏体针的冲击裂纹，实际上也属于这种磨热

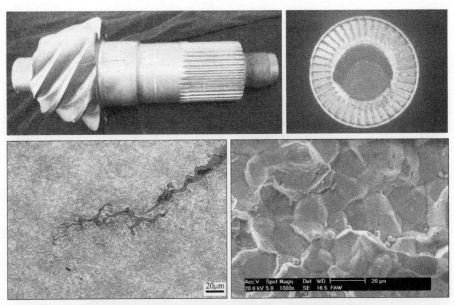

图 16-58　结构件典型淬火开裂宏观和微观裂纹及断口

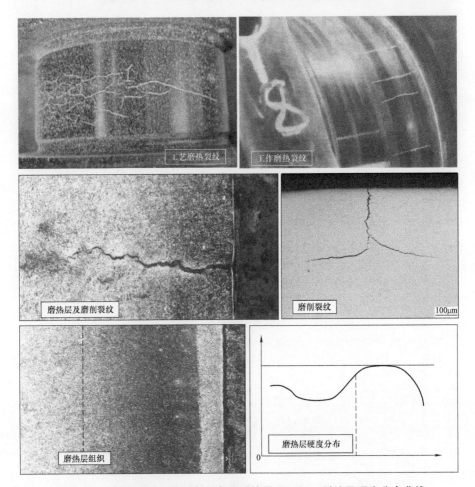

图 16-59　磨削裂纹宏观形态和表层受热微观组织、裂纹及硬度分布曲线

裂纹，其微裂纹仅存在于粗大的马氏体针中。上述裂纹产生的原因，主要与马氏体组织粗大和回火不充分有关。相关的各种裂纹形态及表面剥落等，如图 16-60 ~ 图 16-69 所示。

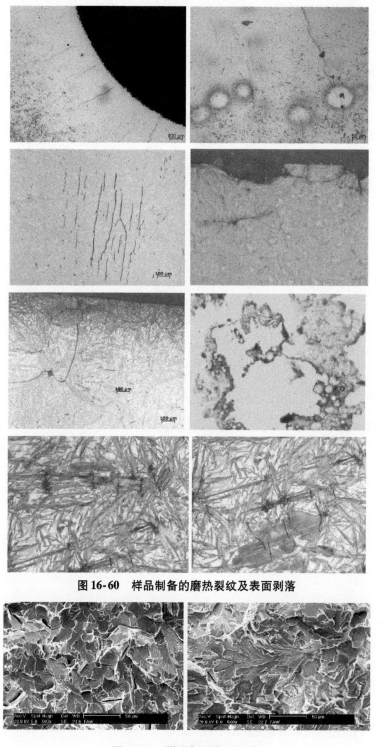

图 16-60　样品制备的磨热裂纹及表面剥落

图 16-61　微观解理断口形态

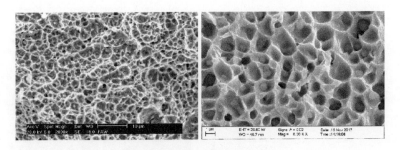

图 16-62　微观韧窝断口形态

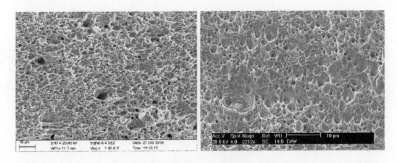

图 16-63　微观剪切韧窝断口形态

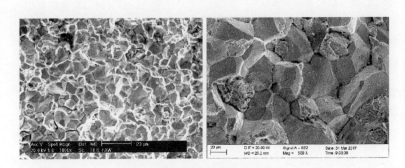

图 16-64　微观沿晶断口形态

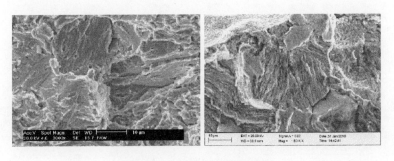

图 16-65　微观穿晶断口形态

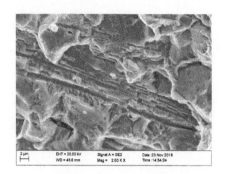

图 16-66　硫化物形态

图 16-67　氧化物形态

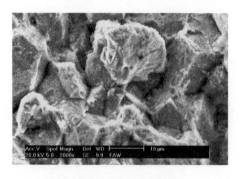

图 16-68　断口腐蚀形态

图 16-69　断口高温氧化形态

　　汽车零部件的疲劳断裂是最常见的失效模式之一，同时也是最复杂的失效形式，其断口模式具有多样性，与材料内在质量、结构力学模型和载荷模式有着密切关系，需要综合地分析判断。扫描电子显微镜在结构件的疲劳断口分析过程中有着不可替代的重要作用，主要是应用在疲劳源和疲劳扩展区的观察分析方面。

　　图 16-70 到图 16-74 给出了几种典型的材料缺陷、表面质量和工艺要素诱发疲劳源形貌。

　　图 16-75 到图 16-79 给出了各种疲劳扩展区域及疲劳辉纹的形态。

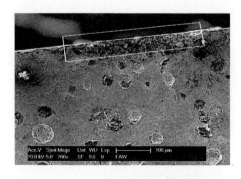

图 16-70　异常石墨诱发疲劳源

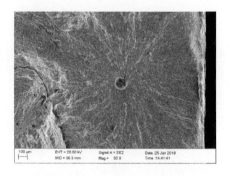

图 16-71　氧化物诱发疲劳源

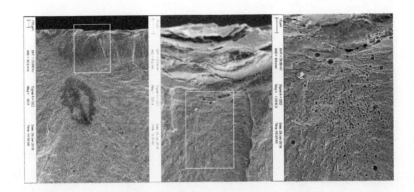

图 16-72　结构钢中水口结瘤诱发疲劳源

图 16-73　表面凹坑诱发疲劳源

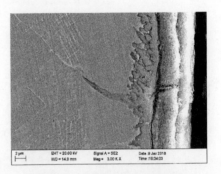

图 16-74　高温氧化疲劳微裂纹

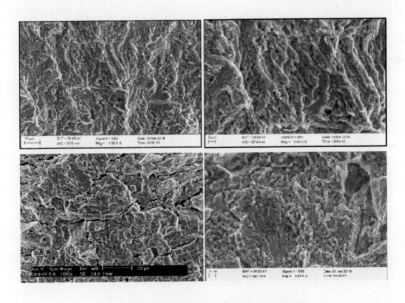

图 16-75　高强度钢材中常见的疲劳辉纹

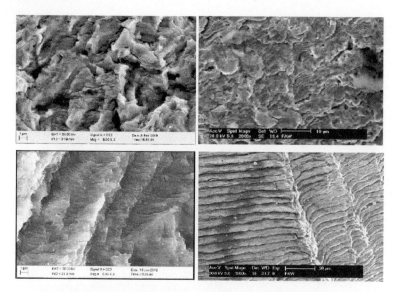

图 16-76　低强度、有色合金或粗大组织中的疲劳辉纹

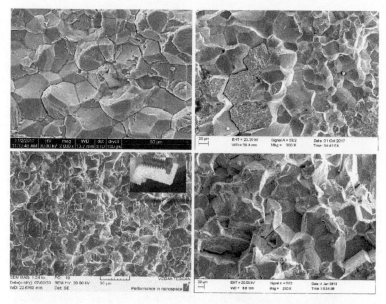

图 16-77　高强度、三向应力或组织粗大引起的沿晶疲劳形态

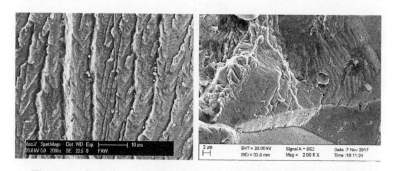

图 16-78　低强度、组织粗大或有色合金等导致的解理性疲劳辉纹

图 16-78   低强度、组织粗大或有色合金等导致的解理性疲劳辉纹（续）

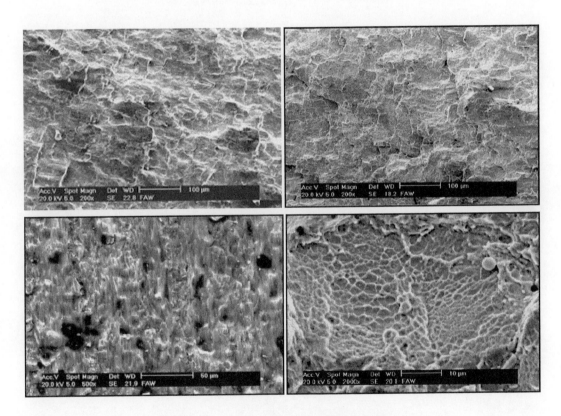

图 16-79   高应力应变条件下的剪切疲劳辉纹

16.9   微观电子形貌应用技术

在金属材料研究或零件的失效分析之中，经常会应用到扫描电镜进行金相组织观察分析，其放大倍数高，可以观察到组织的细节，也可以配合断口形貌、各种材料缺陷等，进行互补性分析。图 16-80 ~ 图 16-87 给出了一些电镜组织分析的应用案例。

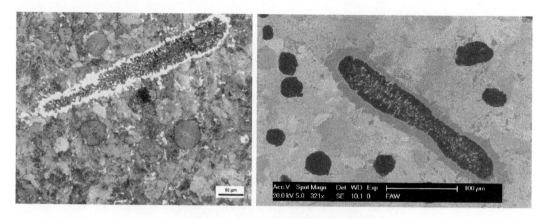

图 16-80　球铁中异性石墨组织的观察

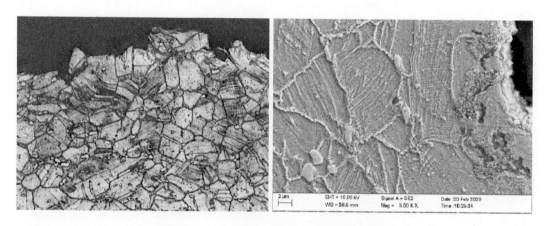

图 16-81　气门材料表面的晶粒高温挤压变形

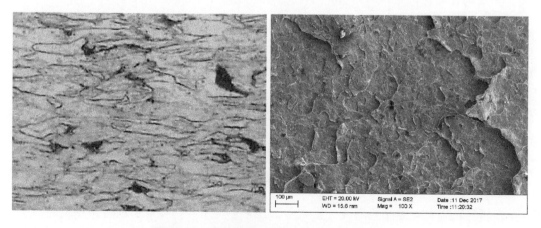

图 16-82　冷变形组织及横向撕裂的断口形貌

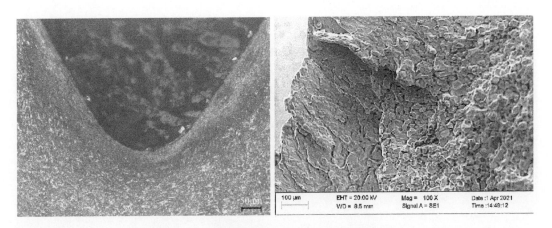

图 16-83　滚丝螺纹根部形变组织延迟开裂的形貌

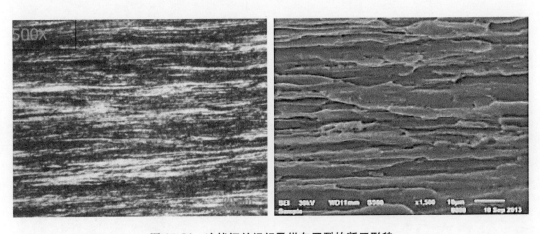

图 16-84　冷拔钢丝组织及纵向开裂的断口形貌

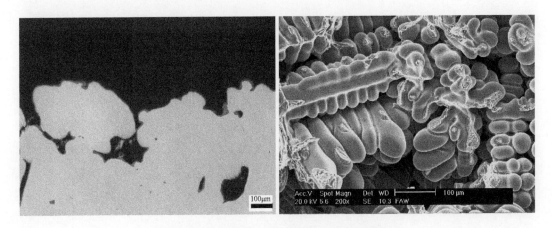

图 16-85　铸造材料疏松的组织和断口形貌

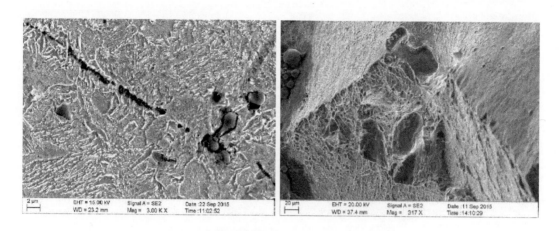

图 16-86　锻造过烧的组织及开裂的断口形貌

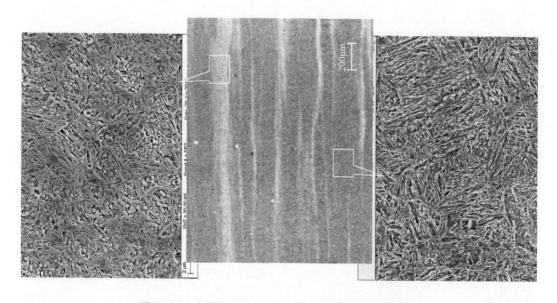

图 16-87　中碳合金钢淬火带状马氏体的微观形貌对照

　　最后，举一个断口分析的应用案例。在某些异常粗大的组织发生沿晶开裂的时候，在晶界上可以发生沿晶的韧窝形态断口。这是一种仅发生在晶界层面上的"薄层韧窝"形态，应该与晶界上的薄层组织有关。当这种形态的发展不完整或不充分的时候，会出现所谓的"鸡爪形"韧窝形态，如图 16-88 所示。由此可以考虑到较为常见的延迟开裂沿晶断口上，经常出现的"鸡爪纹"，如图 16-89 所示，可以推论认为这种鸡爪纹应该是一种沿晶面发生的、带有韧窝性质的特征断口，条件是晶界上的某种极薄的软化组织，产生的发育不完全的韧窝形貌，有时可以是带有解理性质的形貌。

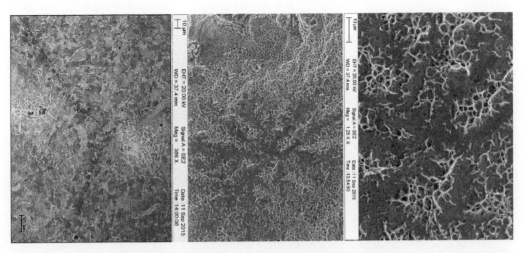

图 16-88　沿粗大晶粒晶界撕裂产生的"鸡爪纹"韧窝

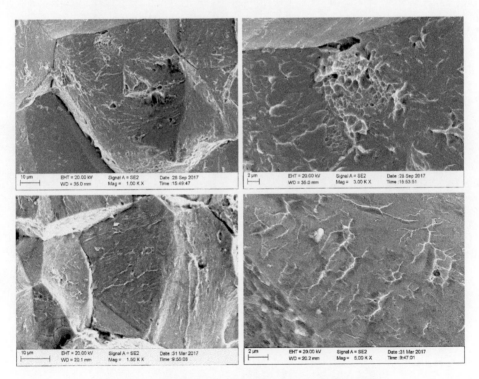

图 16-89　延迟开裂沿晶界撕裂产生的"鸡爪纹"韧窝